はじめに

「客観報道」ということばは、ジャーナリズムにおいて特殊な位置を占めている。戦後から現在に至るまで、それは常にジャーナリズムの理念ないし原則として語られてきた。そして、批判の対象としても語られてきた。ジャーナリズムが問題――やらせ報道、偏向報道、犯罪報道における人権侵害等――を引き起こすたびに、ジャーナリズム研究は「客観報道」をその要因の一つとして取り上げ、そして批判してきた。しかしながら、それらの批判が、「客観報道」についての体系的、生産的な研究を蓄積してきたかといえば、残念ながらそうはいいがたい。まるで一種の「化学反応」であるかのように、同じような批判が繰り返されてきた。

ジェンダーやエスニシティ、そしてマイノリティの問題がクローズアップされ、価値の多様化が進行する現代社会において、「客観報道」は、あらためてクローズアップされている。ジャーナリズムの依るべき価値とは一体何なのかが、いま問われているのである。また、インターネットに象徴される情報通信技術の発達は、マスメディア以外のジャーナリズムの台頭を促している。そうした新しいジャーナリズムの理念ないし原則について考えるとき、既存のジャーナリズムにおいてその役割を果たしてきた「客観報道」に目を向けることは必要な作業になるだろう。

けれども、そうした時代的な要請があるにもかかわらず、「客観報道」は、いまだ不毛な構造のもとで語られる傾向にある。そこでは、しばしばその「客観性」の不可能性や、それが形式的に実践されることによる弊害が指摘される。もはや、それをジャーナリズムの理念や原則とするべきではないという意見すらある。

フランスの思想家、ヴォルテールはかつて「ひとびとが長いこと論争している場合には、彼らの論じ合っている事柄が、彼ら自身にわからなくなっている証拠である」（扇谷正造他編 1979：242-243）と述べている。ジャーナリズム研究のテーマとしての「客観報道」も、同じような状況に陥っているように思われる。こうした状況を打破するためには、「客観報道」の意味や弊害について論じるだけでは不十分であり、それらの議論が立ち上がる構造について目を向けてみる必要があるだろう。そうした意図のもと、本書は「客観報道」に関する言説に着目して展開する。

本書の構成について一言述べよう。まず第一章では、研究対象としての「客観報道」について言及するとともに、それに取り組む本書の観点について述べる。第二章、第三章、第四章では、それぞれ一九四〇年代後半から一九五〇年代、一九六〇年代から一九七〇年代、一九八〇年代前半の時期のジャーナリズム、ジャーナリズム研究、そして「客観報道」に関する言説を検討することを通じて、「客観報道」がどのようにして語られてきたのかについて考察する。また第二章では、日本のジャーナリズムにおける「客観報道」の導入時期についてとくに論じる。第五章では、一九八〇年代後半の、本書が「客観報道論争」と呼ぶ現象を取り上げて、それを詳細に分析することにより、「論争」が明らかにした「客観報道」をめぐるジャーナリズム研究の状況を考察する。そして第六章では、一九九〇年代以降の「客観報道」に関する研究に触れるとともに、「客観報道」という観点からみた日本のジャーナリズム研究と、今後の課題について考察する。

全体としてみれば、本書のモチーフは、「客観報道」に関する言説の形成と変容を戦後日本のジャーナリズム研究の変遷とともに考察していくところにある。したがって、限定的ではあるが、戦後日本のジャーナリズム研究の変遷を「客観報道」という観点から考察する試みであるともいえる。

従来のジャーナリズム研究の観点から本書を読むとき、おそらくは違和感を覚えることだろう。または、何か足りないと感じられるかもしれない。なぜなら、本書が従来のジャーナリズム研究が「客観報道」に示してきた

〈問題意識〉――「客観報道」とは何か、その弊害とは何か、自らの見解を明らかにすること――を封印しているからである。そして、その〈問題意識〉にもとづくジャーナリズム批判を展開していないからである。本書は、一貫して「客観報道」はどのようにして語られてきたのかについて言及している。

「客観報道」をテーマとしながら、そうした〈問題意識〉に言及していないことに対して、批判的な印象を抱かれる人もいるだろう。しかしながら、本書はそうした〈問題意識〉に配慮していないわけではない。むしろ、「客観報道」について本質的な理解を得ることを強く志向するがゆえに、こうした姿勢を選択するに至ったといえる。

テーマに対して共通の前提の存在しない議論は、本質的な理解を可能にはしない。そして、誰もが納得しうる「客観報道」の具体的で共通の定義は、いまだ存在しない。「客観報道」の「客観」とは何か、「報道」とは何かといったことは、価値の多様化を容認するこの時代において、永遠の課題であるからである。したがって、そうした状況下にある「客観報道」を理解するためには、そのことばを語るときに背景として存在するイデオロギーを可能な限り廃する必要がある。そのためには、従来のジャーナリズム研究から一定の距離を保って「客観報道」ということばに対峙することが求められるのであり、それは〈問題意識〉の封印によって可能になる――本書はそう考える。

ジャーナリズムを担うメディアが多様化しつつある現在、ジャーナリズム研究は社会科学の一分野としてさらなる発展を遂げる可能性をもっている。そして、そうしたジャーナリズム研究の発展のために、本書が少しでも役立つことを心から願っている。

目次

第2章　ジャーナリズムの再生と「客観報道」——一九四〇年代後半から一九五〇年代

第5章 客観報道論争

装幀 勝木雄二

第1章　「客観報道」とは何か

1　研究対象としてのジャーナリズム研究

（1）　ジャーナリズム研究の二つの立場

本書の目的は二つある。第一の目的は、戦後から現在までの日本における「客観報道」に関する言説の形成と変容を、言説分析の手法によって考察することである。そして第二の目的は、第一の目的における考察の過程で得られた知見をもとにして、限定的ではあるが、戦後日本のジャーナリズム研究の変遷を「客観報道」という観点から考察することである。

なお、本書では「客観報道」のように、客観報道ということばをすべて「　」（カギカッコ）でくくっている。これは、「客観報道」をそのカッコの内側にあることばが言説において示す内容について、その真偽や妥当性を評価せずに無定義概念として認識することを示している（第1章2—（3）「無定義概念としての「客観報道」」参照）。

ジャーナリズム研究の二つの流れ

ここで、本書の研究対象となる日本のジャーナリズム研究について述べておきたい。

かつてジャーナリズム研究者の早川善治郎は、ジャーナリズム研究について次のように説明した。「〔ジャーナリズムの〕記録の方法と記録の内容やその社会的心理機能をめぐる考察が、ジャーナリズム論にほかならない」(早川 1969：13 傍点は原文、〔 〕内は筆者による補足)。そして、日本のジャーナリズム研究には二つの流れがあることを指摘した。一つは「イデオロギー論的ジャーナリズム論」の系譜であり、もう一つは「環境論的ジャーナリズム論」の系譜である。

イデオロギー論的ジャーナリズム論とは、マルクス主義的影響下のもとで展開されたジャーナリズム論のことである。早川は、この系譜の研究者として、昭和初期の戸坂潤や中井正一、戦後の山本明の名前をあげている。環境論的ジャーナリズム論とは、社会学もしくは社会心理学の範疇に属する認識論である。早川のことばを借りるならば、「戦後のマスコミ論に重要な示唆を提供したコピー論・現地―地図論・社会的象徴論などの理論的系譜」ということになる。早川は、この系譜の研究者として、長谷川如是閑、清水幾太郎、そして藤竹暁の名前を挙げている[1]。

早川は、この二つの系譜をジャーナリズム研究として呼ぶべきだと主張したのだが、これ以外にも早川が取り上げた研究の流れが一つある。それは「「実用学的ジャーナリズム論」の名称で一括しうる潮流」である。しかしながら、早川はこの「実用学的ジャーナリズム論」を研究と呼ぶには抵抗があるとして、「当面のわれわれの関心から非常に遠い」と述べ、それをジャーナリズム研究から割愛している。このように、早川は研究として捉えるべきイデオロギー論的ジャーナリズム論および環境論的ジャーナリズム論と、研究としては捉えない実用学的ジャーナリズム論を区別して考えている。

早川と同様に、ジャーナリズム研究者の玉木明はジャーナリズム研究を二つに区別して考えた。すなわち「コミュニケーション理論を媒介にした社会学的ジャーナリズム論」と「ジャーナリズム経験に基づいた経験的ジャーナリズム論」である。そして、この二つの研究の流れについて次のように指摘している。

前者はジャーナリズムをあまりにも外在的に扱い過ぎていて、ジャーナリズム自体のメカニズムには手が届かないし、後者はあまりにも個別の体験に密着し過ぎていて、ジャーナリズム自体を俯瞰する視点を欠いているように思えた。（玉木 1992a：275-276）

早川や玉木が述べているように、日本のジャーナリズム研究は大きく二つに区別して考えることができる。早川がイデオロギー論的ジャーナリズム論および環境論的ジャーナリズム論、玉木がコミュニケーション理論を媒介にした社会学的ジャーナリズム論と呼んだ研究のことを、本書では便宜上「理論研究」と呼ぶ。理論ということばを冠したけれども、この研究には内容分析や歴史検証といった研究も含まれる。理論研究は、主にアカデミズム出身の研究者によって担われている。

そして、早川が実用学的ジャーナリズム論、玉木がジャーナリズム経験に基づいた経験的ジャーナリズム論と呼んだ研究のことを、本書では便宜上「批判研究」と呼ぶ。ここで批判ということばを冠したのは、研究の内容がジャーナリズムに対する批判、またはジャーナリズムに対する批評を中心としているからである。この研究は、主にジャーナリスト、評論家、ジャーナリズム出身の研究者によって担われている。

ジャーナリズム研究の裾野は広い。したがって、明らかに理論研究、批判研究と区別できる研究だけでなく、この二つの研究を折衷するような、または架橋するような研究も少なくない。けれども、俯瞰的に研究を分類するならば、理論研究と批判研究という二つの研究の流れに分けることができるのは確かである。そして、日本のジャーナリズム研究の主流として発展してきたのは批判研究である。

日本新聞学会の設立過程と批判研究

それでは、批判研究はどのような経緯で日本のジャーナリズム研究の主流となったのだろうか。そのことを具体的に証明することは困難だけれども、「日本新聞学会」（現「日本マス・コミュニケーション学会」）の設立過程が参考となるだろう(2)。

日本新聞学会は一九五一年六月に創設され、その後日本のジャーナリズム研究の中心となってきた。その創立に尽力したのが、当時東京大学新聞研究所の所長で、学会の初代会長となった小野秀雄である。小野は学会創立時の挨拶で日本新聞学会の方針を述べたが、そのとき強調したのはアカデミズムとジャーナリズムの融合であった。小野は著書『新聞研究五十年』（一九七一年、毎日新聞社）において、創立当時の考えについて次のように述懐している。

> 私は、日本新聞学会が、研究者諸君の熱意と実際界の絶大な援助によって盛大な発会式をあげ得たことを感謝した後、日本新聞学会は米独の二大先輩学会につぐ世界で第三番目の新聞学会であるが、この両学会とはやや趣を異にすることを左のように述べた。
> 「米独両国の新聞学会は学者の団体であるが、日本新聞学会は、学者のみならず、実際家をも網羅した学会に作り上げる方法をとっている。かくすることによって学問が実際から遊離する危険を防ぐことができると思う。またかくすることによって、実際家も学理の支持を受けることができ、反省の機会も与えられると思う。両者の交流、これこそ米独にくらべわが日本新聞学会の特色である」（小野 1971：298）

小野は、さきに存在していたアメリカやドイツのアカデミズムによるジャーナリズム学会とは異なり、ジャーナリズムとアカデミズムが同時に存在するこの学会の価値を称揚した。こうした方針には、日本新聞学会の設立に日本新聞協会からの賛助があったことや、小野をはじめとして学会設立に関わった人びとの多くが新聞記者出身で、大学出身の研究者が少なかったことも影響しているだろう。

このようにして、本来は研究対象であるはずのジャーナリズムが、ジャーナリズム研究に関わる――自己言及的パラドックスを考慮しない――状況がここに生まれた。こうした経緯は、その後、批判研究が発展する契機の一つとなったように思われる。

アカデミズムを軽視するジャーナリズム？

自己言及的パラドックスといったことばをもちだすまでもなく、ジャーナリズムとアカデミズムは、本来、対立する緊張関係のもとで相互評価を試みる存在である。たとえば、戸坂潤は「アカデミーとジャーナリズム」（一九三四年＝一九六六年、『戸坂潤全集』第三巻、勁草書房）のなかで次のように指摘している。

> アカデミーとジャーナリズムは全く相反した二つの態度である。両者は、事物に対する人々の意識的・観念的・イデオロギー的活動の、あり得べき二つの態度である。而もこの二つのものの反対・対立は、夫々が物質的存在の上で成り立ったイデオロギー的・観念的・意識的存在であることから、今、必然的なものとして説明出来る。（戸坂 1934＝1966：149）

ジャーナリズムとアカデミズムをジャーナリズム研究という同じ枠組みのなかに入れてしまうことは、必然的にその緊張関係を喪失させることになる。戸坂はそのように述べ、注意を促した。

メディア研究者の花田達朗は、研究者の属性もまた、ジャーナリズムとアカデミズムの緊張関係の喪失につながる一因であることを指摘した（花田 1998）。花田は「私見である」と断った上で、現在のジャーナリズムとアカデミズムの関係を「緊張関係を喪失した、相互無関心の状態」と評価した。花田はジャーナリズム研究、とくに新聞研究が、新聞界出身という資格がなければ研究できない研究領域と化している現状を指摘し、「そこでは新聞の研究はそのような人々にまかされてしまい、他の研究者の関心を呼ばないという結果を招いているのではないか。まして学界のなかの若い研究者にとっては縁遠いテーマとなってしまうのではないか」（花田 1998：36–37）と述べている。

花田はまた、ジャーナリズムが「果たしてそのような〈学〉を本当に求めているのであろうか。率直にいって、私には疑いがある」との問を発し、次のようにことばを続ける。

新聞界にとって自らの営為が〈学〉の対象となるということは、あらゆる意味において批判的な検討の対象となるということであり、認識の道具によって料理されるということである。そのようにされる、ないしされたいという動機を今日の新聞界は本質的にもっているだろうか。それに料理の腕前に何がしかの信頼と期待を置いているとも思われない。（花田 1998：37）

花田はこのように述べ、ジャーナリズムは自らの領域にアカデミズムが関わってくることを是としていない、それどころか実際にはそうした働きかけを忌避しているのではないかとの疑問を呈している。

こうした花田の疑問を補完するのは、一九八五年の日本新聞学会秋季研究発表会ワークショップA「ジャーナリズムとは何か」における新井直之の発言である。かつて共同通信社で編集委員などを務めた経歴をもつ新井は、その経験を踏まえて「研究者、評論家などのジャーナリズム論は現場のジャーナリストの心理に触れることがほとんどない」（有山ほか 1986：224）と述べ、ジャーナリズム側のジャーナリズム研究に対する無関心を指摘した。そして、現役の記者にとって何よりの優先課題は同業他社との競争であり、あるいはデスクや局長に一言ほめられたいという卑近な願望であるとして、「その心理と無縁なジャーナリズム論は有効性をもたないだろう」と述べ、アカデミズムによるジャーナリズム研究が現場のジャーナリストの心理に対して有効に機能しないことを示唆した。

ジャーナリズムを軽視するアカデミズム？

逆に、むしろアカデミズム側のジャーナリズムに対する無関心が、ジャーナリズム研究の発展しなかった理由であるとする見方もある。花田が述べるところの「新聞界の住人だった経歴を持つ」研究者の一人である柴山哲也は、アカデミズムがジャーナリズムを軽視してきた歴史を次のように述べる。(3)

周知の通り、ジャーナリズムには同時代を記録する「時代の証人」という重要な役割がある。しかしアカデミズムの側はジャーナリズムを信頼性の乏しい浮薄な根無し草のようにみなして、一段低く見てきたところがあった。特に日本の大学がリードしたアカデミズムは、ジャーナリズムを蔑視する傾向が強かった。

（柴山 2004：i）

柴山は「かつての東京大学新聞研究所（のちの社会情報研究所）のような例外はあったが、ジャーナリズムをまともな学問の研究対象とすることは少なかったし、有力国立大学でジャーナリズムの専門学部をもっているところは皆無である」として、その理由を次のように説明する。

日本のジャーナリズム研究が発展しなかった理由の一つに、明治以来の伝統である官尊民卑の思想があげられるだろう。旧帝国大学を中心とする官学によって担われてきた日本のアカデミズムは、民間事業体にすぎない新聞社や出版社が担うジャーナリズム活動に対してまともな研究対象とするという動機は希薄だった。

（柴山 2004：ii）

このように、柴山は「官尊民卑」的思想に染まっていた日本のアカデミズムこそ、ジャーナリズム研究が発展しなかった主要因であると主張している。

実際、日本で最初に大学のなかのジャーナリズム研究機関、東京大学新聞研究室を設立したことで知られる小野は、その設立までに紆余曲折があったことを述懐している[4]。一九二七年、小野は財界や新聞界の協力を得て、東京帝国大学に新聞研究のための寄付講座を設立する準備を整えた。しかし、その構想は実現直前に大学に拒否される。「新聞学」という学問が、「帝国大学の講座としては相応しくない」というのがその理由であった。寄付講座の代案として文学部に新聞研究室が設立され、小野が文学部嘱託の身分で研究室の実質的な運営者となったのはその二年後、一九二九年のことであった[5]。

日本新聞学会設立時に小野が想定したアカデミズムとジャーナリズムの融合の試みは、はからずも戦前に戸坂がすでに指摘していた危惧を証明する結果になった。アカデミズムとジャーナリズムは本来相反する存在であるがゆえに相手を内部に許容できず、さりとて相手を無視して突き放すわけにもいかなかった。結果としてアカデミズムとジャーナリズムの間の溝は深まり、たとえるなら「疎遠になり、不干渉を決め込んだ兄弟のようなもの」（花田 1998：37）になってしまった――ようにみえる。

批判研究と理論研究の現在

このように、アカデミズムとジャーナリズムの融合の試みは成功したとはいいがたい。しかし、その副産物ともいえる研究が、現在日本のジャーナリズム研究の主流となっている。ジャーナリズムを研究するのではなく、ジャーナリズムを批判する研究、すなわち批判研究である。

批判研究は主にジャーナリズム出身の研究者によって担われている。そのため、新井のいう現場のジャーナリストの心理に触れるジャーナリズム研究である。また、ジャーナリズム出身の研究者の多くは、ジャーナリズムの現場を引退した後にジャーナリズム研究へと移行した人びとである。彼らはジャーナリストとしての立場を維持しながら、ジャーナリズムを研究する――批判する――ことに取り組んだ。そのとき、批判研究は、ジャーナリズムを対象としたいわば「もう一つのジャーナリズム」として成立し、常に現在の問題を取り上げる積極性を発揮した。そのことは、批判研究をジャーナリズム研究の主流へと押し上げ、またその価値はジャーナリズムにおいても評価された。その結果、日本のジャーナリズム研究が呈している現状について、鶴木眞は次のように指摘する。

ジャーナリズム研究を志す人が、書店に入り関連する書物を手にした時、おそらく当惑するに違いない。なぜなら、テキストの類を除けば、そこに陳列されている書物の大部分は、たとえそれが優れた論を展開するものであっても、ジャーナリズム批判に終始するものだからである。社会科学の書棚のなかで、そのコーナーは異質な雰囲気を漂わせている。（鶴木 1999：i）

他方、理論研究は批判研究と相対的な関係を保ったまま、ジャーナリズム研究の傍流として存在してきた。その理由としては、ジャーナリズムがアカデミズムによる研究を必要としていなかったことに加え、アカデミズムにジャーナリズムを研究する積極的な意志が欠けていたことを挙げることができるだろう。

日本新聞学会が設立されて一八年後の一九六九年、日本新聞学会の学会誌『新聞学評論』（現在の『マス・コミュニケーション研究』）にて、「ジャーナリズム論の再検討」と題する特集が組まれた。その冒頭言で、山本明は次のように述べている。

この号がジャーナリズム論特集であることに、いささかとまどいの感をもつ読者もおられるだろう。日本新聞学会はこれまで、新聞学、マス・コミュニケーション論についてとりくんできたが、学会としてジャーナリズム論を対象にしたことは、これがはじめてなのだから。（山本 1969a：6）

山本のことばが示しているように、一九六〇年代から一九七〇年代の段階で、理論研究はいまだこうした位置にいた。対して同時期の批判研究は、当時のさまざまな社会的事件――安保闘争やベトナム戦争等――と権力、ジャーナリズムの関係性に注目することによって積極的にその意義を示していた。したがって、批判研究が日本のジャーナリズム研究の主流となったのは、ある意味で必然的なことであったといえるだろう。

山本が上記のように述べてから約一〇年後、新井直之は当時のジャーナリズム研究の状況を顧みて次のように述べている。

ジャーナリズム論はいまのところやっぱり「ジャーナリズム論」であって、「ジャーナリズム理論」とは言い難く、まして「ジャーナリズム学」ではない。つまり、とかく評論的になりがちなのである。……それは、ジャーナリズム論にやはり学問的方法論が確立していないからだと思う。あるいは、ジャーナリズム論は何なのか、どこからどこまでが範囲なのか、ということすら実はまだ判然としていない。そういう「ジャーナリズム論の理論化」がこれから必要であろう。（新井 1981：79）

こうした新井のことばは、山本が述べた日本のジャーナリズム研究の状況が、その後一〇年が経過してもほとんど変化をみせていないことを示唆している。そして、新井が課題として提示した「ジャーナリズム論の理論化」は、現在もジャーナリズム研究の課題となっている。

以上のような経緯で批判研究は日本のジャーナリズム研究の主流となり、理論研究は傍流となった。戦後五〇年かけて形成されたこの構造は、今後もしばらくは変化しないものと思われる。

（2）研究対象としての「客観報道」

批判研究と「客観報道」

門奈直樹は、批判研究を概観してその四つの系譜を提示した。それは、「①ニュース報道のあり方、②その延長でのファクト・ジャーナリズムの問題、③取材方法をめぐっての発表ジャーナリズムといった問題、④以上をふまえての主観報道と客観報道の問題」（門奈 1990：10）である。

こうした門奈の見解は、批判研究における「客観報道」の重要性を示唆している。また鶴木眞は、「ジャーナリズム批判のなかではまさに中心的テーマとして、数多くの論者によって何度となく取り上げられてきた」（鶴木 1999：i）と「客観報道」について述べ、やはり批判研究におけるその重要性を指摘した。このように、「客観報道」はジャーナリズム研究の、とくに批判研究の重要な研究テーマの一つとして考えられてきたのである。

批判研究に対する批判

一九八〇年代後半、それまでジャーナリズム研究の主流となってきた批判研究に対する批判が行われるようになった。それは「あまりにも個別の経験に密着しすぎていて、ジャーナリズム自体を俯瞰する視点を欠いている」（玉木 1992a：276）という批判であり、「ジャーナリストやジャーナリズム組織・業界が問題を起こすたびに、それを解説し、批判することにとどまる書物が「ジャーナリズム論」として幅を利かせている。既存のイデオロギーや理論を体系的に整理し、そのなかから独自のモデルや仮説を提示し、それにもとづいてジャーナリズムの分析を試みるという研究書は、ごく少数に限られている」（鶴木 1999：i）という批判であった。鶴木は、批判研究に偏った日本のジャーナリズム研究の現状について次のように総括する。

日本ではジャーナリズム批判は存在しても、ジャーナリズム論、あるいはジャーナリズム研究が未成熟であることが痛感される。その最大の原因は、当該分野の研究者が、マス・コミュニケーション研究の応用領域としてのジャーナリズムの問題を扱うことに熱心でなかったことに求められよう。その一方で、ジャーナリズム批判を熱心に展開する研究者（あるいは評論家）やジャーナリストたちにも原因があるのは当然である。彼らは、じつに多くの情報を提示し、様々な事例分析をしながらも、それを先行研究と突き合わせるといった作業をほとんど行わないからである。（鶴木 1999：i）

「客観報道」再検討の試み

「客観報道」に関する研究もその例外ではなかった。「客観報道」は「客観報道自体を解析することなくこれを暗黙の前提」（江藤 1988a：257）として語られ、結果として体系的で生産的な研究は行われず、不毛な議論が繰り返される状況にあった。こうした状況下、一九八六年から一九八七年にかけて「「客観報道」再考」と題する一連のリレー連載が『新聞研究』において行われた。(6)

この連載は『新聞研究』四二三号（一九八六年一〇月号）に掲載された原寿雄の論文「「客観報道」を問い直す――その弊害と主観性復活の危険」を契機としてはじめられた。原の問題提起を受けて、『新聞研究』四二五号（一九八六年一二月号）に佐藤茂の論文「弊害除去は記者の努力から――グリコ・森永事件の体験を通じて」と杉山光信の論文「価値前提と客観性――二つの例からの考察」が掲載された。そして翌一九八七年、小田原敦の論文「密着すれども癒着せず――「政治の客観報道」主義の限界と効用」が『新聞研究』四二七号（一九八七年二月号）に掲載され、次いで藤田博司の論文「まず情報源明示の努力を」が『新聞研究』四二九号（一九八七年四月号）に掲載された。そして最終的に、その総括をめざして開かれた座談会「「客観報道」の問題点は何か」が『新聞研究』四三一号（一九八七年六月号）に掲載された。(7)

この一連の連載は、原による「客観報道」についての問題提起を契機としてはじめられ、当然のことながら従来の批判研究の流れを汲んでいた。しかしながらその過程で、テーマを論じる以前の問題として、各論者の「客観報道」に関する解釈の相違が浮き彫りとなった。その結果、連載は原とほかの論者との間での「客観報道」に関する解釈についての一種の論争のかたちを呈することになった。このように、「客観報道」に関する解釈についての論争へと発展したこの一連の連載を、本書では「客観報道論争」と呼ぶ。この論争は、それまでは暗黙の前提となってきた批判研究における「客観報道」の解釈の相違という問題を、結果的に明示することになった。また、「客観報道」自体がジャーナリズム研究のテーマとして認識される契機となり、一九八〇年代後半からジャーナリズム研究の新しい領域となった「客観報道」研究の嚆矢となった。

（3） ジャーナリズム研究を俯瞰する試み

本書は日本のジャーナリズム研究を、「客観報道」というキーワードによって俯瞰しようとする試みである。そのとき、参考となる先行研究は多くはない。「既存のイデオロギーや理論を体系的に整理し、そのなかから独自のモデルや仮説を提示し、それにもとづいてジャーナリズムの分析を試みるという研究書は、ごく少数に限られている」（鶴木 1999：i）、ジャーナリズム研究の現状がその理由である。ここでは、「ジャーナリズム研究史」および「客観報道」研究という二つの観点から、先行研究を取り上げる。

ジャーナリズム研究史

ジャーナリズム研究史という観点からは、『新聞学評論』第一八号における特集「日本におけるジャーナリズム論の系譜」が参考になる。本特集には、順に山本明「日本ジャーナリズム論史の一デッサン」、和田洋一「明治・大正期のジャーナリズム論」、香内三郎「大正後期の「無産階級」新聞論」、佐藤毅「戦後のジャーナリズム論」、春原昭彦「新聞人のジャーナリズム論」が掲載されている。そのなかでも、とくに参考となるのが山本のテクストである。

山本はジャーナリズム研究（ジャーナリズム論）について、「客観的には、ジャーナリズムから相対的独自性をもったイデオロギー論である」と述べる。こうした山本の主張には、戸坂潤の影響が読みとれる。

山本は、ジャーナリズム研究には三つの機能があると述べる。それは（1）ジャーナリズムの論評・批判の機能、（2）ジャーナリズムの理念型の提示の機能、（3）ジャーナリズムのイデオロギー性の提示の機能である。これら三つの機能は、分離しがたく結びついている。そしてジャーナリズム研究史は、それらの機能に対する歴史的な展望によって可能になるとする。山本は、これら三つの機能という観点から、戦前の日本ジャーナリズム研究の記述を試みた。

同時に、山本は「ジャーナリズム論史は、日本においてこれまで全く手がけられていない。それは空白の地帯でもある」とも述べている。山本は自らの研究をジャーナリズム研究史とすることを躊躇し、それを「一つの、そして小さなデッサンにすぎない」としている。当代一流のジャーナリズム研究者である山本をしても、ジャーナリズム研究史の記述は困難な作業であった。

その後、ジャーナリズム研究史の記述に取り組んだ研究者としては、ジャーナリズム研究者の山本武利を挙げることができる。山本は、著書『近代日本の新聞読者層』（一九八一年、法政大学出版局）において、「新聞読者層」という観点から、先行研究を概観してみせた。山本は「新聞読者層」を考察するにあたり新聞研究のみを対象とせず、文学作品をはじめとするさまざまな分野の資料を参考とした。したがって、新聞研究のみを記述したわけではないが、それも含めて総合的な視野からジャーナリズム研究を取りまとめた例として参考になる。

以上のように、ジャーナリズム研究史に取り組んだ研究はきわめて少なく、また、それに取り組んだ研究も、どちらかというと限定的な色彩が強い。これはジャーナリズムという研究分野の特色、すなわちその範囲の幅広さによって必然的に導かれた結果であるといえるだろう。それゆえに、網羅的な体系的研究は、ほぼ存在していないといってよい。

近年の取り組みとしては、やはり限定的ではあるものの、廣瀬英彦と大石裕のテクストをあげることができる。廣瀬は、岡田直之と編著で『現代メディア社会の諸相』(二〇〇五年、学文社)を著したが、担当した第1章「戦後日本におけるジャーナリズム論の展開」において、戦後日本におけるジャーナリズム研究を、簡略ながら「新聞編集権問題」、「客観報道論」、「情報環境論的ジャーナリズム論」、「プレスの社会的責任論」、「犯罪報道と人権」という五つの項目から概観している。また大石裕は、著書『ジャーナリズムとメディア言説』(二〇〇五年、勁草書房)において、「戦前日本のジャーナリズム論」および「戦後日本のジャーナリズム論における客観報道論」という項目を設け、それぞれの研究の系譜について検討を加えるとともに、ジャーナリズム研究をマス・コミュニケーション研究の流れの一つに位置づける試みを行っている。

「客観報道」研究

次に「客観報道」研究という観点からの先行研究を取り上げてみよう。繰り返し述べてきたように、ジャーナリズム研究において「客観報道」は、ジャーナリズムを批判するためのキーワードとして語られてきた。けれども、「客観報道」自体を研究対象として取り上げた研究は多くない。玉木明は、そうした現状について次のように述べている。

私たちは中立公平・客観報道というものをなんとなく理解しているように思いなしているが、それがどのようなメカニズムを内包しているのかについて全く無知であるといっていい。その内実について触れた文献がほとんど見当たらないのも、そのためだと思われる。驚くべきことだが、中立公平・客観報道というものは、いままでほとんど検討、研究の対象にされたことがなく、放置されてきたのだといっていい。（玉木1992a：12）

実際には、玉木のいうように過去において「客観報道」研究がまったくなされてこなかったわけではなく、少ないながらも「客観報道」研究と呼ぶことのできるいくつかの研究が存在する。

たとえば、一九五九年七月号の『新聞研究』では、「客観報道」に関する特集が組まれ、評論家の久野収が「客観論」、東京新聞編集主幹の児島宋吉が「形式より内容の追求へ」、新聞研究者の香内三郎が「報道の客観性を歴史的にみる」といった論考をそれぞれ寄せた。また、メディア研究者の岡田直之は「イデオロギーとしての客観報道主義」（一九七八年、『成城文藝』）において、「客観報道」が現実の実態を隠蔽し、かつジャーナリズムを正当化するイデオロギーと化していることに対して鋭い批判を加えた。それらの研究は、現在にも通じる重要な観点を提供している。

けれども、『新聞研究』の特集は各論者が独自の立場で「客観報道」について言及するに止まり、それらがその後のジャーナリズム研究に影響を与えた形跡はほとんどみられない。また、岡田の研究はジャーナリズム研究というよりはむしろマス・コミュニケーション研究としてなされたものであって、そうした研究の常として内容も欧米のマス・コミュニケーション研究に準拠している。つまり、日本のジャーナリズムないしジャーナリズム研究はまったく考慮されていない。それらの研究は優れた主張を展開するものではあったが、その時点では「客観報道」をジャーナリズム研究における特定の研究対象とする視点はまだ存在していなかった。

一九八〇年代の「客観報道論争」以降、「客観報道」はジャーナリズム研究における特定の研究対象として認識され、いくつもの興味深い「客観報道」に関する研究がなされた（第6章参照）。それらの研究は、「客観報道」研究と呼ぶに相応しい。しかしながら、それらの研究はそれまで語られてきた「客観報道」に関する言説と同様に、「客観報道」に対して共通の前提をもっていたわけではなかった。したがって、それぞれ興味深い内容であったにもかかわらず、体系的な研究の流れとはなりえず、結果的に「あまり多くの生産的といえる成果を生み出してこなかった」（伊藤 1999：37）。

そうしたジャーナリズム研究の状況において、「ジャーナリズム史、ジャーナリズム論、マス・コミュニケーション論、コミュニケーション論、情報法、さらには記号論や社会理論、国際政治論」という多様な視野から「客観報道」を理論的に考察したのが、鶴木眞編『客観報道』（一九九九年、成文堂）である。編者である鶴木眞は、本書が「客観報道」を共通の研究テーマとしているけれども、その真の狙いは「ジャーナリズム批判のなかでは論じ尽くされた感のあるこのテーマをあえて選択し、ジャーナリズム論の転換を促すこと」（鶴木 1999：i-ii）であり、「客観報道を素材としてジャーナリズム研究の方向性を提示すること」であると述べている。

同書の第二章では、伊藤高史が「客観報道」をめぐる過去の議論のレビューから、日本のジャーナリズムと「客観報道」について考察を行っているが、これは本書のパースペクティブに最も近い研究であるといえる。伊藤は、日本のジャーナリズム研究における「客観報道」に関する議論は「様々な人が様々なアプローチによって論じているが、それらは常に単発的な議論に終わっていて、それが何らかの蓄積を生むことはなかった」（伊藤 1999：37）と指摘した。そして、「過去の我が国における客観報道に関する議論を振り返ろうとしたとき、時系列的に過去の研究を並べて行くことにはあまり意味がないように思える」と述べている。

本書では、伊藤の見解を参考としつつ、逆に「時系列的に過去の研究を並べて行くこと」から過去の研究を考察することを試みる。伊藤の見解は、社会学的な研究の方法論を前提としている。すなわち、特定のテーマに関する研究史を考察するとき、まずそのテーマの定義を厳密にする必要があるとする観点である。そうした観点からは、確かに「客観報道」は研究史的に考察する意味はあまりない。共通の定義というものが存在せず、曖昧に解釈され続けてきたからである。しかしながら、本書は「客観報道」の厳密な定義を前提としていない。なぜなら、その定義が「どのようにして語られてきたか」をその分析の対象としているからである。したがって、本書の観点からは、「時系列的に過去の研究を並べて行くこと」は、意味のある作業と考えられる。

2 「客観報道」の定義

(1) 一般的な定義

本書のようなテーマを設定したとき、最初に求められる作業は、前提となるような「客観報道」の定義を示すことであろう。しかしながら、本書ではあえて定義を示さない。その理由は、「客観報道」の定義を含む言説が「どのようにして語られてきたか」を分析の対象としているからである。

とはいえ、前提となるような「客観報道」の定義を示さないとしても、「客観報道」が現在、ジャーナリズム研究や社会学の分野でどのように定義されているのかについて触れておくことは必要な作業であろう。ここで、いくつかの「客観報道」に関する代表的な定義を挙げてみたい。

社会学用語の一般的な定義が掲載されている森岡清美ほか編『新社会学辞典』(一九九三年、有斐閣)では、門奈直樹が「客観報道主義」について説明をしている。そこでは、次のように述べられている。

主観報道に対する客観報道、すなわち、報道のあり方が歴史的、社会的に制約された報道主体（記者）に固有な関心や意見、評価などから独立していることをいう。（門奈 1993a：267）

情報に関する用語が網羅されている北川高嗣ほか編『情報学辞典』（二〇〇二年、弘文堂）では、藤田博司が「客観主義報道」について説明をしている。そこでは、次のように述べられている。

大部数の新聞の登場とともに、できるだけ多くの読者に受け入れられるニュースの報道手法として実践されてきた考え方。できるだけ記者の主観をまじえず、中立、公平の立場で事実をありのままに伝えようとするもの。（藤田 2002：220）

次に、「客観報道」にとくに注目してきた三人のジャーナリズム研究者による定義を挙げてみる。

一人目は原寿雄である。原は一九八〇年代半ばから「客観報道」に関する継続的な言及を行ってきた。第5章で検討する「客観報道論争」の問題提起者でもある。原の著作である『ジャーナリズムの思想』（一九九七年、岩波新書）では、「客観報道」は次のように定義されている。

客観報道とは、ニュースの報道にジャーナリストの主観、意見を入れないことをいう。オピニオンを展開する言論活動と事実の報道とをはっきり分け、事実報道はできるだけ客観的に観察、分析し、できるだけ客観的に描写、伝達することで事実に迫ることができるという考え方である。（原 1997：144）

二人目は玉木明である。玉木は『言語としてのニュー・ジャーナリズム』（一九九二年、學藝書林）を皮切りに、

「中立公平・客観報道という理念を支える無署名性の言語」（玉木 1992a：22）がジャーナリズムにおける問題報道の一因となっていることを指摘し、その対概念としての主観報道――ニュー・ジャーナリズムの必要性を主張してきた。玉木の著作『ニュース報道の言語論』（一九九六年、洋泉社）では、「客観報道」は次のように定義されている。

〈世界を正しく認識し、その正しく認識された世界をありのまま正しく、客観的に報道すること〉、それが〈中立公平・客観報道〉の考え方、その理念型ということになる。（玉木 1996a：16）

そして三人目は浅野健一である。浅野は、犯罪報道という観点から、『客観報道』（一九九三年、筑摩書房）をはじめとするさまざまなテクストで「客観報道」を取り上げてきた。浅野は、『メディア用語を学ぶ人のために』（一九九九年、渡辺武達・山口功二編、世界思想社）において「客観報道」の項目の説明を担当している。そこでは、「客観報道」は次のように定義されている。

客観〈object〉とは主観〈subject〉を離れて自然に存在するままの状態で、〈客観報道〉は取材・編集者の主観を排して情報を伝達することを目指す報道のこと。対語は主観報道（sujective reporting）。（浅野 1999a：20）

それぞれの定義を概観すると、そのほとんどが「客観報道」を「報道する主体が自らの主観を排して報道すること」とみなしていることがわかる。これは最もシンプルな「客観報道」の定義であり、多くの「客観報道」に関する言説に共通して用いられている定義である。

この定義の外延としては、「事実をありのままに報道すること」が含まれることがある。「中立公平の立場で報道すること」もそれに含められることが多い。そして、「主観報道」の対概念として定義づける場合や、「意見報道と事実報道の区別」が定義の条件として語られる場合も少なくない。

（2）定義をめぐる議論

さまざまな解釈とその問題点

しかしながら、これらの定義はさまざまな解釈上の問題点を含んでいる。

たとえば、「自らの主観を排して」と述べられているが、「報道する主体」が存在する以上、その主観が介在することは自明の理である。また、「事実をありのままに報道すること」の「事実」について、言及している定義はほとんどない。この「事実」の定義は、「客観報道」の定義同様に困難な作業である。「ありのまま」とはどのような状態を指すのか、やはりその説明は困難である。さらに、「中立公平の立場で報道すること」の「中立公平」とはいかなる立場のことを指すのか不明である。「中立公平」の「中立」と「公平」は、並列的な概念ではない。「中立」は、「局外中立（neutral）」を意味している。いわば「無党派」である。他方、「公平」は「不偏性（impartiality）」を意味する。いわゆる「不偏不党」である。門奈が「客観報道」の定義で述べているように、「独立（independent）」の意味が含まれることもある。いわば「非党派」である。そして、「客観報道」を説明することばのなかに「客観的に報道すること」という言葉が入るトートロジーも多い。

このように、「客観報道」の説明を目的としている言説ですら、共通した内容をもつことができず、またさまざまな解釈上の問題を含んでいる。これらは、「客観」ということばの多義性が要因となっている。

また、「客観報道」がジャーナリズムの理念として認識されている事実は、「客観報道」ということばに対して

「客観」だけではなく、「理想」としての意味も付与する。たとえば、先述した浅野健一による「客観報道」の定義の説明は、次のような文章で締め括られている。「すべてのものから公正中立であるのではなく、国家と人民の関係において、常に人民の権益から考えて報道することが客観報道であるといえる」（浅野 1999a：21）。ここで「客観報道」の「客観」は、浅野の「理想」とするジャーナリズムという観点から捉えられて解釈されている。

「客観」ということばに対する無自覚さ

こうした「客観」ということばに対する無自覚さを前提とする言説は、「客観報道」がジャーナリズム研究の対象として成立した一九八〇年代後半になると批判的に認識されるようになる。

たとえば、江藤文夫は「主観報道か客観報道かの繰り返された論議は、その主観性・客観性の〝定義〟を経ぬままにおこなわれ、その論議を不毛にした」と述べた上で、「客観報道の成立を報道の一到達点と考えず、客観報道自体を解析することなくこれを暗黙の前提」としてきた議論に対して批判を加えた（江藤 1988a：257）。また、伊藤高史も「非常に奇妙なことに、客観報道についていろいろと議論されるようなことはあっても、「客観報道」という言葉の定義をしていないという場合があり、定義らしいものが与えられていたとしても、不十分な場合が多いのである」（伊藤 1999：38）と指摘している。

これらの批判が示すように、ジャーナリズム研究は「客観報道」について語りながら、その定義に対して曖昧な態度をとり続けてきた。結果として、「客観報道」に対する解釈の多義性を暗黙のうちに容認することになった。そうした態度は、ジャーナリズム以外の分野の人びとが「客観報道」ということばを用いてジャーナリズムを批判する契機を与えた。

批判のキーワードとしての「客観報道」

ここで例としてジャーナリズム以外の分野の人によるジャーナリズム批判を挙げてみよう。哲学の分野からは、哲学者の内山節が「「真理」が価値を失った時代に――哲学とジャーナリズムの間」(一九九九年、『新聞研究』五七二号)と題する論文でジャーナリズムを批判している。

哲学とジャーナリズムは、それほどかけ離れたものではなかった。……ところが、それでもなお哲学とジャーナリズムの間には、ときに大きな違いが生まれることがあった。現実を直視する、といっても、哲学は、人間が現実を認識するとはどういうことなのか、という問いを常に手放そうとはしない。だから、この問いにジャーナリズムが無とん着になるとき、哲学はジャーナリズムとの間に距離をとろうとした。……実際に発生している現実と、認識された現実との違いがある。人間たちが現実とよぶものは常に認識された現実なのである。(内山 1999：30-31)

ここで内山は、おそらくは客観的認識に対する批判観念論の立場から「事実をありのままに報道すること」の実践の不可能に対してジャーナリズムは無自覚であると指摘している。

科学や工学の分野からは、東京電気大学教授の脇英世が「必要なのは中立性・客観性――コンピューター分野を中心に見た新聞報道」(一九九六年、『新聞研究』五四四号)と題する論文でジャーナリズムを批判している。

これだけ科学、コンピューター分野が複雑化した現在……すべてがそうだとは言わないが記者会見での質問を聞いていると、本当に何もわかっていないなと絶望的な印象を受けることすらある。この程度の知識で大新聞の名前の下で報道されてはたまらないと感じることすらある。……断片的に入ってくる情報を的確に位置づけ、全体像を浮かび上がらせ、意味づけと連関を明確にし、さらに多くの疑問に答えるべきである……報道にとってもっとも必要なことは、客観性と中立性である。（脇 1996：40-41）

ここで、脇は「読者は無知だという大前提」のもとに「大新聞のコンピューター報道」がなされていると述べた。また、その報道内容の不十分さを指摘して「客観性と中立性」が不足していると批判した。

こうした批判は、とくに社会学的な分野においては顕著である。たとえば、フェミニズムやジェンダーの観点からは、ジャーナリズムは男性中心の価値観にしたがって報道をしており、したがって「客観報道」が実践されていないと批判される。また政治的な観点からは、左派からは右派の価値観に偏っていると批判され、右派からは逆に左派の価値観に偏っているとそれぞれ批判される。

このように、「客観報道」は、どんな人にもジャーナリズムを批判することを可能にするキーワードとなっている。それを用いる条件は、「客観報道」をジャーナリズムの理念として認めることである。その条件さえ認めれば、自分の価値観が納得できるかたちで報道されていないとき、「客観報道」ができていないとしてジャーナリズムを批判することが可能になる。

このとき「客観性」は、つまるところジャーナリズムを批判する人の価値観が基準となっている。いうなれば「自分の立場に好ましいような記事を読むと、それを客観的だと考え、気に入らないと新聞に毒づく」（ブラックマン 1970：132）のである。このように、「客観報道」の定義をめぐる多義性と曖昧さは、ジャーナリズム研究以外の分野からの批判を容易にしてきた。

ジャーナリズム研究の観点からは、こうした批判に反論することはそう難しいことではない。その多くは、ジャーナリズムの現状に対する理解不足に起因しているからだ。

たとえば、内山が述べるような「人間が現実を認識するとはどういうことなのか、という問いを常に手放そうとはしない」立場から、毎日の大量の情報を処理して報道することは現実にはほぼ不可能である。ジャーナリストに「人間が現実を認識するとはどういうことなのか」などと考える悠長な時間はない。また、脇が述べるような「断片的に入ってくる情報を的確に位置づけ、全体像を浮かび上がらせ、意味づけと連関を明確にし、さらに多くの疑問に答える」のは、まさに脇のような研究者の役割であろう。ジャーナリズムにそこまでの役割を求めるのは酷というものだ。脇の主張も理解できないわけではないが、そうした報道は百科事典のような知識を有し、しかもその知識を毎日更新できる超人的なジャーナリスト以外には無理である。

とはいえ、これらほかの分野からの批判を、ジャーナリズムに対する理解不足と一言で片付けるわけにはいかない。そうした批判が可能となっている現状には、ジャーナリズム研究にも責任の一端があるからである。なぜなら、ジャーナリズム研究は、そうしたほかの分野の人間が参考にできるような、前提とできるような具体的な「客観報道」の定義の条件を明示できているわけではないからだ。

定義の条件

「客観報道」の定義に対して、その具体的な条件を示すことを試みたのが藤田真文である。藤田は、日本新聞協会の新聞倫理綱領から「事実性原則」と「没評論原則」を「客観報道」の条件として抽出した（藤田 1995：35-36）。

藤田によれば、「事実性原則」とは「（報道する）事実をまげないこと」である。そして「没評論原則」とは「（報道する者の）意見を含まないこと」である。「事実性原則」は、新聞倫理綱領の「第二　報道、評論の限界」における「イ　報道の原則は事件の真相を正確忠実に伝えることである」に対応している。そして、「没評論原則」は、同「第二　報道、評論の限界」における「ロ　ニュースの報道には絶対に記者個人の意見をさしはさんではならない」に対応している。この二つの条件は、すでに本書が示した「事実をありのままに報道すること」

および「報道する主体が自らの主観を排して報道すること」にそれぞれ対応している。藤田は、新聞倫理綱領という歴史的かつ既存のテクストをその根拠とすることによって、従来の定義に具体性を与えることに成功したといえる。

本書は、藤田による定義の妥当性を評価したい。しかしながら、藤田による定義をもってしても「客観報道」の定義にまつわる困難は解消されない。むしろ藤田の試みは、ジャーナリズムおよびジャーナリズム研究に対して新たな問題を提起したといえる。それは第一に、「事実性原則」と「没評論原則」という二つの条件を満たす具体的な方法に関する問題である。第二に、二つの条件に含まれない説明、すなわち「中立公平の立場で報道すること」等々を定義の条件から除外するべきかという問題である。伊藤は藤田による定義を「もっとも適切で、簡潔な説明」（伊藤 1999：40）と評価した。しかし、これらの問題には結論は出ていない。したがって、藤田による定義は本書の前提となる定義としては採用されない。

（3） 無定義概念としての「客観報道」

以上のように、これまでのジャーナリズム研究における「客観報道」の定義をめぐる多義性と曖昧さは、「客観報道」を研究対象とすることすら容易とせず、その議論を不毛にしてきた。

それでは、「客観報道」に関する議論は、その定義を厳密化する作業からはじめるべきなのだろうか。逆説的ではあるが、その作業を議論の前提とするかぎり、「客観報道」に関する議論はさきに進まないように思われる。確かに、江藤や伊藤によるジャーナリズム研究における「客観報道」の議論への批判は正しい。しかしながら、それらの批判は現状を示唆したが、その解決策を示したわけではなかった。「客観報道」に関する言説は、相変わらず多義性と曖昧さを保ち続けている。

通常、社会学的な研究においては、対象に対する厳密な定義を要求される。先述の伊藤もそうした方法論にしたがって、まず定義という観点から「客観報道」を概観することを試み、そこに厳密な定義が存在していないことを指摘し、過去の「客観報道」に関する言説を時系列的に分析することに価値はないと結論づけるに至った（伊藤 1999：37）。こうした伊藤の見解は、厳密な定義を前提に対象を分析する試みの当然の帰結であるといえる。しかしながら、こうした伊藤の見解を是とするならば、「客観報道」に関する研究は今後も体系的な研究の蓄積を得ることができないということになる。

以上のような観点から、本書では、厳密な定義をあえて前提とはせず、定義を含む言説が「どのようにして語られてきたのか」を分析の対象とする。定義することによって最初から「客観報道」として語られる外延を確定してしまうよりは、「客観報道」ということばがどのようにして形成され、語られてきたのかを分析することに研究上の意義があると考えるからである。

研究分野は異なるものの、本書の参考となる研究として、今津孝次郎による教育言説の分析がある。今津は教育問題をめぐる議論に注目して「多くの人がさまざまな意見を出すけれども、なかなか噛み合わない、いつも同じ議論の繰り返しで前進がない、賛否両論の基本的な対立があってなかなか乗り越えられない、といった状況にしばしばぶつかる」（今津 1999：1）と述べた。これはまさに、ジャーナリズム研究における「客観報道」をめぐる議論の構造と同じ状況であるといえるだろう。

今津は、教育問題について「それを論じることばに呪縛されて、肝心の現実がよく見えていないということがある」（今津 1999：2）と指摘した。そこで今津が主張したのは、教育問題を解決するためには、教育を論じることばや言語表現に注目して、教育問題に関する議論自体を研究対象とする必要があるということであった。「ことばの支配や呪縛の問題を追求することは、一定の問題に関する諸議論について検討する場合に、議論そのものの内容ではなくて、議論が立脚している言語化されたパラダイムや概念、理論ないし認識方法や価値観そのものを自省（自己省察、リフレクション reflection）する営みである」（今津 1999：7）。

こうした今津の主張は、「客観報道」に関する議論——その言説——を研究対象とする本書にとって有用な観点を示唆している。本書が「客観報道」を無定義とするのは、純粋に研究上の有用性の観点からである。

（4）「客観性」の構成要件

「客観報道」に関する言説を分析するにあたり、本書ではそこで「客観性」がどのようにして語られているのかに着目する。その語られ方が、「客観報道」に関する言説を形成するからである。ここで、本書が「客観性」を解釈する際の基準について述べておきたい。

四つの「客観性」の構成要件

大石裕は、「客観報道」における「客観性」の構成要件について具体的な説明を加えている（大石 1999, 2000）。大石は、「商業放送導入以前のスウェーデン放送協会を対象とした放送法規にもとづきながらも、それを発展させてより一般的な客観報道の構成要件を明示している見解」（大石 1999：80）としてウェスタースタウルが提示した「客観性」の構成要件をもとにして（Westerstahl 1983：405）、**図1**を示した。

この見解によれば、「客観性（objectivity）」を構成するのは、〈事実性（factuality）〉と〈不偏性（impartiality）〉である。そのうち〈事実性〉という基準は、ジャーナリズムがそれをどのように「認知」するのかといった側面に、また〈不偏性〉という基準はジャーナリズムがそれをどのように「評価」するのかという側面に関わる。このとき、〈事実性〉を構成するのは、〈真実性（truth）〉と〈関連性（relevance）〉という二つの要件である。そして「不偏性」を構成するのは、〈均衡性（balance）／非党派性（non-partisan）〉と〈中立的な表現（neutral

図1　「客観性」概念の枠組み

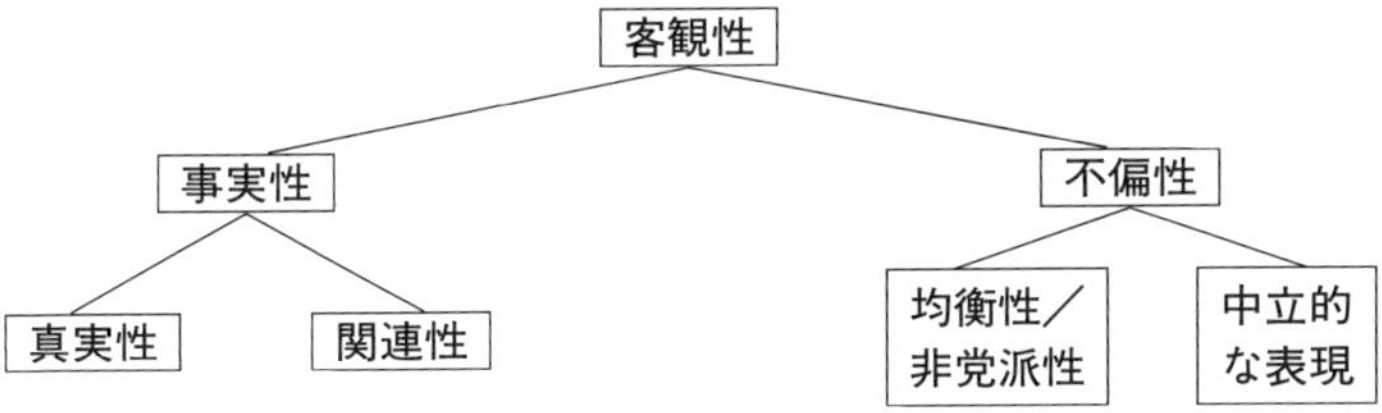

出典：J. Westerstahl 1983 "Objective News Reporting: General Promises," *Communication Research*, Vol. 10, No. 3, p. 405を参考として大石が作成（大石 1999：81、大石 2000：25）

presentation〉というやはり二つの要件である。大石は、「客観性」を成立させるこれら四つの構成要件について、次のように説明している（大石 2000：26–27）。

① 真実性（truth）　この基準は、客観性の構成要件のなかで中心にあると考えられることが多く、客観性と等置されることもある。この基準が重要となるのは、多様な意見を提示する場合よりも、事件の経過を報じる場合である。

② 関連性（relevance）　これは、社会で問題になっている複数のニュースを関連づけるための基準である。あるいは、ある特定の事件が推移するなかで、どの出来事を関連づけるのかという基準である。それはジャーナリズムが行う選択作業である。この基準は、ニュースをどのようなストーリーとして提示するのか、という作業と密接にかかわる。

③ 均衡性（balance）／非党派性（non-partisan）　この基準が問題になるのは、一般に対立する集団の主張や活動を報道するときである、均衡性は、それぞれの集団を報じる量（紙面の大きさや時間）、それぞれの集団の主張を報道したか否か、報道した場合には肯定的に報道したか否か、といった基準によって測定される。

④ 中立的な表現（neutral presentation）　この基準に反するのは、取

材対象に同調する、あるいは拒絶するというジャーナリストの姿勢が報道内容に示される場合である。この基準は、評論ではなく事実報道だけに適用される。

大石は、これらの客観性をめぐる基準をもって「ジャーナリズムが客観報道主義を採用し、それに基づいて活動する際の一応の指針としてとらえることができるであろう。それと同時に、ニュース研究においては、ニュースの内容が客観的であるか否かを測定する際の指標として活用することも可能であると思われる」（大石 2000：27）と述べた。

別の三つの構成要件

大石が引用した「客観性」の四つの構成要件は、「客観報道」に関する言説の「客観性」を解釈する上で非常に参考になるが、そのまま解釈基準として採用するわけにはいかない。なぜなら、「客観報道」の「客観性」に関する解釈は、欧米と日本で、必ずしも一致するわけではないからである。

たとえば、日本のジャーナリズム研究が「客観性」を語るとき、それを「何が読者にとり一番ニュースとして価値があるか」（毎日新聞社編 1954：181）であるとみなす見解が存在する。この見解は、大石が述べた四つの要件にはあてはまらない。またそれを「社会で起きている重要な出来事をそのまま反映すること」であるとみなす見解も存在する。さらに、「主観的ではないこと」であるとみなす見解も存在する。これらの見解もまた、さきに取り上げた四つの構成要件にはあてはまらない。

本書では、そうした日本のジャーナリズム研究においてみられるこれら三つの「客観性」の構成要件を、便宜上次のように名付ける。まず「読者にとって最も価値のあるニュースはなにか」とされる「客観性」を、「最も一般的な価値」という意味で〈一般性（generality）〉と呼ぶ。次に「社会で起きている重要な出来事をそのまま反映すること」とされる「客観性」を、「社会的事実の反映」という意味で〈反映性（reflectiveness）〉と呼ぶ。そして「主観的でないこと」とされる「客観性」を、そのままの意味で〈没主観性（non-subjectivity）〉と呼ぶ。これらの構成要件は、〈事実性〉と〈不偏性〉に分類するのに相応しくない。ここでこれら三つの構成要件を、先の四つの構成要件に連なるものとして説明するならば、以下のようになる。

⑤一般性（generality）　この基準は、読者にとって最も価値のあるニュースはなにかという観点に基づく基準である。それはジャーナリストが行う選択作業である。この基準は、ジャーナリストの経験に基づいて判断される。

⑥反映性（reflectiveness）　この基準は、報道が社会で起きている重要な出来事をそのまま鏡のように反映することを説明する。いわゆる「ニュース鏡像説」の背景となる基準である。(8)

⑦没主観性（non-subjectivity）　この基準は、取材や報道の過程において、ジャーナリストや報道機関の価値観、すなわち主観が介在していない状態のことを説明する。

本書では、大石の引用した「客観性」の四つの構成要件、〈事実性〉を構成する〈真実性〉と〈関連性〉、そして〈不偏性〉を構成する〈均衡性／非党派性〉と〈中立的な表現〉、および本書が言説分析の過程で抽出した三つの構成要件、すなわち〈一般性〉、〈反映性〉、〈没主観性〉の計七つの要件を「客観性」の解釈基準として、言説分析の道具とする。このとき、〈均衡性／非党派性〉の説明内容から、それには〈独立（independent）〉の意味も含まれていると考えられる。

「客観性」を語る二つの観点

これら「客観性」の七つの構成要件は、「客観報道」に関する言説において二つの観点から語られる。それは「報道する主体」と「報道する内容」である。「報道する主体」とは、新聞記者等のジャーナリストを指す。「報道する内容」とは、新聞記事等の報道内容を指す。「客観報道」に関する言説は、「報道する主体」と「報道する内容」のいずれかに、あるいはその両方に「客観性」が必要との語られ方をする。

そして「報道する主体」の「客観性」は、〈関連性〉、〈均衡性／非党派性〉、〈一般性〉として語られる傾向にある。対して「報道する内容」の「客観性」は、〈真実性〉、〈中立的な表現〉、〈反映性〉として語られる傾向にある。また〈没主観性〉は、「報道する主体」および「報道する内容」の両方の「客観性」の構成要件として語られる。(9)

もっとも、「客観性」の構成要件は、常に「報道する主体」と「報道する内容」にはっきりと分けて語られているわけではない。論者がこれら複数の「客観性」を混同して、または自分に都合のよいように使い分けて用いることも少なくないからである。

そもそも、複数の「客観性」の存在を自覚的に語っている言説はほとんどない。だからこそ、本書における「客観性」の七つの構成要件は、「客観報道」に関する言説を分析するための重要な道具たりうるのだといえる。

3　言説分析という視角

(1)　言説とは何か

言語の具体的な存在の仕方

ここで、本書において用いられる「言説」ということばについて、その意味をあらためて説明しておこう。「言説」の原語である「ディスクール（discours）」または「ディスコース（discourse）」は、一般的には一定のメッセージをもった言語表現ないし言語活動として理解されている。この場合、言説はその意味作用においてとらえられ、それを語る主体の意志や理性のコミュニケーション活動として解釈される。または、その意味表示的な構造において分析の対象となる。

他方、言説がその機能性においてとらえられる場合もある。知識社会学的な観点からは、言説の機能はそれを語る主体の存在を規定する社会的条件との関係で解釈される。[10] そのとき、言説は社会的な実在に従属する二次的な道具という認識がなされる。また、構築主義的な視点からは、語られる対象の社会的な現実性が言説を通じて構築される過程が分析される。そのとき、言説は社会的な現実がそれを通じて分節される第一次的な媒体であるという認識がなされる。

この言説ということばに、独自の分析的な価値を与えたのがミシェル・フーコーである。フーコーにとって、言説は「言語表現や言語活動に重なるとしても、その意味表示的な組織や、社会的な機能性とは別な観点からとらえられるべきもの」（内川 2002：277）であった。フーコーはその著作『知の考古学』（一九六九年）において、言説を用いた分析について言及している。それによると、言説分析の基本的単位となるのは「言表（énoncé）」である。言表とは、「行為として実際に語られたもの／こと」（赤川 1999：30）のことである。その言表が、ある一定の形成＝編制の規則性にしたがって、ある全体的なまとまりとなったとき、そのまとまりを言説と呼ぶ。つまり、言説は言表の集合であるということができる。

言説の編制の規則性にしたがって、言語は具体的に存在するようになる。ここに言説を分析する意味が生じる。すなわち、「言語表現の歴史をあつかうさいに、その意味作用や、機能性にかんする歴史ではなく、その表現を支えている言説の位相における歴史、言説の位相における諸要素の調整配置とその変化を記述し、分析することができる」（内川 2002：277）。したがって、言説分析は問題領域での個々の細かな論述を対象として、言説が形成され拡大されていく歴史過程や、言説の諸機能などを多角的に検討するところに特徴をもっているといえる。

言説の統制過程

本書は、フーコーが指摘した言説の統制過程にも注目する。一九七〇年、フーコーはコレージュ・ド・フランスの教授に就任した。その就任講義において、フーコーは言説と権力に関する一連の考えを概観し、講義の内容について説明した。そして言説の生産が統治される統制形式、すなわち言説の統制過程に言及して次のように述べた。

或る事柄は一たび言われると保存される。というのも、そこになにか秘密あるいは豊かさを人びとは嗅ぎつけるからです。……あれこれの言説の間で一種の落差があることをうかがい知ることができる……消えゆく言説もあれば、それを繰り返し、変形し、またそれについて語る若干の新しいことばの源になるような言説もある。……われわれはそのような言説がわれわれの文化のシステムにあることを知っています。宗教の、あるいは法律の原典がそうであり、「文学的」と呼ばれる奇妙なテキストも、そこにある規約からして、そうであり、科学的なテキストも或る程度までそうだと言えます。（Foucault 1971＝1981：23-27）

フーコーがここで強調したのは、人びとが「秘密あるいは豊かさ」を嗅ぎつけて保存されていく言説がもつ権威である。保存されていく言説は、説得的な力をもつ。それ自体を相対化して、分析の手を加えることなど考えられないほど聖域化して自明視されるようになる。その結果、保存されていく言説は権威の源となり、人びとを幻惑して呪縛されるような力、つまり聖性とでもいうべき性格が付与されていくことになる。そして保存されていく言説は、暗黙のうちに人びとの認識や思考に関する自明で常識的な枠組みとなり、また行動の動機づけともなっていく。

このような言説の統制過程に関するフーコーの考察は、「客観報道」に関する言説の分析を試みる本書に重要な示唆を与えている。保存されていく言説とは何か、そしてその言説はどのような聖性を付与されているのか――「客観報道」をめぐる議論が、なぜ同様の言説の繰り返しとなったのか、そしてなぜその定義の厳密化を求められなかったか――について考察する観点を示している。

（2）「客観報道」という言説

本書が対象とする言説

以上のことから、「客観報道」に関する言説とは、「客観、客観的、客観主義ということばと、報道ということばによって構成された、ジャーナリズムの理念ないし手法についての一定のまとまりをもった論述のことであり、ジャーナリズムの理念ないし手法についての認識や価値判断の基本枠組みとなるもの」ということができよう。

「一定のまとまりをもった論述」とは、かりに断片的なことばであっても、そのなかに「客観報道」に関する一定の主義主張が含まれている場合も含まれる。そして、本書では、戦後から現在に至るまでの日本のジャーナリズム研究に関するテクスト[11]に生起した論述に限定する。このとき、ジャーナリズム研究に関するテクストと判断する基準は、原則としてジャーナリズム、マス・コミュニケーション、社会学といった研究分野の文献、雑誌に掲載されていることとする。

テクストを規定する困難さ

門奈直樹等はジャーナリズム研究におけるテクストを規定する際の困難について、次のように述べている。

> いうまでもなく、ジャーナリズム「論」ないし「研究」としてとりあげるべき課題と対象の範囲は多岐におよんでいて、限定できないものがある。一応、ジャーナリズムをマス・メディアによって送り出される記録活動の総体および現実批判の表現行為のすべて、というように定義しておくと、ほかの分野と同じように、戦後四〇年を回顧することは、論考の量において、おびただしい数をあつかわざるをえない。それは、戦後という時代を、人間の生きてきたさまざまな事実関係から分析していく作業にも等しいからである。しかも、個々の論考は必ずしも研究のスタイルをとっているものではないから、この分野のレビューをするとなると、おのずから対象を限定的にせざるをえない。（門奈・井上・林 1990：5）

また岩倉誠一は、ジャーナリズム研究を学説史的に記述することは非常に困難であり、その記述対象を日本新聞学会に限ったとしても「知的営為の集積状況から今日の多様な研究領域の説明まで、これを細密に一貫性をもって行うことは到底一人の手に負えるものではない」（岩倉 1997：3）と述べている。

本書は「客観報道」に関する言説の形成と変容を分析する前提として、可能なかぎりのジャーナリズム研究のテクストに目を通した。しかしながら、門奈等が述べるように、本書が分析の対象としたテクストもまた限定的なものである。したがって、本書がそれらのテクストから得た示唆は、ジャーナリズム研究の一隅を照らすに過ぎない。こうした前置きをしておかねばならないところに、「この分野の特殊性がある」（門奈・井上・林 1990：5）ということをここで付言しておきたい。

また、言説を分析するに際してどのような方法論が適切かについては、「いまだに社会史や歴史社会学、言説分析の領域でも定見がない」（赤川 1999：iv）。本書が用いる方法もまた、そうした研究状況における試みの一つである。

第2章　ジャーナリズムの再生と「客観報道」——一九四〇年代後半から一九五〇年代

1　敗戦とジャーナリズムの再生

（1）敗戦とGHQのジャーナリズム政策

一九四五年八月一五日の新聞

一九四五年八月一五日、日本はポツダム宣言を受諾して降伏した。同日正午から日本放送協会のラジオを通じて行われた天皇自らによるポツダム宣言受諾に関する詔勅放送、いわゆる玉音放送によって、日本国民は敗戦の事実を知った。放送後、同日付の新聞の配達が開始された。

八月一五日付の新聞は、いずれもほぼ同様に敗戦という歴史的大転換に対する心構えについての社説を掲載した。たとえば、同日付の『朝日新聞』（東京）には「一億相哭《そうこく》の秋《とき》」、『毎日新聞』（東京）には「過去を肝に銘し前途を見よ」、『読売新聞』（東京）には「大御心に帰一せん」と題する社説がそれぞれ掲載された。内川芳美は、これらの社説の内容について触れた上で次のように述べている。

つい、その前日まで、最後の勝利を目指して頑張れと国民を戦争に駆りたて続けてきた日本の新聞あるいは新聞記者にとって、恐らくこの日の新聞作りほど苦痛にみちた新聞作りはなかったに違いない。しかし、そうした苦痛のうちに作られた紙面に、天皇に対する申し訳のなさの表明はあっても、国民、読者に対する報道機関や新聞人としての客観的責任への言及が、今あげた東京三大紙のどこにも見当たらないことは、当時のジャーナリストの職業意識が、いかに天皇制国家思想のもとでねじ曲げられた、いびつなものであったかを如実に示している。（内川 1983：92-94）

毎日新聞

聖断拝し大東亜戦終結

時局収拾に畏き詔書を賜ふ

四國宣言を受諾

萬世の太平開かん

新爆弾・惨害測るべからず

詔書

米英支宣言とカイロ宣

唯民草を慈み

國運を將來に

同胞に難

過去を肝に銘し前途を見よ

1945年8月15日の毎日新聞（写真提供・毎日新聞社）

内川が述べたように、戦中の日本のジャーナリズムの多くは、政府権力に積極的に追随して、報道機関としての自らの責任を放棄していた。玉音放送が行われた後、ポツダム宣言受諾に関する新聞をすぐに配達することができたのも、前日の一四日にポツダム宣言の最終的受諾を日本政府が連合国側に通告したことを政府から知らされていたからであり、放送前にそうした新聞が配達されなかったのは、政府から配達の差し控えを命令されていたからであった。

例外として、『毎日新聞』西部本社発行分だけが平常通り朝配達された。『毎日新聞』西部本社の高杉孝二郎編集局長は、敗戦が明らかになったときから「今までの戦争を謳歌し先導した新聞の責任は重い」として、社長に廃刊とすべきことを進言した。しかし、それが受け入れられないと、一九四五年八月一五日付の朝刊を今まで通り発刊し、正午に玉音放送が行われると、山路貞三整理部長の提案をいれて、あらためて勅語と必要な告示だけを載せ、後は白いままにした新聞を発行した。後は白紙だけという紙面は、一六日付から一八日付まで続いた。

ジャーナリズムの存続

ポツダム宣言の受諾に伴い、日本は連合国、事実上はアメリカの占領下におかれることになった。八月三〇日、占領下の日本において最高権力者となるマッカーサー元帥が厚木に到着し、横浜に連合国軍総司令部（GHQ＝General Head Quarters）が開設された。九月二日には、降伏文書への調印式が行われた。九月一五日からGHQは東京へ移動した。

同じ敗戦国でもドイツの場合、連合国軍派遣軍総司令部（SHAEF＝Supreme Head quarters of the Allied Expeditionary Forces）は、それまであった新聞そのほかの報道機関の活動を停止させた。そして、ナチス時代に廃刊にされた新聞・雑誌を復刊させた。また、新しいメディアの創刊にあたってはナチス党員であった者、ナチスに積極的に協力したジャーナリストや経営者には許可を与えなかった。しかし日本では、GHQは原則的にそれまであったジャーナリズムを存続させて、占領遂行に利用する政策をとった。

敗戦で消滅したジャーナリズムの唯一の例外としては、同盟通信社がある。GHQが同盟非難の声明を出すとの情報を入手した同盟通信社は、一九四五年九月二四日、自発的に解散した。その後をうけて、同年一一月一日、共同通信社と時事通信社が同時に発足した。

当時のGHQ資料を分析した山本武利は、これは解散というよりも解体であり、「同盟」が「共同」へと名前を変えただけであったと指摘している。「実質的な同盟の存続のための偽装的な自己解体という方が適切であった」（山本 1996：138）。GHQはそうした目論見を知りつつも、新しい通信社をGHQの宣伝機関として利用することを考えて黙認した。「天皇の通信社だった同盟が、戦後はマッカーサーの共同通信社に変わったことになる」（山本 1996：138）。

言論統制からの解放

こうして開始された占領の初期過程で、GHQは日本の軍事力の破壊と民主化に力を注ぎ、ジャーナリズムをそのために活用しようとした。ジャーナリズムの政府からの解放を求めた一連の覚書は、次々と日本政府に伝達された。

その最初は一九四五年九月二四日付「新聞ノ政府ヨリノ分離ニ関スル覚書」である。これは、新聞、通信社の政府からの自由化のための改善措置を指示したものであった。

二番目は、同年九月二七日付「新聞及ビ言論ノ自由ヘノ追加措置ニ関スル覚書」である。これは日本政府にそれまでの、マスメディアに対する言論統制法規の停止または廃止を要求したものであった。

戦前の主な言論統制法規としては、「新聞紙法」がある。一九〇九（明治四二）年五月六日に制定されたこの法律は、新聞紙のみならず、定期的に発行される雑誌をもその対象としていた。そのなかには、内務大臣による発売・頒布の禁止、差押え権（第二三条、第二四条）、陸軍、海軍、外務大臣の所轄事項に関する掲載禁止命令権（第二七条）が盛り込まれていた。

また、日中戦争がはじまり日本の軍国主義的傾向が強まると、さらなる言論統制が行われ、一九四一年一月一一日には「新聞紙等掲載制限令」、同年一二月一三日には「新聞事業令」が公布された。これは一九三八年四月一日に公布された「国家総動員法」に基づくものであり、新聞の報道内容から新聞事業に至るまで規制が強化された。

さらに、第二次世界大戦開戦直後の一九四一年一二月一九日には、「言論、出版、集会、結社等臨時取締法」が公布されている。この法律は、「造言飛語ヲ為シタル者」、「人心ヲ惑乱スベキ事項ヲ流布シタル者」を罰することと、政事に関する結社や集会を届出制から許可制にすることを目的としていた。

これらの言論統制法規は、GHQの指令によってすべて停止または廃止された。

そして一九四五年一〇月四日には「政治的、公民的及ビ宗教的自由ノ制限ノ撤廃ニ関スル覚書」が出た。これは政治、宗教、集会、言論の自由を制限している一切の法令規則、関連政府機関の廃止を求めたものである。続いて一〇月一六日には「映画企業ニ対スル日本政府ノ統制撤廃」の覚書が出され、映画統制の廃止が指示された。

さらに一九四六年二月二六日に「禁止図書ソノ他ノ出版物」に関する覚書が出され、戦前・戦中の発禁出版物の解放が指示された。

GHQによるこれらの解放・自由化政策は、かなり徹底したかたちで行われた。「日本国民は、これ〔GHQによる解放・自由化政策〕を通して、政府とジャーナリズムの近代的で自由な関係のあり方を初めて教えられたといってよかった」(内川 1983：99 〔 〕内は筆者による補足)。

新たな言論統制のはじまり

しかしながら、占領下という異常事態は、日本政府に代わってGHQによる言論統制をジャーナリズムに課すことになった。GHQの検閲は直接管理方式をとっていた。GHQの対日政策が、原則として日本の統治機構を利用する間接統治方式を採用していたことを考えれば、ジャーナリズムに対してとくに注意を払っていたことがうかがえる。

一九四五年九月一〇日、GHQの民間諜報局(CIS＝Civil Intelligence Section)は、五カ条の報道取締要領を出した。「言論及ビ新聞ノ自由ニ関スル覚書」である。これは新聞、ラジオなど日本のマスメディアがよるべき報道等の内容基準、換言すれば検閲基準の大綱を示したものであった。

ついで九月一九日、GHQは「日本ノ新聞準則ニ関スル覚書」(いわゆる「プレス・コード」)を出した。そして九月二二日、「日本ノ放送準則ニ関スル覚書」(いわゆる「ラジオ・コード」)を出した。この二つの覚書は、九月一〇日に出された覚書の内容基準をより具体的に示したものであった。

以後、これらの検閲基準は占領下の新聞や放送に適用され、また雑誌にも準用された。具体的には、一九四五年一〇月九日から在京大手の『朝日新聞』、『毎日新聞』、『読売新聞』、『日本産業経済新聞』(現『日本経済新聞』)、『東京新聞』の五紙に対する事前検閲が開始された。ついで一〇月一三日から、ラジオ放送も事前検閲を受けることになった。大阪は遅れて一〇月二九日から、東京の残りの全新聞は一二月二八日から、それぞれ事前検閲が実施された。東京・大阪以外の地方紙は、約一〇紙が事前検閲の対象となっただけで、そのほかは占領期間が終わるまで事後検閲に終始した。

事前検閲は、ラジオが一九四七年八月、雑誌が同年一一月、新聞は一九四八年七月まで行われ、以後事後検閲となった。その事後検閲も、新聞は同年一〇月、ラジオは一九四九年一〇月から受けなくてもよくなった。これはGHQによる言論統制がなくなったことを意味しているわけではなく、民間情報教育局(CIE=Civil Information and Education Section)による内面指導が、占領期間中行われていた。内面指導とは、命令や指令などの公式で直接的な統制ではなく、関係者を集めて口頭で要求したり、個々の新聞社に乗り込んで指示をしたり等の、GHQによる非公式指導のことを意味する。

またGHQは、日本の新聞界に自主的に連合組織をつくり、自由で信頼される新聞の倫理基準を制定することを勧告した。これをうけて一九四六年七月二三日、日本新聞協会が設立された。その際、同時に「新聞倫理綱領」が制定された。

（2） 民主化運動と編集権

民主化運動のはじまり

敗戦直後から新聞社の内部では、「①その新聞企業における戦争責任の追及、②再び戦争支持の過ちを繰り返さないために、新聞製作のイニシアティヴを従業員の手に収め、③その従業員は常に民衆の側に立つべきこと」（新井 1996：488）を主張する運動が起こった。これを民主化運動という。

その先鞭をとったのは『朝日新聞』である。『朝日新聞』は、一九四五年八月二三日付の紙面において社説「自らを罪するの弁」を掲げ、「国民の帰趨、輿論、民意などの取扱に対して最も密接な関係をもつ言論機関の責任は極めて重いものがあるといわねばなるまい。この意味において、吾人は過去における自らの落ち度を曖昧にし終わろうとは思っていない」として、自らの戦争責任を明らかにした。ついで社長、会長は退いて社主となり、全重役、編集幹部も辞職した。ついで、同年一一月七日付の紙面に「国民と共に立たん」という宣言を発表した。

> 今後の朝日新聞は全従業員の総意を基調として運営さるべく、常に国民とともに立ち、その声を声とするであらう。いまや狂瀾怒濤の秋、日本民主主義の確立途上、来るべき諸々の困難に対し、朝日新聞はあくまで国民の機関たることをここに宣言するものである。

大手新聞の一つである『読売新聞』でも同様に民主化運動がはじまり、一九四五年一〇月、従業員有志が社内の民主主義化、戦争責任のある主筆、編集局長の更迭等を要求した。しかし、正力松太郎社長はこれを拒否、従業員側の急先鋒だった五人の記者を解雇した。従業員側はこれに反発、第一次読売争議が起きた。

しかし、程なくして社長である正力はA級戦犯指名を受けて巣鴨プリズンに収監されてしまう。争議の沈静化を図りたい経営側は、リベラルな馬場恒吾を社長にすることを条件にして、解雇した五名の記者の復職と民主化を提案した。これに対して従業員側も同意して、争議は一二月に終結した。こうした流れには、従業員側を陰ながら応援していたCIEが少なからぬ影響を与えていたといわれている。

当時の『読売新聞』の従業員組合指導部には、日本共産党の強い影響があった。組合委員長を務めていた鈴木東民は『読売新聞』のモットーを「民主読売」とし、「人民の機関誌たること」を宣言した。鈴木は編集局長、主筆、社会部長の主要三職を兼務した。また、印刷部門の管理は労働組合に委ねられた。その結果、争議後の『読売新聞』の紙面は「共産党の準機関紙化したとの評が出たほどラディカルになった」(内川 1983：109)。

労働運動としての民主化運動

民主化運動はまた、戦後最初の労働運動でもあった。それは生産管理闘争という新しい戦術を生み出し、新聞労働運動は戦後の労働組合運動をリードした。こうした中央の動きは、やがて全国の新聞社に波及した。

生産管理闘争とは、GHQによる介入を回避すべく、第一次読売争議にて考案された戦術である。当時、GHQは日本の労働者は一刻も生産を停止してはいけないと警告を発していた。したがって、争議手段としてストライキやサボタージュ等の戦術をとった場合、GHQによって禁止される恐れがあった。そのため、新聞社の労働組合は印刷部門を占拠し、印刷の決定権を掌握することによって会社に対抗する手段を編み出した。この戦術は、後の日本共産党によって「生産管理」と呼ばれ、敗戦直後の一時期、重要な争議手段となった。

また、従来の経営者および幹部は戦争責任に対する反省を欠いており、彼らに新聞の民主主義的運営を期待できないとして、民主主義的諸要求を会社が受け容れるまでの一定期間、労働組合が一時的に経営を管理して民主的に経営するという経営管理闘争も同時期に行われた。

読売新聞本社前で気勢を上げる組合員（1946年6月24日、写真提供・共同通信社）

同様の動きは日本放送協会でも生じた。そこでは官庁との絶縁、すなわち国家による統制・干渉を排除すべきことが求められ、日本放送協会は一九四五年一〇月三〇日の会員総会で、政府統制の排除をうたった「日本放送協会定款」、「同付属細則」を可決した。

民主化運動の終わり

これらの民主化運動が成功した背景には、CIEのニュー・ディーラーたちの存在があった。ニュー・ディーラーとは、アメリカのフランクリン・ルーズベルト大統領時代に行われた福祉国家的改革に官僚として携わった、またはその改革を支持した人びとのことをいう。彼らは理想主義的、進歩主義的精神をもち、アメリカ国務省やGHQ内における対ソ協調、対日民主化の中心的な存在であった。

しかし、米ソの冷戦激化に伴い、一九四六年四月、GHQの占領方針の転換が起こった。同年五月にはGHQ内で大幅な人事異動が行われ、CIEのニュー・ディーラーたちは帰国してしまう。代わって反共産主義的で保守的な軍人たちがその地位を占め、事態は完全に逆転した。

新任のCIE新聞出版課長のインボデン少佐は、民主化運動の結果、多くの新聞社で労働組合代表が編集幹部となっている状況を非難した。そして、「編集方針は経営者が決めるものである」とする方針をとった。その結果、民主化運動は失速していく。

一九四六年五月、『読売新聞』は鈴木ら六人の解雇を発表、ついで一六人を地方に左遷した。これに反対する従業員組合との間に生じたのが第二次読売争議である。この争議は一九四六年六月一三日にはじまり、一〇月一六日まで続いた。組合側はストライキで対抗したが、第一次争議とは異なり、GHQは経営者側の味方であり、組合側は最初から不利であった。争議は鈴木ら組合幹部三七名の退社処分というかたちで終結した。

インボデン少佐はまた、組合活動が活発だった『北海道新聞』、『西日本新聞』、『信濃毎日新聞』等を訪れ、経営者側に積極的な後押しを行った。強力な応援を得て、経営者は共産党系の従業員を次々と解雇した。それらの新聞社においても『読売新聞』のときと同様に、労働組合側による解雇反対の争議が起こったが、GHQの後押しを受けた経営者側に勝てるはずもなく、どの争議でも労働組合側は敗北した。これら一連の過程は、GHQのジャーナリズム政策に、反共産主義化が加わるという新しい変化が生じたことを裏付けている。

編集権

第二次読売争議をはじめとする争議の大きな争点の一つは、新聞編集内容の決定権、つまり編集権は誰に属するかという問題であった。これは生産管理という労働組合の戦術から派生した問題であった。

GHQは一連の争議の過程で、新聞編集内容の決定権は経営者側に専属するものであることを繰り返し強調した。そして生産管理という労働組合の戦術を否定し、積極的に争議に介入した。これによって新聞の労働組合と経営者の力関係は大きく変化した。

日本新聞協会は一九四八年三月一六日、「新聞編集権の確保に関する声明」を発表した。このとき編集権とは「新聞編集に必要な一切の管理を行う権能」のことを指しており、「内部においても、定められた編集方針に従わぬものは何人といえども編集権を侵害したものとしてこれを排除する」とされた。以後、編集権は「トランプのジョーカーのように、万能の猛威を振るうことになる」(新井 1996：490)。

その後、経営者は労働組合が会社の編集方針や社説に反対することはもとより、団体交渉することすら編集権への侵害であるとしてこれを拒否するようになる。編集権は現在でも依然として新聞・出版界に存在しており、放送界では編成権として同様に存在している。

もっとも、一九四八年の声明で示された編集権に対する解釈が存続してきたのは、「今日、日本において、編集権の問題の解決をさし迫って必要とする具体的事情は必ずしも存在していない」（浜田 1993：58）ことがその主たる理由であると思われる。だが編集権の解釈に対して、今まで疑念が示されてこなかったわけではない。たとえば、岡山百万都市キャンペーンを行う山陽新聞に対して労働組合が反対の宣伝ビラを配布したことを理由とする解雇事件、いわゆる「山陽新聞事件」の判例では、編集権を盾として経営権を無制限に認めることに対する疑義が示されている。(1) また最近では、ＮＨＫ番組「問われる戦時性暴力」における改変と編集権の関わりが注目を集めた。(2)

（3） 日本国憲法第二一条とレッド・パージ

日本国憲法第二一条

一九四六年一一月三日、日本国憲法が公布され、一九四七年五月三日から施行された。

その第二一条では「①集会、結社及び言論、出版その他一切の表現の自由は、これを保障する。②検閲はこれをしてはならない。通信の秘密は、これを侵してはならない」と、表現の自由の保障を規定している。これは、旧帝国憲法の第二九条が、日本臣民に対して「法律ノ範囲内ニ於テ」有することを認めていた表現の自由とは異質の新しい自由であった。その意味で、新憲法による表現の自由の保障は、「自由の復活ではなく出発」（内川 1983：112）であった。

これによって日本のジャーナリズムは、ＧＨＱとの関係は別として、日本政府との関係においてあらためて自由な立場に立つことになった。

レッド・パージ

米ソの冷戦が深まるにつれて、アメリカではマッカーシズムが猛威を振るい、共産主義者を対象とした大規模な赤狩りが行われた。後に、ニュー・ディーラーもその対象となった。

そうした傾向は、GHQの占領下にある日本でも同様であった。一九五〇年、総司令官であるマッカーサー元帥は、一般企業や公共機関からの共産党員とシンパ（同調者）の追放を指令した。敗戦後の深刻な経済不況に直面していた日本において、その指令は人員整理のための格好の機会でもあった。一般企業では企業整備、公共機関では行政整理に名のもとに、大量解雇が行われた。その結果、一万人を超える人びとが職を失ったといわれている。この一連の追放劇をレッド・パージと呼ぶ

新聞労働運動の弱体化

本来、こうしたGHQに対して抗議するべき新聞労働組合であったが、内部では「組織の民主化」をスローガンとして対立と分裂が生じていた。一九四八年、政党機関紙を除いた個人加入の産業別統一体として「全日本新聞労働組合（全新聞）」が結成されたが、『毎日新聞』は結成当初から加盟していなかった。また一九四九年になると、『朝日新聞』および『読売新聞』が全新聞から脱退した。そして一九五〇年、これら三大紙を中心にして「日本新聞労働組合連合（新聞労連）」が結成され、新聞労働運動は分裂した。そして新聞労連は、レッド・パージを認める態度を示した。こうした動きはレッド・パージを容易にしただけではなく、結果的に被解雇者との解雇撤回運動における協力を阻害することになった。

一九五〇年六月二五日に朝鮮戦争が開始されると、GHQによる反共産主義政策は一段と強化された。翌六月二六日、GHQは吉田首相宛に書簡を送り、共産党機関紙の三〇日間の発行停止を命じた。その結果、党中央機関紙『アカハタ』をはじめとする機関紙が停刊させられた。当時、『アカハタ』の発行部数は約二四万部であっ

たといわれている。七月一八日には、それらの機関紙の無期限発行停止という措置がとられた。

さらに七月二四日、GHQの民政局（GS＝Government Section）のネイピア公職審査課長は、日本新聞協会や新聞社代表に、各社内の共産党員とその同調者を排除するように指示した。これに基づいて各社は該当者を人選し、七月二八日頃から解雇通告を行った。その解雇率は、それ以外の産業を大きく上回った。労働省によれば、一九五〇年八月末の段階で、新聞社における被解雇者は五〇社七〇四人に達した。解雇率は全従業員の二・一五パーセントで、それ以外の産業の平均解雇率〇・三八パーセントを大きく上回った（新井 1996：493）。その理由としては、労働組合の弱体化をはかりたい経営者が、GHQの指示を好機として便乗解雇したからであるといわれている。

結果として、新聞・通信・放送の労働運動は弱体化した。共産党員であれ、その同調者であれ、政治的信条を理由に解雇することは、日本国憲法第二一条に反しており、本来許されるはずのないことである。しかしながら、それはGHQによる命令という一種の超法規的な、やむを得ない措置として受けとめられた。憲法を無視するかたちで行われたレッド・パージは、まさに「戦後日本ジャーナリズム史の痛点」（内川 1983：114）であった。

上からの圧力に弱く、ともすれば自主規制を試みがちな戦後日本のジャーナリズムの性格形成には、このレッド・パージでの経験が少なからず影響しているとの見方もある。たとえば、新井直之は「このレッド・パージは、解雇されずに会社に残ったジャーナリストたちを萎縮させた。その結果、多面的な情報による報道が行われなくなった」（新井 1996：493）と述べている。

こうしたGHQによるジャーナリズムへの圧力は、朝鮮戦争の報道にも及んだ。GHQは同年七月三日、公式発表以外の在日アメリカ軍や朝鮮戦争におけるアメリカ軍についての報道を禁じた。すでに検閲は終わっていたが、これは自主規制を強いるものであり、事実上の検閲であった。結果として、朝鮮戦争について日本のジャーナリズムは、アメリカ軍、後の国連軍側の立場に偏った一面的な報道を行うこととなった。

(4) 独立回復と新聞

日本の独立回復

一九五一年九月八日、第二次世界大戦以来の戦争状態を終結させるために、サンフランシスコにおいて対日講和条約が調印された。いわゆる「サンフランシスコ講和条約」である。[3]正式名称は「日本国との平和条約」という。一九五一年九月八日に日本と連合諸国で調印され、一九五二年四月二八日に発効した。

講和条約といっても、全面講和ではなく多数講和、実際にはアメリカを中心とする西側諸国との片面講和であった。具体的には、会議に参加した五二カ国の内、ソ連、ポーランド、チェコスロヴァキアの三カ国は調印しなかった。また、会議に参加しなかったインドは講和条約発効後、自主的に戦争状態の終結を宣告した。台湾の国民党政府との講和条約も締結された。しかし、調印したものの批准しなかったインドネシアや、参加しなかったビルマ、参加を認められなかった中国の共産党政府との国交回復はその後にもちこされた。

この講和条約の難点は、片面講和であったことだけではなく、より積極的には独立後の日本を政治的、軍事的にアメリカに結びつけ、事実上アメリカの属国化することにあった。したがって、講和条約と同時に「日米安全保障条約」も締結された。[4]正式名称は「日本国とアメリカ合衆国との間の相互協力及び安全保障条約」という。一九五一年九月八日に調印され、一九五二年四月二八日に発効した。日本国首相の吉田茂とアメリカ合衆国国務長官のアチソンの両全権が、サンフランシスコで調印した。

これらの条約の発効に伴ってGHQによる占領は終了し、日本は独立を回復した。同時にプレス・コードやラジオ・コード、『アカハタ』の無期限発行停止といった、占領下のジャーナリズムを規制してきたGHQの覚書や措置は失効もしくは廃止された。

新聞自由競争時代の到来

廃止された規制には、戦前より続いてきた新聞用紙の統制が含まれていた。用紙が配給制では増刷することができないので、その間販売競争は行われていなかった。しかし、用紙統制の解除によって、新聞は戦前と同様に自由競争時代に突入した。

敗戦まで主流であった共同販売店では、一社のための読者拡張はできなかった。そこで大手紙は、用紙統制が解除されると、自社独自の販売店、いわゆる専売店を全国に設けてそこで拡張や配達を行うようになった。また、当時不足していたナベやカマを拡材（販売拡張材料の景品）として配り、読者を集めようとした。いわゆる「ナベ・カマ合戦」のはじまりである。とくにこの時期の特徴としては、懸賞くじが多かった。「読者に直接くじを渡したり、紙面にくじを刷り込んだりした」（新井 1983：130）。

自主規制的傾向

独立回復に伴い、日本のジャーナリズムは、確かにGHQの規制から自由になった。しかしながら、やがて自らを規制するようになった。この自主規制は、外部から加えられるだろう抑圧や規制を事前に予測して、ジャーナリズム内部であらかじめ報道を抑制することである。したがって「実質的には他主規制にほかならない」（新井 1983：149）状況を自ら招いたといえる。

たとえば、一九五八年一〇月、警察官職務執行法改正法案、いわゆる警職法改正法案が国会に提出された。これに対して警職法改正反対運動が起こり、「新聞は現場のデスク以下第一線の記者たちが市民的自由を侵害しようとする同法案の危険性を訴え、むしろ世論をリードさえした」（新井 1983：149）。その結果、同法案は廃案となった。しかし、翌一九五九年になると、新聞は紙面の大改革と組織の改組を行い、反対運動の中心となった論評的・解説的な諸欄を廃止した。こうした自主規制的な傾向は、その後の一九六〇年代の安保闘争における報道にも見られ、日本の新聞の性格の一つとなっていく。

2 「客観報道」の導入

ここで、本書のテーマである「客観報道」が、いつ日本のジャーナリズムに導入されたのかについて考えてみたい。「客観報道」の導入時期については、二つの見解が存在する。それは、戦後に導入されたという見解と、戦前すでに導入されていたとする見解である。それぞれの見解について、ここで検討しておく。

(1) 戦後に導入された「客観報道」

プレス・コードの通告

「客観報道」が日本のジャーナリズムに直接導入された時期は、第二次世界大戦後とする見解が一般的である。たとえば、メディア研究者の香内三郎は次のように述べている。

わが国でも、この標語は、すでにずっと以前から輸入品目のなかにはいっていたが、〝客観報道〟といった直訳そのままで、広く一般新聞人の日常語になるほどに普及したのは、やはり占領期の『プレス・コード』に端を発する、ニュースと意見との区別が《指導》されるようになってからのことであろう。(香内1959：10)

「客観報道」の導入は、日本の敗戦後、進駐してきたＧＨＱの占領施策の一環であった。それを指示したとされるのが、さきに述べたプレス・コードである。プレス・コードの第一条から第五条には禁止事項、第六条から第一〇条にはジャーナリズム活動の活動規律が定められている(5)。そして、第一条の内容である「ニュースハ厳格ニ真実ニ符合スルモノタルベシ」と、第六条から第一〇条までの内容である意見や宣伝を排除した事実報道に関する記述が、現在の「客観報道」の考え方につながるものであると考えられている。これらの記述は、全米新聞編集者協会（ＡＳＮＥ＝American Society of Newspaper Editors）の「倫理規範（Canons of Journalism）」を踏襲したものであるとする見方が一般的である(6)。ＧＨＱは、このプレス・コードの遵守を日本のジャーナリズムに強く要請した。島崎憲一は、プレス・コードが示された直後の自らの経験を次のように記している(7)。

そのころ、ＧＨＱ民間情報教育局新聞課長インボデン少佐を中心として、日本のジャーナリストを再教育するためのゼミナールが頻繁に催された。わたしも、このような会合にしばしば駆り出された。そして「ニュースは客観的でなくてはならない。主観を混入させてはならない」ことを、くりかえし強調されたのである。（島崎 1968：ii）

新聞倫理綱領の制定

こうした「客観報道」を重視するＧＨＱの姿勢は、放送に対しても同様であった。プレス・コードの三日後に出された「日本ノ放送準則ニ関スル覚書」、いわゆる「ラジオ・コード」でも、第一項で「報道放送ハ厳重真実ニ即応セザルベカラズ」と述べられている。

またＧＨＱの勧告をうけて一九四六年七月二三日、日本新聞協会が設立されたのと同時に、「新聞倫理綱領」が制定された(8)。この綱領は、「占領下、連合軍総司令部（ＧＨＱ）の意向に沿った形でアメリカのジャーナリズムから導入されたもの」（後藤 1994：35）と考えられている。この第二項「報道、評論の限界」では、「報道、評論の自由に対し、新聞はみずからの節制により次のような限界を設ける」として、「イ　報道の原則は事件の真相を正確忠実に伝えることである」および「ロ　ニュースの報道には絶対に記者個人の意見をさしはさんではならない」と記されている。藤田真文はこのイ、ロの内容に注目し、それらがそれぞれ「事実性原則」と「没評論原則」に対応していると述べ、現在の「客観報道」の条件となっていると指摘した（藤田 1995：35-36）。

以上のように、「客観報道」が日本のジャーナリズムに導入された時期は、第二次世界大戦後とする見解が一般的である。そして、「戦後ジャーナリズムが、〈中立公平・客観報道〉というアメリカから直輸入された近代ジャーナリズムの理念を高く掲げて再出発をはかってきた」（玉木 1996a：13）といった記述に見られるように、戦後「客観報道」が速やかに日本のジャーナリズムに導入された理由として、戦前・戦中のジャーナリズムに対する反省を挙げる人は多い。

新聞大会の席上、祝辞を述べるインボデン（右側、1950年10月1日・日赤講堂にて、写真提供・毎日新聞社）

（2）戦前の「客観報道」

報道新聞の成立

「客観報道」が日本のジャーナリズムに導入された時期を第二次世界大戦後とする見解に対して、「客観報道」は戦前、すでに導入されていたとする見解も存在する。たとえば、原寿雄は次のように述べている。

もともと日本のジャーナリズムの歴史にも、客観報道の原則は生きていた。明治の一時期、自由民権、議会開設をめぐって政治的主張を強く押し出した政論新聞時代があったが、やがて事実の伝達を主とする報道新聞時代に移り、一人でも多くの読者を獲得するために、不偏不党と客観報道が一般商業新聞の二大原則になった。（原 1997：145）

伊藤高史は、山本武利『新聞と民衆——日本型新聞の形成過程』（一九七八年、紀伊國屋書店）を取り上げて、同書において「新聞報道における評論から事実報道への転換」が明らかにされていると述べた。そして、一八八六年の朝日新聞社通則の第一条に「本社新聞ハ、公平無私ヲ以テ旨トシ、世上トナルヲ本分トス」と記されていることを挙げ、「我が国における客観報道理解」が「鮮やかに表れていると言える」と指摘した。そして「客観報道の原則はやはり戦前から確立していたと言えるのではないだろうか」と結論づけている（伊藤 1999：52）。

同様に、大石裕も戦前に「客観報道」の概念が存在していたと述べた。大石は「近代日本のジャーナリズムにおける客観報道主義の確立と普及について見るならば、そこには二つの重要な契機が存在したことが確認できる」として、その「二つの重要な契機」について次のように説明した。

第一は、第二次世界大戦前の新聞が、明治・大正・昭和期にかけて多くの読者を獲得し、マス・メディアとしてその地位を確立する過程で不偏不党という方針、さらには客観報道主義を採用したことである。第二は、第二次世界大戦後に、戦前・戦時中におけるマス・メディアの歪みを教訓として、客観報道の重要性が再認識されたことである。（大石 1999：69–70）

大石はこのように述べ、戦前すでに「客観報道主義」が日本のジャーナリズムに採用されていたことを主張する。

『ジャパン・ヘラルド』と『日新真事誌』——ジョン・R・ブラックの功績

伊藤や大石の見解は、日本のジャーナリズムがその発達の過程で「客観報道」の理念を形成し、それを採用してきたというものであった。それに対して、「客観報道」は明治期にイギリス人によって導入されたものであるという見解も存在する。そうした見解において重要な役割を果たすのは、イギリス人のジョン・R・ブラックである。

ブラックは、一八六一年に創刊された英字紙『ジャパン・ヘラルド（Japan Herald）』の編集者をつとめた人物である。[9] この『ジャパン・ヘラルド』は、「完全なる独立」を標榜する週刊紙であった。そしてブラックは『ジャパン・ガゼット』の主筆を務めた後、一八七二（明治五）年には邦字紙『日新真事誌』を創刊する。[10] ブラックは、「完全なる独立」という『ジャパン・ヘラルド』の編集方針を『日新真事誌』においても標榜し、「一党一派に偏しないで、或る意見に対しては反対意見も同時に並べるという西洋風の編集方針をとった」（加藤・前田 1980：131）。したがって明治期に「客観報道」が導入されたとする見解は、この『日新真事誌』による報道を日本のジャーナリズムにおける「客観報道」の嚆矢としている。

昭和初期のジャーナリストの見解

また、戦前に「客観報道」の概念が存在したとする見解を裏付けるような言説も存在する。たとえば、杉村楚人冠は「主眼の内容はやはり客観報道である。空虚なる個人の感想や、演繹一方でできた議論は、まず用をなさない」（杉村 1915＝1970：157–158）、「以前議論一方（Argument）であったものが、今日次第に注解（Comment）となってきて、意見の根拠を筆者の主観にのみ求めずして客観の事実におくに至ったことは、その変化の著しい点である」（杉村 1915＝1970：170 傍点は原文）と述べている。

そして、長谷川如是閑も現在の「客観報道」批判にも通じるような文章を記している。

> 新聞の記事や論説を通して現はれる意識に、記者個人のそれが全く現はれないやうにといふ努力の払はれていることは、新聞が個人意識でなしに、社会的意識の客観性を具象すればするほど優良のものであるといふ性質上当然のことであるが、然し、その努力は絶対には成功しない。新聞は記事にしろ論説にしろ、記者自身の筆になるものであるから、如何に客観性をそれに与へやうとしても、ある程度でその記者自身の意識が表現される。（長谷川 1929＝1990：78-79）

杉村や長谷川によるこれらの言説以外にも、太田梶太が主宰した『現代新聞批判』にも「客観報道」に関する言説がみられる[11]。そうした言説は太田が同紙第九〇号で「北支事変」を取り上げた際になどにみられ[12]、そこでは事の本質を見抜くことが「精緻適確なる客観報道の権威を取り戻す」（門奈 1982：135）のだと強調されていた。

（3）「客観報道」の定着

ここまで「客観報道」が日本のジャーナリズムに導入された時期を第二次世界大戦後とする見解と、戦前とする見解について説明してきた。「客観報道」に関する言説は戦前のテクストですでに語られていたので、これらのテクストの存在を重視するならば、戦前に「客観報道」はジャーナリズムに採用されていたとする見解こそ、本書の見解となるだろう。

しかしながら、本書では言説分析の対象時期を戦後以降としている。なぜ戦後の「客観報道」に関する言説を分析の対象とし、戦前・戦中の言説を分析の対象としないのか。その理由は二つある。

「用語」の存在は定着を意味するか

第一の理由は、「用語そのものは第二次世界戦前からあるが、定着するのは戦後」（門奈 1993a：267）であると考えるからである。たとえば、GHQから「客観報道」について直接指導を受けた経験をもつ島崎憲一は、そのときの感想を次のように述べている。

指示された「プレス・コード」にしても、制定された「新聞綱領」にしても、当時既に十年以上も新聞づくりにたずさわってきたものたちには、およそ理解し難い抽象語句が多く、ことに、主観の混入しないニュースが果たしてありうるかに懐疑し、あるいは真実を何によって証明しうるかに昏迷せざるをえなかった。
（島崎 1968：ii-iii）

こうした島崎の感想は、戦前に「客観報道」に関する言説が一般化していなかったことを示している。そして、戦前に語られていた「客観報道」と、戦後に語られた「客観報道」が、名前は同じでも内容が異なっていたことを示している。

また、一九四〇年代後半から一九五〇年代にかけてのテクストで語られている「客観報道」に関する言説を分析したとき、そこに「客観報道」が戦前から存在していたことを示す言説は見当たらない。そこで示されているのは、「客観報道」がアメリカ・ジャーナリズムの概念であることの強調である。したがって、現在の「客観報道」に関する言説の原点となっているのは、やはりGHQの指導によって導入されたプレス・コードであり、日本新聞協会の新聞倫理綱領であると考える。

戦前に「客観報道」の概念が導入されていたとする見解は、現在の「客観報道」に対する理解から、当時のジャーナリズムを解釈している。いわば、後付けの解釈である。当時の言説から現在の「客観報道」につながる言説を抽出して、「客観報道の原則はやはり戦前から確立していた」（伊藤 1999：52）と結論づけてしまうのは、当時「客観報道」の概念が一般化していなかった現状を無視してしまうものであろう。

赤川学は、社会学や歴史学の分野では往々にしてこのような現象が生じるとして、次のような例を示して注意を促した。

たとえば一九一〇年代の女性解放運動家たちが、男女の二重基準（double standard）が存在することを指摘したことをもって、その当時の社会には二重基準が存在していたとそのまま追認するようなパターンである。……この方法は、確かに検証可能という意味では「実証的」である。しかしながら多くの場合、言説空間には対立する見解が存在する。……しかしすでにテクスト化されている事柄をコンテクストと認定する場合、どちらか一方の言説が持つリアリティはまったく無視されることになる。（赤川 1999：37）

戦前に「客観報道」に関する言説が語られているテクストが存在していたことを否定するつもりはない。しかしながら、それをもって「客観報道主義は占領前から日本には普及、定着していたと理解すべき」（伊藤 1999：51）とする見解には、再考の余地があるように思われる。

戦前・戦中の報道に対する反省としての「客観報道」

戦後の言説を分析の対象とする第二の理由は、「客観報道」が、軍国主義下の報道に対する反省として日本のジャーナリズムに定着したとする観点を支持するからである。

> 大新聞（おおしんぶん）から小新聞（こしんぶん）、政論新聞から報道新聞へという、日本の新聞における商業化の流れのなかで現在の「客観報道」を直接規定したのは、太平洋戦争中の新聞のあり方に対する反省であった。（後藤 1994：34）

戦前に「客観報道」の概念が導入されていたとする見解を是としたとき、戦前・戦中の軍国主義的報道、そして大本営発表と揶揄される捏造報道の存在を肯定することは困難である。戦後、日本のジャーナリズムに「客観報道」が速やかに浸透していった理由として、戦前・戦中の報道に対する反省を挙げることに異論をはさむ人はいないだろう。そして、戦前・戦中の報道に対する反省には、「客観報道」を行うことができなかった、またはそれが存在していなかったことが大きな位置を占めているはずである。

　戦前のジャーナリズムに「客観報道」が確立していたことを主張する原は、次のようにも述べている。

> 日本では一九四五年九月、米占領軍が公布したプレス・コードによって客観報道主義が強調され、四六年七月に制定された新聞倫理綱領で、「ニュースの報道には絶対に記者個人の意見をさしはさんではならない」と明文化された。第二次大戦中の軍国主義報道がきわめて主観的であったことを反省させられた結果だった。（原 1997：144）

マニラ陥落の新聞発表をする陸軍省報道部（1942年1月3日・陸軍省にて、写真提供・毎日新聞社）

ここで原は、戦前・戦中に「客観報道」の概念は存在していたが、それは確立していたわけではない――実際には「きわめて主観的であった」――ことを暗に肯定している。そして、その歴史的見解は、本書と合致する。すなわち、「客観報道」の概念が戦前のジャーナリズムにおいて存在していたとしても、それが機能していたといえない以上、または共通の理念として理解されていたわけではない以上、それが確立していたとする見解を採用することはできないということである。

したがって本書では、「客観報道」が日本のジャーナリズムに導入された時期を第二次世界大戦後とする見解を支持する。そして、言説分析の時期を戦後のジャーナリズム研究とする。

戦前・戦中の政府権力とジャーナリズムの状況

本書の見解に対して、「客観報道」は日本のジャーナリズムに戦前から導入されていたが、その実践を当時の政府権力によって阻まれたのであり、そうした事情を考慮すれば「客観報道」の導入時期を戦後とするのはどうかとする意見もあるだろう。しかし、それらの意見は、当時のジャーナリズムが政府権力に積極的に追随し、ジャーナリズム研究もまた同様の態度をとっていたことを無視している。

少なからぬジャーナリストが、当時のそうした風潮に危機感を抱いていたことは事実であろう。たとえば『福岡日日新聞』の菊竹淳[13]、『信濃毎日新聞』の桐生悠々[14]は、最後まで政府権力に抵抗した。また、発禁処分を受けながら、それに抗い続けたミニコミ誌もいくつか存在した[15]。ジャーナリストではないが、当時の軍部独裁に異議を唱えた人物としては中野正剛がいる。彼は「戦時宰相論」（『朝日新聞』一九四三年一月一日付）を著して東条英機による独裁を批判して激怒をかい、自害にまで追いやられた[16]。

けれども彼らはあくまで少数派であり、ジャーナリズムの主流を形成していたわけではなかった。「権力に抵抗して懲罰を余儀なくされた新聞人もあったが、新聞界全体からみれば、その例はきわめて稀であった」（春原

1983：87）のである。ジャーナリズムの多くは政府の方針に迎合し、個人主義や自由主義といった報道の自由を唱えるジャーナリズムに対して批判を加えた。

そうしたジャーナリズムの態度を象徴しているのが、ポツダム宣言を受諾し降伏した一九四五年八月一五日付の新聞の内容である。さきにみたように、そこに敗戦を招いたことに対する天皇への陳謝のことばはあっても、自らが主観的な軍国報道によって国民を戦争へ駆り立て、煽り立てたことに対する言及や、反省のことばは微塵もみられない。内川芳美はそうした八月一五日付の新聞の内容について、「当時のジャーナリストの職業意識が、いかに天皇制国家思想のもとでねじ曲げられた、いびつなものであったかを如実に示している」（内川 1983：92-94）と辛辣に指摘している。

戦前・戦中のジャーナリズムの状況は、当時のジャーナリズム研究においても同様であった。[17] ジャーナリズム研究のなかには、「皇道哲学」にまで昇華したものすらあらわれた。[18] そうした戦前・戦中のジャーナリズム研究を、山本明は「神がかりジャーナリズム論」（山本 1969b：69）と呼んで揶揄している。こうした当時のジャーナリズム研究において、「客観報道」が現在に通じるような観点から語られていたと考えることは困難である。

以上の理由から、本書では、現在語られている「客観報道」に関する言説は、戦後になって形成されたと考える。すなわち、「用語そのものは第二次世界大戦前からあるが、定着するのは戦後で、GHQが「ニュースの筋は事実通りを記載し、かつ完全に編集上の意見を払拭したものでなければならない」（一九四五年九月一九日）と命令したことに端を発する」（門奈 1993a：267）とする見解を支持する。

3　ジャーナリズム研究の再出発

（1）　戦前・戦中のジャーナリズム研究

「実用学的ジャーナリズム論」としての新聞学

戦後のジャーナリズム研究について述べる前に、参考として戦前・戦中の代表的なジャーナリズム研究について簡単に概観しておこう。この時期、日本のジャーナリズム研究の中心となっていたのは、いわゆる「新聞学」であった。

日本における新聞学の嚆矢としては、松本君平『新聞学』（一八九九年、博文館）を挙げることができる。これは「あくまで新聞人のための実用の学としての新聞学」（吉見 2002：495）であった。同様のテクストとしては、杉村楚人冠『最近新聞紙学』（一九一五年、慶應義塾出版）がある。それは学問というよりは新聞記者のハンドブックに近い内容のものであった。杉村自身、後に「実際的な点において、社会の新聞意識を高め出ると同時に、新聞記者の第一歩を踏もうとするものにとって、唯一の懇切な教科書でもあった」（杉村 1938：iii）と述べている。こうした研究の系譜を、後に早川善治郎は「実用学的ジャーナリズム論」と名付けている（早川 1969）。このように、新聞学は当初、新聞記者の実用的な学問として捉えられていた。

こうした状況は一九一〇年代まで続いたが、一九二〇年代になると、それまでの実用学的な新聞学研究の系譜に、新聞の歴史に注目する史的アプローチと新聞の機能に注目する社会学的アプローチの二つが加わった。前者の系譜としては、小野秀雄『日本新聞発達史』（一九二二年、大阪毎日新聞社）等があり、後者の系譜としては、藤原勘治『新聞紙と社会文化の建設』（一九二三年、下出書店）、小山栄三『新聞学』（一九三五年、三省堂）等がある。

後者の系譜は、同時代のドイツの「新聞学」（Zeitungswissenschaft）の影響を強く受けていた。

ドイツの新聞学

ドイツの新聞学は、群衆と公衆、世論、ジャーナリズム等のテーマに関心が集まりはじめていた一九世紀末からの知的状況を背景に、新聞をはじめとするマス・コミュニケーション媒体についての歴史的、社会学的、政策科学的な分野として、第一次世界大戦後に制度化されたものである。カール・ビューヒャーは一九一六年、ライプチヒ大学に最初の新聞研究所を設立して、アカデミズムにおける新聞学の基盤を築いた。そして一九二〇年代になると、ドイツ各地の大学に新聞学の講座や研究所が設立された。一九二二年にはエミール・ドヴィファットが『新聞学』を刊行した。一九二六年にはミュンヘン大学に新聞研究所を設立したカール・デスターらが新聞学会を組織し、新聞学は隆盛を誇っていく（吉見 2002：494-495）。そして一九二〇年代以降、日本にも導入された。

そして新聞学は、当時勢力拡大を模索していたナチス・ドイツにとって、非常に魅力的な学問でもあった。新聞学はやがて「宣伝学」へと展開し、ナチス・ドイツのプロパガンダ理論に吸収され、結果としてその勢力拡大に寄与することになる。そしてナチス・ドイツが第二次世界大戦に敗戦すると、新聞学はその責任を追及されて衰退していった。

新聞学の隆盛とイデオロギー的ジャーナリズム論

日本の新聞学が最も盛んになったのは、一九二〇年代後半から一九三〇年代前半にかけてである。当時の新聞学の隆盛について、戸坂潤は論文「新聞の問題」において次のような感想を述べている。

我が国では、この一、二年来、急に新聞が人々の問題に、客観的な問題になって来たように見える。一九三一年の夏以来、諸評論雑誌は期せずして同じく新聞というテーマを取り上げているし、近頃の新聞広告には、新しい新聞学校の営業がはじめられたことも載っていた。之は新聞という問題が、よほど公共化し客観化したという事実を、学校営業者が認識していることを証拠立てる。一方殆んど凡ゆる大学には、大学新聞と新聞の研究会とが設けられていて、それは学生大衆にとって、少なくとも平凡な講義以上の関心をなして行きつつあるように見える。（戸坂 1934＝1966：105　傍点は原文）

この頃、長谷川如是閑や戸坂潤は、さきに述べた新聞学の二つの系譜とは異なる第三の系譜を立ち上げた。それは、マルクス主義的な立場から新聞の政治性を論じるというものであった。こうした研究の系譜を、早川善治郎は、「イデオロギー的ジャーナリズム論」と呼んでいる（早川 1969：13)。早川は、この系譜に連なる戦前の研究者として、上に述べた戸坂を挙げている。また、大石裕は、この研究の系譜に長谷川如是閑を加えている（大石 2005：62)。

この時期における戸坂の代表的なテクストとしては、『現代哲学講話』（一九三四年＝一九六六年、『戸坂潤全集』第三巻、勁草書房）所収の第三編を構成する四つの論文、「新聞の問題」、「新聞現象の分析」、「アカデミーとジャーナリズム」、「批評の問題」、そして長谷川の代表的なテクストとしては「現代の新聞と新聞記者」（一九二九年＝一九九〇年、『改造』第一一巻三号）、「ブルジョア・ジャーナリズム論」（一九三〇年＝一九九〇年、『綜合ジャーナリズム講座』第一巻、内外社）を挙げることができるだろう。

戸坂は、「ジャーナリズムは単に偶然的な又一時的な現象」ではなく、「イデオロギーの歴史的運動から云って必然的な一形態であり、イデオロギーの本質的動力構造から云って恒常的な一契機なのである」と述べ、ジャーナリズムを規定する重要な構造的要因としてのイデオロギーに注目した（戸坂 1934＝1966：121)。そして、ブルジョア新聞の自由を束縛する読者のイデオロギーに関心を寄せ、その束縛に対して「ブルジョア新聞は無論この不自由を不自由として自覚しない」ことを指摘した（戸坂 1934＝1966：116）。この指摘は、ブルジョア新聞の読者が新聞のたんなる受け手ではなくて、無意識にブルジョア・イデオロギーの再生産に加担していることを示唆している。

長谷川は、意見や利害の対立や紛争を常態とみなす一種の多元主義論を展開して、その当事者としての新聞という見解を示した（長谷川 1929＝1990）。そして、たびたび無産階級的新聞の重要性を主張した。長谷川の主張はジャーナリズムのイデオロギー性を容認するという点でマルクス主義的ではあったが、「マルクス主義とは一線を画すものであり、あくまで対立群の構成要素の一つとしてプロレタリア階級の存在を認識し、その主張や利益表明の手段として無産階級的新聞について論じた」（大石 2005：42）ものとして理解できる。

しかしながら一九三〇年代後半になると、マルクス主義的なこれらの研究は、政府による言論統制の本格化とともに衰退していった(19)。

戦争と新聞学

一九三〇年代以降、政府は用紙節約と言論統制を名目に新聞の国家統制を強めた。それに対応して日本の新聞界は一九四一年、言論統制に関する社団法人「新聞連盟」を設立、自主的に協力する姿勢を示した。新聞連盟は協議機関であったが、それに飽き足らない内閣情報局は翌一九四二年、その指導のもと新聞連盟を言論統制機関としての「日本新聞会」へ発展させた。これをもって「戦時下の言論統制機構は完成した」（春原 1987：217）。

ジャーナリズム研究もまた、政府、具体的には内閣情報局に対して積極的に協力する姿勢を示した。たとえば小山は、その新聞学を宣伝学へと発展させ、国家目標に従って社会的事実を構築する手段としての新聞の機能を示した（吉見 2002：495）。小野もまた内閣情報局嘱託として政府に協力し、イタリアとドイツの新聞統制の資料の購入や、その翻訳、情報局が主催した思想戦講習会の講師等を担当した。当時を省みて、小野は次のように述懐している。

私の新聞学は、太平洋戦争にも無関係ではいられなかった。日本新聞会の機関紙に「日本新聞史」や「新聞原理」を連載したことも戦争協力の一端であったが、それだけではすまず、戦時政府に対し微力をいたさざるを得なかった。（小野 1971：262）。

そしてジャーナリズム研究のなかには、自ら言論の自由を否定し、新聞の戦時体制化を積極的に主張する「似而非ジャーナリズム論」もあらわれた（山本 1969b：69）。代表的なものとしては、宮居康太郎『日本新聞会の解説』（一九四二年、情報新聞社）や、本多喜久夫『デマ』（一九四三年、愛亞書房）等がある。宮居は「ああ今ぞ世紀の脚光浴びた日本新聞会こそ、待望久しき私設新聞省である……個人主義、自由主義的な旧秩序の根源を断ち、そして、全体を愛し国家を最優先とする体制に帰一するのである」（宮居 1942：1）と述べ、新聞の統制を歓迎、主張した。また、本多は「一億人の精神が国体の精神なのだ」（本多 1943：280）と述べ、国体を信じるという皇道哲学を主張した。

このように、戦中のジャーナリズム研究は、権力を批判するどころか積極的に権力に追随した。そして一九四五年に敗戦を迎えると、すぐさまその主張を逆転させ、それまでの主人を罵倒し、新しい主人を称賛した。戦中「神がかりジャーナリズム論」にまで行き着いたその主張は、敗戦するやいなや一八〇度方向を変えた。こうした変わり身の速さ――権力におもねるという意味では一貫した態度――を評して山本明は、「神がかりジャーナリズム論」にまで行き着いた「悲劇」が、翌年にはプレス・コード「礼讃論」となってあらわれたと揶揄している（山本 1969b：69）。

敗戦と新聞学

敗戦後、ジャーナリズムをめぐる状況の変化に伴い、ジャーナリズム研究を取り巻く状況も変化した。しかしながら、ドイツ新聞学の系譜は残っていた。戦争に協力したにもかかわらず、その研究の系譜が残った理由としては、さきに述べたように、ドイツではナチス党員であった者、ナチスに積極的に協力したジャーナリストや経営者に対して厳しい措置がとられたのに対し、日本では原則的に、それまであったジャーナリズムを存続させて、占領遂行に利用する政策をとられたことが考えられる。

また、日本のジャーナリズム研究自体、ドイツのそれと比較して非常に小さな研究分野であったこともその理由であろう。小野は戦前の研究を省みて、「私以外に新聞研究者がいなかった」（小野 1971：262）と述懐し、そうした状況も自分が戦争に協力せざるを得なかった理由であると述べている。

（2） 戦後の出発点

アメリカ・ジャーナリズムの思想

戦後、日本のジャーナリズムに大きな影響を与えたのは、アメリカ・ジャーナリズムの思想である。プレス・コード、新聞倫理綱領に象徴されるそれらの考え方は、ＧＨＱのジャーナリズム政策とあいまって、速やかに日本のジャーナリズムに浸透した。

そして、ジャーナリズム研究はその思想を積極的に導入した。佐藤毅は、当時のジャーナリズム研究の志向するところについて次のように述べている。「戦後のジャーナリズム論は、国民の立場に立つ限り、いきおい抵抗と変革のジャーナリズム論でなければならなかった」（佐藤 1969：88）。こうした志向に準じた代表的なテクストとしては、清水幾太郎『ジャーナリズム』（一九四九年、岩波新書）を挙げることができる。清水は『ジャーナリズム』の冒頭で、次のような問題提起を行った。

戦争のジャーナリズムがきわめて重要な事実をいかに無視して来たかは既に明らかになっているし、反対に、全く存在しなかったことを大きな活字で報道し、それによってわれわれを架空の世界に住まわせて来たことも今日では明らかになっている。だがこれはすべて戦争中の悪夢、これからは毎日に新聞が一切の真実を過不足なく教えてくれる、と断言してよいであろうか。(清水 1949：4-5)

清水はこのように述べ、戦後のジャーナリズムの課題として民主主義の実現を主張した。そして民主主義の先駆であるアメリカの学問を積極的に導入することを志し、その過程で戦後のマス・コミュニケーション研究の嚆矢ともいうべき『社会心理学』(一九五一年、岩波書店)を著した。[20]

このようにアメリカからの影響が強まるなかで、ドイツ新聞学の系譜は衰退していった。その理由について、岩倉誠一は「戦前のドイツ新聞学の体系をもってしては、戦後日本の多様化したマスメディアと社会現象の相関性をとらえることはできなかったのである」(岩倉 1999：121)と結論づけている。無論、戦前・戦中と政府の言論統制に協力した学問であったことも(そうみなされたことも)、その一因であっただろう。

一九四〇年代後半から一九五〇年代にかけてのジャーナリズム研究

ここで、一九四〇年代後半から一九五〇年代にかけてのジャーナリズム研究を簡単に概観してみよう。戦後のジャーナリズム研究の系譜は、大きく三つに分けることができる。[21]

第一に、ドイツ新聞学の系譜である。その代表的なテクストとしては、小山栄三『新聞学要綱』(一九四六年、同文館)、同『新聞社会学』(一九五三年、有斐閣)、同『新聞学入門』(一九五五年、同文館)、小野秀雄『新聞原論』（一九四七年、東京堂）等を挙げることができる。

第二に、アメリカ・ジャーナリズムの考え方に影響されたジャーナリズム研究である。その代表的なテクストとしては、清水幾太郎『ジャーナリズム』（一九四九年、岩波新書）、土屋清『新聞』（一九四九年、弘文堂　アテネ文庫61）等を挙げることができる。

第三に、実用学なジャーナリズム研究の系譜である。その代表的なテクストとしては、日本新聞協会編『新聞の自由』（一九五二年、岩波書店）、同『新聞の責任』（一九五六年、岩波書店）、毎日新聞社編『新聞』（一九五四年、毎日新聞社）、千葉雄次郎編『新聞』（一九五五年、有斐閣）等を挙げることができる。

上記に分類されないテクストとしては、伊藤正徳『新聞五十年史』（一九四三年、鱒書房）、長谷川如是閑『新聞論』（一九四七年、政治教育協会）、同『新聞』（一九五四年、朝日新聞社）、清水幾太郎『流言蜚語』（一九四七年、岩波書店）、笠信太郎ほか『新聞の読み方に関する十二章』（一九五四年、中央公論社）、扇谷正造『現代のマスコミ』（一九五七年、春陽堂）等を挙げることができる。

ジャーナリズムの研究団体としては、「日本新聞学会」（現「日本マス・コミュニケーション学会」）が、日本新聞協会の賛助を得て一九五一年六月に創立された。初代会長は、当時東京大学新聞研究所の所長を務めていた小野秀雄であった。

また、ジャーナリズムに関係する研究雑誌としては、『放送文化』（ＮＨＫ放送文化研究所）が一九四六年、『新聞研究』（日本新聞協会）が一九四七年、そして『新聞学評論』（現『マス・コミュニケーション研究』）が一九五二年にそれぞれ創刊されている。

4 「客観報道」に関する言説

ここでは、一九四〇年代後半から一九五〇年代にかけてのジャーナリズム研究における代表的なテクストのなかから、「客観報道」に関する言説が語られているものをとくに取り上げ、その言説を分析していく。この時期は「客観報道」の導入期ということもあってか、「客観報道」が語られているテクストは限られている。

(1) 小野秀雄『新聞原論』

ドイツ新聞学の系譜

東京大学新聞研究室を設立したことで知られる小野秀雄は、一九四七年に刊行した『新聞原論』(東京堂)において、「新聞本質論」および「新聞機能論」という観点から、「客観的事実を内容とする報道」に関する言説を展開した。

小野は『新聞原論』の目的を「本論は実に斯くの如くして本質を歪められたる新聞を検討して、万人のための新聞たる本質的な新聞を発見せんとする意図の下に企てられた一つの試みに外ならぬ」(小野 1947:2)と位置づけている。ここで「斯くの如く」とは、「常に政権と運命を共にし、転々として政治を支配する中心勢力の手を移り歩いた」、「無責任なる責任担当者の態度により堕落」(小野 1947:2)した新聞のことを示唆している。

また、『新聞原論』は新聞の「指導性」を強調するなど、ドイツ新聞学の影響を色濃く受けている。しかし、小野は「本論は全然欧米学会の例に倣はず、記者としての私の体験に立脚し、諸国に於ける先輩及同志の研究を援用して組織立てられたものである」(小野 1947:3)と述べ、その影響を遠回しに否定し、その独自性を強調している。[22]

「現実的事実」と主観性

小野は、「新聞本質論」という観点から「新聞紙内容の本質はその使命に立脚して現実的事実に基づく報道及び批判である」（小野 1947：175）と述べた。「現実的事実」とは、「所謂「新聞種」になり得る事実」のことを指す。そして「現実的事実に基づく報道」が、単なる「事実報道」ではないことに注意を促した。

> 報道が力的要素の主観的影響を被ることは既述の通りであるが、その中不合理なる影響が絶対に排除されなければならぬことも既述の通りである。しかのみならず真実の既述と雖も国利民福を害するときは黙殺されなければならないのである。またこれと反対に国家のため重要なる報道は国民の印象を強めんがために特に強調されなければならないのである。かかる場合の基準理念は新聞の使命である。（小野 1947：175-176）

「現実的事実に基づく報道」が新聞の本質であるけれども、その「現実的事実」は、「国利民福」という基準に従って新聞によって選択されなければならないと小野は主張する。このとき、「主観性」は必要なものである。こうした自らの考えを補完するために、小野はドイツの新聞学の研究者、ドヴィファットの著作『新聞学』を取り上げた。[23] そして、同書では「主観性」についてとくに一節が設けられていると述べて、次のように記して「要点を引用」（小野 1947：176）した。[24]

> 「客観的事実新聞」という理想は、ドイツにおいても折々新聞を知らない賛成者を見出すのであるが、それは一の不可能事である。そこでこの比較的無意識な新聞の本質中に存在する主観性が、意識的、意図的に政

争のために利用されることになる。……新聞はかくてその報道において最近の現在現象を伝えると共に主観的であって、この新聞の主観性を否認する人は、新聞それ自体をも否認するものである。（小野 1947：176）

この引用によって、小野は「客観的事実新聞」が隠蔽する「主観性」の危険と、それゆえに明示的な「主観性」の必要を示唆している。

「現実的事実」を構成する要素

小野は、「新聞機能論」という観点から「現実的事実」の内容について「私はこれを三大別することが出来ると思ふ」（小野 1947：254）と述べている。それは「一、法律、命令の如き命令的内容を有するもの、二、他人の意見を内容とせるもの、三、客観的事実を内容とせるもの」である。そして「三、客観的事実を内容とせるもの」について次のように説明する。

第三の客観的事実を内容とする報道の中には所謂客観的描写による報道と、コメントを共ふ報道とがある。後者には或程度の主観性を包含しているのであるが、読者は之を説明と解し斯くの如き事実の存在を知ると意識するのみであって、指導されると考へることはない。もしありとしても極めて稀である。故に読者の立場より考ふれば客観的事実には報道内容による機能が存在するのみである。……報道の本質は本質論において述べたるが如く新聞の使命に立脚し現実的事実に基づく記述である。故に単なる客観描写ではない。命令的内容を有する報道も、他人の意見を内容とする報道も、また客観的事実を内容とする報道も悉く新聞が公益と信ずる立場より採択記述されるものである。従つてこの場合報知者の使用目的は公益であつて、読者の判断を公益と信ずる方向に導くにあるのである。併しながらここに注意すべきことは読者は必ずしも報知者の作用目的を意識しないことである。故にこの場合における指導は読者の立場よりいへば無意識的指導であるといはねばならぬ。この種の指導を私は特に誘導と名づけ、報道の機能を誘導機能として指導機能と区別することとしている。（小野 1947：254-256）

ここで、「報道する内容」の「客観性」は当然とされている。「客観的事実」の「客観性」に対する疑いはみられない。そして、この「客観的事実」が「現実的事実」として選択される過程において、「報道する主体」の「主観性」は必要とされる。こうした考え方は、新聞による社会的事実の構築可能性を重視したドイツ新聞学の影響を強く受けていることをうかがわせる。

小野の意見を要約するならば、「現実的事実に基づく報道」が新聞の本質であるが、それは単なる「現実的事実」の報道ではなく、「新聞の使命」に基づいて「国利民福」の視点から主観的に選択された「現実的事実」の報道であるということになる。そして「客観的事実」は、「現実的事実」を構成する要素の一つとして認識されている。したがって、「客観的事実」≠「現実的事実」であり、ドイツ新聞学の素養のない人間からは少々理解しがたい説明となっている。

ここで「客観的事実」の存在は疑われていないが、その「客観性」についての説明はほとんどない。あえてその説明を探すなら、「客観的事実」についての記述のなかに「客観的描写」という記述がたびたびあらわれることから、それは「報道する内容」の〈真実性（truth）〉を示唆するものとして考えられる。

（2）清水幾太郎『ジャーナリズム』

戦後ジャーナリズムの啓蒙書

戦前から戦後にかけて評論家、社会学者として活躍した清水幾太郎は、一九四九年に刊行した『ジャーナリズム』（岩波新書）において、ジャーナリズムの「時事性」という観点から「客観的な報道」について言及した。清水は、『ジャーナリズム』を「本書は、諸君がジャーナリズムについて所有している常識と経験とを整理し統一したものにほかならぬ」（清水 1949：1）と位置づけている。『ジャーナリズム』は、戦前・戦中のジャーナリズム批判と、それに伴うアメリカ・ジャーナリズムの考え方の積極的な紹介をしており、戦後ジャーナリズムの啓蒙書としての役割を果たそうとする自負が感じられる。

ジャーナリズムとは何か

清水はまず、「ジャーナリズムとは何か」と題する一文において、ジャーナリズムの定義について次のように述べる。

　ジャーナリズムとは何だろうか。また世の中では何をジャーナリズムと呼んでいるか。ジャーナリズムという言葉を見れば、誰しも新聞や雑誌のことを思い浮かべる。世間の用語法とよく釣合った定義を下そうとすると、これもずいぶん難しいことになろうが、ここでは、新聞や雑誌のごとき定期刊行物によって果たされている社会的活動を中心としてジャーナリズムということを考えればよい。すなわち一般の大衆に向かって、定期刊行物を通じて、時事的諸問題の報道および解説を提供する活動をジャーナリズムと呼ぶことにす

る。（清水 1949：28）

このように、清水は「大衆性」、「時事性」、「定期性」をジャーナリズムの定義としている。そして、とくに時事性について次のように述べる。

内容が時事的な現実性を含んでいることが大切である。永遠の問題ではなく、日と共にうつり変る問題を取扱うのが、ジャーナリズムの精神である。時事的問題については報道と解説がある。前者は客観的なもの、後者は否応なく若干の主観的要素を含む。……単に客観的な報道だけですむのは、その事実の人間生活に対する意味が最初から明らかになっている場合が多く、これを受け容れる主観的な条件が出来上がっているためである。報道だけをきりはなして見れば、純粋に客観的であるが、これを包む文脈の全体に注意すれば、主観的要素と深く結びついているのである。これと反対に、解説が必要なのは、生活に対する意味が必ずしも明らかでなく、新しくこれを究明して、人間生活との関係を明らかにする必要があるからによる。（清水 1949：29）

清水によれば、ジャーナリズムの活動には「報道」と「解説」がある。そして報道で「記事の内容」は「純粋に客観的」であるけれども、「これを包む文脈の全体」は「主観的要素」と深く結びついている。これは、「記事の内容」の取捨選択において「主観性」が介在しているという観点である。こうした観点は、小野と同じく「報道する主体」の「主観性」を認め、「報道する内容」の「客観性」を認める立場であるといえる。

報道する内容の「客観性」

それでは、清水はこの「報道する内容」の「客観性」についてどのように考えているのだろうか。彼は「客観的中立性」について、次のように述べる。

> 報道が新聞の主要な内容とならねばならぬ。今日の断面における新聞は、一方において商品であると同時に、他方において報道を本位とする。論説が主観的要素を主とするならば、報道の精神は客観性にあると言わねばならぬ。報道を本位とする以上は、あくまで主観的要素の介入を回避し、極力これを洗い去って行く必要がある。かたくこの方向を信ずるところに、言うまでもなく、アメリカのジャーナリズムの特色がある。すなわちニュースと社説とは明瞭に区別され、しかもこの区別はどこまでも貫徹され実行され得ると信ぜられている。ニュースは広くこれを収集し、読者の関心を考慮しつつ提示すべきもの、社説は特定の思想体系にもとづくものではなく、ただ読者のうちの「正しく考える」(right thinking) 人々の意見と同一であることを必要とする。(清水 1949：112)

このように、清水は報道とニュースを同一視している。そして「報道する内容」における「客観性」の必要性を主張する。ここで「客観性」は、「あくまで主観的要素の介入を回避し、極力これを洗い去って行く必要がある」という記述から、〈没主観性 (non-subjectivity)〉に対応している。そして、「読者の関心を考慮しつつ提示すべきもの」という記述は、〈一般性 (generality)〉に対応している。「新聞は多くの読者のよろこびそうな基準に頼って進むよりほかはないのである」(清水 1949：114)。その理由について、清水は次のように述べている。

> 新聞は読者を無視して一定の意見を押しつけ得る自信を持っていない。万一にもそれが読者の趣味に反し

たなら、新聞の発行部数は減少し、更に広告収入の減少を招くからである。そこで新聞は、読者が抱懐しているると想像される線に沿って探りを入れることになる。読者が最初から持っているもの、あるいは持っているらしいものを当てにして仕事を始めるのだ。それが当てにならなかったら、新聞は一歩も進まぬであろう。

（清水 1949：115）

そして、さきに「報道だけをきりはなして見れば、純粋に客観的であるが、これを包む文脈の全体に注意すれば、主観的要素と深く結びついている」と述べられていることを考慮すると、〈一般性〉は、ここではむしろ「客観性」としてではなく「主観性」として認識されていると捉えるべきであろう。このように、さきの小野が「主観性」を「国利民福」のための価値として捉えたのに対して、清水は「読者の関心」のための価値とみなしている。こうした相違には、現在も争点となっている問題——ジャーナリズムは「国家」と「国民」のいずれの利益を優先すべきか——に関する観点の違いが、多少なりとも影響しているようにも感じられる。

こうした清水の思想には、アメリカ・ジャーナリズムの思想の影響が大きい。そのことは、彼がアメリカ・ジャーナリズムを紹介するときのことばの端々に現われている。たとえば、清水は「アメリカ風の考え方」（an American conception）として「〔ジャーナリストは〕一瞬のうちに自分の利益の計算から公共の福祉へ、或は客観的な報道者の態度へ適応してゆくことができるように仕切りのある心を持つ」（清水 1949：113 〔 〕内は筆者による補足）と紹介し、それを模範とすべきジャーナリズムとしたが、その一方で、ドイツ・ジャーナリズムに対しては「客観的要素と主観的要素の混淆がはなはだしく、すでにニュースの収集からして着色されている場合が多い」（清水 1949：113）と極めて批判的な見解を示している。

このようなアメリカとドイツのジャーナリズムに対する評価の違いは、当時の時代背景が少なからぬ影響を与えていることは確かである。そして、その評価はそのまま当時の日本におけるジャーナリズム研究の転換状況を示唆している。

(3)　土屋清『新聞』

反省としての『新聞』

『朝日新聞』の論説委員を務めていた土屋清は、一九四九年に刊行した『新聞』(弘文堂　アテネ文庫61)において、「新聞の指導性」という観点から「客観的報道」について言及した。

ジャーナリストが著したことから、『新聞』は戦前から続く実用学的ジャーナリズム論の系譜にあるともいえるが、その内容はむしろ清水の『ジャーナリズム』に近い。すなわち、アメリカ・ジャーナリズムの思想の影響を色濃く受けており、戦後ジャーナリズムの啓蒙書としての役割を果たそうとする自負が感じられる。

また、戦後最初に民主化運動に取り組んだ新聞の出身らしく、それまでの新聞に対する反省の視点がかしこにみられる。土屋は『新聞』の目的について次のように述べる。「一体よい新聞とは何か、どうすればよい新聞が生れるかは、われわれにとつても非常な関心事である。本書はこれに対する私のささやかな反省である」(土屋1949：3)。

「客観的報道必ずしも客観的とはいえず」

土屋は、「報道と論説は本質を異にしている」と主張して、次のように述べた。

報道は事実の客観的伝達を目的としているから、出来るだけ新聞の主観が入らないようにすべきであり、従つて読者は判断の素材を与えられるだけで、別にニュースを指導されることはないわけである。これに対し論説は最初から新聞の意見の表現であり、読者に自己の見解を述べることを目的とするから、大いに主観的であり、その指導性も強い。その意味では報道と論説とは客観的報道と主観的批判という対立的存在であつて、なんら共通点はない。（土屋 1949：12-13）

土屋は、新聞の機能を報道と論説に分けた上で、報道が「事実の客観的伝達」を目的としていると述べ、それを「客観的報道」と呼んでいる。このとき、その「客観性」は、「報道する内容」の〈真実性（truth）〉を示唆しているように一見思えるが、それは土屋の次のような指摘で否定される。「しかし精密に観察すると、客観的報道必ずしも客観的とはいえず、主観的批判常に主観的ではあり得ないものであり、結局両者は一体となつて新聞の指導性を形成するものである」（土屋 1949：13）。

土屋は、「客観的報道必ずしも客観的とはいえず」の理由として、「報道はいかに客観的立場からなされても、その素材のとりあげ方にすでに一つの主観的意志が入らざるをえないであろう」と述べ、さらにそれをどういう角度から報道するかによって「一層報道に主観的色彩が介入して来る」とする。そして、「もちろんこれは個々の記事が主観的だというのではなく、それはそれとしてあくまで客観性を重んじなければならないが、そこに全体として新聞の主観的態度があらわれることは、別に報道の客観性という要請にそむくものではないであろう」（土屋 1949：13）とまとめている。

ここで土屋は、記事の取捨選択にあらわれる「主観性」を、「新聞の主観的方針の表明」（土屋 1949：14）として捉えている。つまり、小野や清水が「主観性」の介在を必要であるとみなしたのに対し、土屋はその介在を必然とする。このとき、土屋のいう「客観的報道」の「客観性」は、〈真実性〉というよりも、「報道する主体」の〈均衡性（balance）／非党派性（non-partisan）〉および〈没主観性（non-subjectivity）〉を示唆している。

「主観的批判常に主観的ではあり得ない」

また土屋は、「主観的批判常に主観的ではあり得ない」理由として三つの点をあげている。第一に「現代新聞は政党政派の機関新聞であることを得ないから、その論説には機関新聞ほどの明瞭な指導性を持つことが出来ない」こと、第二に「新聞の論説がその社の思想的伝統を離れて存在しない」こと、そして第三に「新聞の指導性は国民心理と時代精神を離れては意味がない」ことである。

土屋は、これらの三つの点から論説の指導性には限界があるとして、「よく言われる「社会の木鐸」という評価も、それだけ割引いて考える必要がある」と指摘した。そして、論説について次のように述べた。

社説は非人格化されることにより読者に非常な威力を以て臨むが、しかしその主張は根本において読者の意識と関心を離れては存在し得ないのであり、むしろそれが読者のうちに潜在している世論をひき出し、一つのはつきりした形にまとめあげるところに真の役割があるというべきであろう。その意味では論説は報道と同じように「社会の鏡」という面を多分に持つているのであり、よき木鐸たらんがためには、まず謙虚に「鏡」としての役割を自覚することが大切であろう。（土屋　1947：21）

このように、土屋は報道と論説はそれぞれ単純に「客観的」、「主観的」ではありえないと主張する。「純粋に客観的と見られた報道に、案外主観的要素があり、純粋に主観的と見られた論説にかなり客観的制約が存在することは、新聞の強い影響力と高度の指導性を考える場合に重要な点である」（土屋　1949：21）。

ここで土屋が報道に対して「客観的」ではないとしているのは、小野や清水と同様に、記事の選択に「主観性」が介在しているからだという観点である。また、論説に対して「主観的」ではないとしているのは、その主張が読者の関心という「客観性」に影響を受けざるを得ないという観点である。このとき、「客観性」は読者の多数派の価値観として認識されており、「報道する内容」の〈一般性（generality）〉に対応している。

（4）毎日新聞社編『新聞』

実用学的ジャーナリズム研究の系譜

一九五四年に刊行された毎日新聞社編『新聞』（毎日新聞社）は、「ニュースの記録」という観点から「客観的な記事」について言及している。

毎日新聞社編『新聞』は、「われわれが毎日読んでいながら、これ（新聞）についてのきわめて初歩的な解説書すらあまり出版されなかった」（毎日新聞社編 1954：321〔 〕内は筆者による補足）状況を顧みて、毎日新聞社が「ここに思いをいたし、新聞に対する正しい理解をふかめるため」に刊行した、「一般教養として入門解説の手引き」たることを目的とした著作である[25]。したがって、戦前から続く「実用学的ジャーナリズム研究」の系譜にあるということができるだろう。

「ニュース」とは何か

『新聞』は、「新聞の本質」における「ニュースの記録」について、「具体的に新聞記事にすることである」（毎日新聞社編 1954：180）と述べた後、二つの問題を提起している。それは「一　ニュースは客観的に扱われなければならない。つまり客観的な記事となっていなければならないが、はたして、これは容易におこなわれるであろうか」という問題であり、「二　もし困難であるとするならば、その困難の原因はどこにあるか」という問題である。ここで『新聞』がニュースに対して示している解釈は、次の通りである。

ニュースは「出来事」のことではない。「出来事に関する報道」といえば多少あたっているが正確ではない。われわれはいろいろな出来事をたくさん知っているが、その出来事全部を話題にすることはない。……ある事件に対して大衆の関心がゼロであり他の事件に対しては三であり、さらに某事件に対しては八である、というふうな数的な大衆的関心の正しい測定を求めることは世論調査によっても不可能である。しかし大衆はこうした事件に相当な関心を寄せるだろう、ということは熟練した新聞記者にはわかる。つまり大衆心理の正確な数的な測定はできないとしても、そうした傾向を述べることはできる。その多数のものの関心を相当な程度にとらえることのできるような出来事は新聞種になる。こうした出来事の報道がニュースである。（毎日新聞社編 1954：171）

このように、『新聞』はニュースを「新聞種になるような出来事の報道」のことであると定義する。「読者の関心を惹くようなニュースを選ぶこと」（毎日新聞社編 1954：181）が、新聞記者には求められている。このとき、記事の取捨選択において「報道する主体」の「主観性」の介在は肯定されている。この「主観性」は、さきに清水が「客観性」として述べた〈一般性（generality）〉とほぼ同義である。また、その際の注意点としては以下のように述べられている。

ニュースはそのまま、あらゆる読者の心の奥に入り込んで判断の材料になるものである。社説は相当な知識をもった読者にとっては判断の参考になるに過ぎない。「事実は動かしがたい」「事実は最大の雄弁」などといわれるような事実を、できるだけ正確に伝えることが必要であることはいうまでもない。読者の正しい判断はこの「動かしがたい事実」の上につくられなければならないからである。（毎日新聞社編 1954：180–181）

「主観性」の必然と「客観的な記事」の必要

しかしながら、『新聞』は、こうした「動かしがたい事実」を正確に伝える過程で「主観性」が必然的に介在する理由を二つ指摘する。

第一の理由は、事件を記事にまとめる際に「主観性」が介在することである。「まず新聞記者がある事件に立ち会い、これを文章に書く場合、どういうふうに、あるがままに書こうとしても必ず甲乙丙……それぞれの記者の文章の内容が同一になるはずがないのである。理解の仕方、感じ方、読者に伝える文章上の表現力などが個人々々によって違ってくる」(毎日新聞社編 1954：181)。この記述は「報道する主体」の「客観性」、具体的には〈没主観性(non-subjectivity)〉の不可能を示唆している。

第二の理由は、報道される記事の取捨選択において「主観性」が介在することである。「新聞社に集まってくる各方面のニュースが全部紙面に記録されるものではない。何が読者にとり一番ニュースとして価値があるか、それを編集者の頭脳で判断して新聞はもっとも価値あるニュースをできるだけ多く掲げようとする。そこでニュースの選択及び棄却の原理が実施される。また、その原理は記事としての扱いの大小をもきめる」(毎日新聞社編 1954：181)。この記述は「報道する内容」における「客観性」、具体的には第一の理由と同じく〈没主観性〉の不可能を示唆している。そして、見方を変えれば〈一般性〉とされる「客観性」と同じ文脈で語られている。

『新聞』はこのように指摘した上で、なお「客観的な記事」は必要とされていると主張する。「ニュースの記録に多少の主観が入り込むことは普通であるけれども、それにもかかわらず、新聞の良心は必死に努力して客観的に正確な、妥当な記録たらしめるようにしなければならない。あるいは客観的にみて読者に価値あるニュースであるようなものを選ばねばならない」(毎日新聞社編 1954：181)。「客観的な記事」は、たとえそれが現実には不可能であっても遵守することが必要な努力目標としてここでは理解されている。

（5）千葉雄次郎編『新聞』

「批判研究」の萌芽

一九五五年に刊行された千葉雄次郎編『新聞』（有斐閣）は[26]、「新聞の中立」という観点から「客観的な報道」について言及している。

編者の千葉雄次郎は、この著作の目的を「新聞記者自身の筆になる場合でも、新聞記者入門の書としてではなく、社会の人々に、新聞についての批判的知識を持ってもらうこと」（千葉編 1955：1）であると述べている。『新聞』の内容は「実用学的ジャーナリズム研究」の系譜に属すると同時に、一九六〇年代以降に発展する批判研究の萌芽がかしこにみられる。

「政治的中立」への批判

『新聞』は、一九五四年六月三日に起きたいわゆる「乱闘国会」への新聞の対応を取り上げて、その「政治的中立」の立場への批判をおこなった。

「乱闘国会」とは、一九五四年六月三日夜、警察法案審議のための会期延長をめぐって衆議院で起きた乱闘事件のことをいう。その結果、政局はまったくの混迷に陥った。

このような現状に対して、『朝日新聞』、『毎日新聞』、『読売新聞』の三大紙は、同年六月一一日に「速かに政局を収拾せよ」と題する共同声明を発表した。続いて全国各地の新聞もそれぞれ地域共同、あるいは単独で同様の主旨の声明を行い、各界に多大の反響を巻き起こした。「乱闘国会」は憲政史上異例の事態であったが、同様に三大紙による共同声明もまた新聞史上稀なことであった。ちなみに、共同声明の主な部分は次の通りである。

速かに政局を収拾せよ

今回の乱闘事件に端を発して、国会の運営が、わが憲政史上前例をみない変則状態に陥ったことは、わが国の民主政治の健全な発達を希うわれわれとしては、到底座視するに忍びないものがある。

われわれは、両社会党が集団的実力を用いて会議の開会を阻止した行動を断固排撃するものである。また事ここに至らしめたについて、政府、与党の、世論を無視した独善的な態度にも、責任があるものと認め、深くその反省を求めるものである。

われわれは、政府も、政党も個々の議員も、今日の事態に対して自粛自戒の実を示し、速かに事態を収拾し、国会の運営を軌道にのせ、国民多数の意志に合致した行動を取ることによって、失墜した国会の威信を回復することを要求する（以下略）。

『新聞』はまず、「三社共同声明の内容と、それに続いた事態は、現代における新聞の位置と役割を端的に示している」（千葉編 1955：174）と指摘する。そして「この声明が「野党も悪い、政府も悪い」という見解に立ち、「政局を収拾せよ」と叫ぶだけで、なんら具体的な主張をおこなっていないことにたいしては、当時から批判がおこなわれていた」（千葉編 1954：175）とする。そして、その「政治的中立」について次のように述べた。

一九五四年の政治危機において、日本の新聞がとったあいまいな態度は、新聞の「政治的中立」の性格を示すひとつの事例だった。現代においては、新聞は政治的な事件についても、はっきりとした立場を決めて、そこから論評、報道するという態度を失った。「中立」ということは、しばしば、こちらも悪い、あちらも悪いという報道のしかたを採らせる。（千葉編 1955：177）

このように「はっきりした立場を決めて、そこから論評、報道するという態度」、つまり新聞の「主観性」は、失われつつあるジャーナリズムの長所として認識されている。

「客観的な報道」への批判

ここで「新聞の中立」は、立場を決めないあいまいな態度であると批判されている。そして、こうした批判は新聞の「客観的な報道」に対しても向けられている。

「新聞の中立」という建前の下に、現代の新聞は〝客観的な報道〟を原則としてかかげる。閣議が招集される、政策が決まる——と、新聞はその政策を実際に実行するだけの力が政府にあるかどうかを評価するまえに、ともかくその決定を活字に組んで「客観的な報道」の責任をはたす。新聞の報道にとっては、政策の実行が問題であるよりもさきに、政策の決定が記事の材料である。（千葉編 1955：178）

このとき、『新聞』の解釈による「客観的な報道」は、「『新聞の中立』という建前の下」で語られる現代の新聞の原則として、または常識として語られている。あえてその説明を探すなら、「ともかくその決定を活字に組んで『客観的な報道』の責任をはたす」とする一文にあるように、発表された内容をそのまま記事にする報道ということになるだろう。

そうした「客観的な報道」は、垂れ流し的に政府・与党の活動を報道するがゆえに、「結果的にしばしば政府・与党に有利な役割をはたす」（千葉編 1955：178）。こうした現象は、後に原寿雄によって「発表ジャーナリズム」と名付けられている（原 1979）。また原は一九八〇年代後半、同様の観点から「客観報道」の弊害に対する問題提起をしている。

このように、『新聞』における「客観的な報道」の「客観性」は、「報道する主体」の〈均衡性（balance）／非党派性（non-partisan）〉、または「報道する内容」の〈中立的な表現（neutral presentation）〉を示唆している。そして、それらは政治に影響を与えられない新聞の欠点であると解釈されている。つまり、「客観的な報道」はそれが実践されていることが自明視されており、それゆえに批判されているのだと考えることができるだろう。

5 「客観報道」言説の総括

（1）「報道する主体」において強調される「客観性」

以上、五つのテクストに生起した「客観報道」に関する言説の整理の結果を述べた。これらの内容をまとめたものが**図2**である。「客観報道」の構成要件が、「報道する主体」と「報道する内容」においてどのように語られているのかについて示している。

ここで「客観報道」の構成要件は、「報道する主体」と「報道する内容」とに大別され、図中最下段に丸囲み数字を付して示してある七項目に分けられているが、すでに第1章で述べたように、構成要件ははっきりと分けて語られているわけではない。ここでの分類は、あくまで語られる傾向に沿って便宜上なされたものである。

「客観性」の構成要件の項の記号の意味であるが、「○」はその構成要件を肯定していること、「●」はその構成要件を否定または不可能としていることを、そして、「△」はその構成要件につながる説明がなされているものの「客観性」とはみなされていないことを、それぞれ意味している。

ついで、「属性」の項の記号について説明する。ちなみに、属性とは「テクストを記した時点における著者の

図 2　「客観報道」に関する言説の整理

著者名 テクスト名	年	「客観報道」につながることば	客観性の構成要件								属性
			報道の主体				報道の内容				
小野秀雄 『新聞原論』	1947	客観的事実を内容とする報道			△			○			Ba
清水幾太郎 『ジャーナリズム』	1949	客観的な報道			△		○				B
土屋清 『新聞』	1949	客観的報道		●	○	●					A
毎日新聞社編 『新聞』	1954	客観的な記事			△	●	●				B
千葉雄次郎編 『新聞』	1955	客観的な報道		○					○		B
			②関連性	③均衡性／非党派性	⑤一般性	⑦没主観性		①真実性	④中立的な表現	⑥反映性	

注）「客観性の構成要件」の記号
○：その構成要件の肯定
●：その構成要件の否定または不可能
△：その構成要件につながる説明がなされているものの、「客観性」とはみなされていない
「属性」（テクストを記した時点における著者の職業）の記号
A ：現役のジャーナリスト
B ：研究者
Ba：ジャーナリズム出身の研究者
C ：それ以外
＊以上、著したテクストに記されていた履歴および肩書きから判断

職業」を意味している。著したテクストにおいて記述された履歴と肩書から判断した。「A」は現役のジャーナリスト、「B」は研究者、「Ba」は「ジャーナリズム出身の研究者」、「C」は「それ以外」をそれぞれ意味している。なお、属性は、著したテクストにおいて記述されていた履歴および肩書きから判断した。

さて、**図2**からわかるように、この時期の言説は、「報道する内容」よりも「報道する主体」において「客観性」が語られる傾向にあったことを示している。「報道する内容」の「客観性」は、軽視されているというより当然のこととしてみなされており、その実践はほとんど疑われていない。したがって、「客観性」は「報道する主体」の問題として認識されていることが示唆されるのである。

(2)「主観性」の肯定と二つの「客観性」

「報道する主体」の「主観性」の肯定

一九四〇年代後半のテクストにおける「客観報道」に関する言説には二つの共通点がある。第一に、「報道する主体」の「主観性」の存在の肯定である。その際、小野や清水はその「主観性」を必要であるとしているが、土屋はそれを必然としている。このように、小野・清水と土屋の「主観性」に関する解釈は分かれる。しかし、その「主観性」が「報道する主体」の指導性にどのように寄与するかという観点からは、小野と清水・土屋の解釈に分かれる。小野がジャーナリズムをいわば社会の木鐸として捉え、その役割を果たすために「主観性」が必要であると主張したのに対し、清水は読者の関心を満たすために「主観性」が必要であると主張した。

そして土屋は「客観的報道必ずしも客観的とはいえず」と述べ、「主観性」は必然であることと主張した。また、「読者は判断の素材を与えられるだけで、別にニュースを指導されることはない」と述べ、「報道する主体」

の指導性に対して疑念を示した。こうした土屋の主張は「主観的批判常に主観的ではあり得ない」といったことばにもあらわれており、そこでは多数派を占める一般的な読者の価値観が報道に影響を与える可能性が指摘されている。その価値観はここでは「主観性」として解釈されているが、これは本書が「客観性」の〈一般性（generality)〉と呼ぶものとほぼ同義である。必要なのか必然なのかという相違はあるが、清水もまた〈一般性〉に基づいて記事を選択するべきだと主張している。

二つの「客観性」

第二に、二つの「客観性」の認識である。それは「報道する主体」の「客観性」と、「報道する内容」の「客観性」である。「報道する主体」の「客観性」といった観点から語られるとき、その「客観性」は社会で生起する出来事が鏡に映るよう報道されることとして語られている。すなわち〈反映性（reflectiveness)〉に対応している。

このとき、記事は社会を反映するのではなく「主観性」によって選択されると認識されるので、この「客観性」は否定される。他方、「報道する内容」の「客観性」といった観点から語られるとき、その「客観性」は〈真実性（truth)〉を指す。この〈真実性〉は当然であると認識されている。

これら一九四〇年代後半の「客観報道」に関する言説は、啓蒙的な性格を帯びている。戦前のジャーナリズムを暗黙のうちに否定し、戦後の新しいジャーナリズムの仕組みを説明するというニュアンスがある。こうしたニュアンスは、当時のジャーナリズムの動向、すなわちＧＨＱによる占領政策に従ってプレス・コードや新聞倫理綱領をはじめとするアメリカ・ジャーナリズムの考え方を積極的に導入していたことと無縁ではない。

（3）変化する「主観性」と「客観性」の解釈

「客観性」に対する解釈の変化

一九五〇年代のテクストにおける「客観報道」に関する言説は、ジャーナリズムの活動自体を説明するために語られはじめる。そして、一九四〇年代後半になされた「報道する主体」と「報道する内容」の「客観性」の対する解釈に変化があらわれる。

毎日新聞社編『新聞』は、「報道する主体」および「報道する内容」における「主観性」は必然であるけれども、それぞれ「客観性」が必要であるとした。このとき、「報道する主体」の「客観性」を必要とする点で、一九四〇年代後半の「主観性」が必要とされる点と反対であるように思われるが、実際に『新聞』が「客観性」として主張するのは、清水や土屋が主張した「主観性」と同じである。すなわち、報道は多数の読者の価値を優先するという主張である。「報道する主体」の「客観性」は、〈一般性〉として語られている。

また「報道する内容」の「客観性」は、一九四〇年代後半と同様に〈真実性〉のことを意味している。しかし、一九四〇年代後半のテクストが「報道する内容」の〈真実性〉を当然とみなしていたのに対して、毎日新聞社編『新聞』はその〈真実性〉を否定する。すなわち記事を書く過程で「主観性」の存在は必然であるとする。そして〈真実性〉は必要とされる。

〈中立的な表現〉の登場

これらの変化のほかに、〈中立的な表現（neutral presentation）〉が「客観報道」に関する言説に登場することも注目すべきであろう。

千葉編『新聞』では「客観的な報道」を「「新聞の中立」という建前の下」（千葉編 1955：178）で語られる「現代の新聞」の原則と述べている。これらの記述は、当時のジャーナリズム研究における「客観報道」の位置づけについて二つの点を示唆する。第一に「客観報道」の「客観性」が〈中立的な表現〉とほぼ同義で語られていることである。第二に「客観報道」が原則として認識されはじめたことである。このことは、「客観報道」がジャーナリズムの基本理念として認知されつつあることを示唆している。そして「客観報道」が用語化する兆しでもある。

認知されつつある「客観報道」

ここで一九四〇年代後半から一九五〇年代にかけての「客観報道」言説を整理するならば、次のように述べることができるだろう。

戦後しばらくの間は啓蒙的な性格を帯びていた言説は、日本の独立回復後、ジャーナリズムの活動を説明する言説へと変化した。こうした変化は、「客観報道」がジャーナリズム研究のなかでジャーナリズムの理念ないし手法として認知されつつある過程として捉えることができる。同時に、GHQの影響を受けつつも日本独自の価値観を模索しはじめた過程としても考えられる。したがって、変化というよりも成長として認識することが妥当であるかもしれない。

また「客観報道」の「客観性」という観点からは、「報道する主体」と「報道する内容」という二つの軸から分析することができる。

「報道する主体」という軸からは、「客観性」は〈一般性〉として認識される。〈一般性〉は、一九四〇年代後半には「主観性」を示す価値として解釈されていたが、一九五〇年代には逆に「客観性」を示す価値として解釈されている。

「報道する内容」という軸からは、「客観性」は〈真実性〉として認識されている。一九四〇年代後半にはこの〈真実性〉は「当然」であるとされていたが、一九五〇年代になるとそれは必要であるとされた。それは「報道する内容」にも「主観性」が必然的に介在することに対する認識が一般化しつつあったことを意味している。

第3章　「客観報道」の成立——一九六〇年代から一九七〇年代

1　政治の季節とジャーナリズム

（1）　安保闘争と新聞

日米安全保障条約改定と政治不信の高まり

一九五一年九月に結ばれた日米安全保障条約の改定問題は、一九五〇年代末から日本国内で相反する二つの立場から批判されていた。一つは、自民党内部からの批判である。その主張は、条約の必要性を認めつつもその片務性や不平等性を批判し、それを双務的なものに改定すべしというものであった。その背景には、自衛隊の増強とそれを可能にするに至った高度成長による経済力の充実があった。一九五七年二月に成立した岸内閣は、安保条約の改定を外交の基本に掲げていた。もう一つは、社会党や共産党などの革新勢力、および丸山眞男ら自由主義的勢力による批判である。その主張は、安保条約の不平等性による対米従属に対する批判であり、条約の廃棄による東西間からの軍事的中立を志向していた。

政府自民党が安保改定のための党内調整と対米協議を進める過程で、野党革新勢力の側からは安保改定反対の運動がなされた。これら一連の運動のことを「安保闘争」と呼ぶ。

安保闘争が全国に広がるなか、一九六〇年一月一六日、岸首相以下全権団はアメリカに向かい、同年一月一九日、ワシントンで新安保条約が調印された。[1] そして同年五月一九日、自民党が衆議院の会期延長と条約批准案の単独採決を強行したことから、「野党はもちろん、全言論機関、国民、はては与党内部からさえ強い非難の声がまきおこった」（春原 1987：270）。そして空前の安保改定反対デモが行われた。

同年六月一五日には全学連と警官隊との間に乱闘が起き、ついに死者が出た。[2] いわゆる「六・一五事件」である。混乱が続くなか、政府は参議院での議決を断念し、新安保条約は参議院での議決を経ないまま、同年六月一九日午前〇時に自然承認された。そして、同条約は同年六月二三日から発効した。

こうして安保条約は改定されたが、安保改定に関わる一連の出来事が国民の間に及ぼした影響は大きかった。当時の社会状況について、春原昭彦は著書『日本新聞通史』（一九八六年、新泉社）のなかで次のように述べている。

> 安保反対運動に参加した国民は、深いざせつ感に襲われるとともに既成の政治、社会体制に深い不信感をいだくに至った。以後この分裂は、基地、ベトナム、沖縄、大学問題などことあるごとに露呈し、今日に至るまでナショナル・コンセンサスは生まれていない。（春原 1987：271）

新安保条約の自然成立前日には反対運動が頂点に達し、労働者のデモ隊が国会を包囲した（1960年6月18日、写真提供・共同通信社）

七社共同宣言

新聞は六・一五事件を重く受けとめ、「このまま安保闘争が暴徒化すれば、右翼の暴力→政府の取り締まり強化という路線から強権国家への道が開かれかねないという危機感」（川上 1997：100）から、同年六月一七日に在京七新聞社連名による「七社共同宣言」を発した。

この宣言の原案は、『朝日新聞』の論説主幹であった笠信太郎が中心となって、『毎日新聞』および『読売新聞』両紙の論説責任者と調整して原案を作成した。そして、日本新聞協会事務局が在京他社に根回しを行い、七社（『朝日新聞』、『毎日新聞』、『読売新聞』、『産経新聞』、『東京新聞』、『東京タイムズ』、『日本経済新聞』）による共同宣言とし、また地方紙各社にも配布した。共同宣言は四八紙に掲載された。文面は以下の通りである。

六月十五日夜の国会内外における流血事件は、その事の依ってきたる所以を別として、議会主義を危機に陥れる痛恨事であった。われわれは、日本の将来に対して、今日ほど、深い憂慮をもつことはない。

民主主義は言論をもって争われるべきものである。その理由のいかんを問わず、またいかなる政治的難局に立とうと、暴力を用いて事を運ばんとすることは断じて許さるべきではない。一たび暴力を是認するが如き社会的風潮が一般化すれば、民主主義は死滅し、日本の国家的存立を危うくする重大事態になるものと信ずる。

よって何よりも当局の重大責任をもつ政府が、早急に全力を傾けて事態収拾の実をあげるべきことは言うをまたない。政府はこの点で国民の良識に応える決意を表明すべきである。同時にまた、目下の混乱せる事態の一半の原因が国会機能の停止にあることに思いを致し、社民、民社の両党においても、この際これまでの争点はしばらく投げ捨てて、率先して国会に帰り、その正常化による事態の収拾に協力することは、国民の望むところと信ずる。ここにわれわれは政府与党と野党が、国民の熱望に応え、議会主義を守る一点に一致し、今日国民が抱く常ならざる憂慮を除き去ることを心から訴えるものである。

共同宣言への賛否両論

この共同宣言が発表されると、その是非をめぐり各界で賛否両論が起きた。『朝日新聞』出身の評論家、柴田鉄治は「依ってきたる所以を別として」という部分と、新聞論調を一つにまとめることの是非という点で強い批判もあったが、その点はともかく、各紙の論調の足並みがそろっていたことを示す一つの論拠」（柴田 1997：20）と述べ、新聞が共同してことにあたったことに対して一定の評価を与えた。また、マス・コミュニケーション研究者の川上和久は「テレビが映し出す映像の影響をも考慮して、映像に映し出された動きに対し、新聞がそれを協同して押さえに回るといったような時代であった」（川上 1997：100）と述べ、新聞が国民の暴徒化を抑止したとの評価を与えた。

しかし、これらは後年になって宣言を再評価した意見であって、当時の大勢を占めたのはこの宣言に対する批判であった。「その事の依ってきたる所以を別として」、「争点をしばらく投げ捨て」、「事態の収拾」をはかれとする新聞の姿勢に対して、多くの批判が巻き起こった。たとえば、評論家の中野好夫は「こわれた車に民主主義は乗らぬ。はずれた車をなおすことが先決である」（鈴木 1995：212）との投書を『朝日新聞』に寄せて新聞の対応を厳しく批判した。佐藤毅は、当時の状況を顧みて「「新聞は死んだ」と評される」（佐藤 1987a：218）に至ったと述べている。

また、各新聞がそれぞれの主張をせずに一緒に共同宣言のかたちをとることに対して、一種の言論統制ではないかとする批判もあった。『毎日新聞』論説委員の鈴木健二は、当時日本新聞協会の会長を務めていた『毎日新聞』会長の本田親男が「言論統制にならないか」と共同宣言で渋ったことを取り上げ、その態度を「的を得ていた」（鈴木 1995：212）と評価する。そして、「形式的にも共同宣言のようなスタイルが、果たしてよいのかどうか。新聞にはそれぞれの主張がある。最大公約数を取ろうとすると、抽象的になり大勢に流れがちとなる。それは新聞の持ち味の自壊につながりかねない」（鈴木 1995：212）と述べ、共同宣言というスタイルをとった当時の新聞界を批判している。また、この共同宣言を一九五〇年末から次第に強まってきた自主規制傾向のあらわれとして捉える見方もある（新井 1983：149–150）。

（2）ベトナム戦争報道と規制

ベトナム戦争のはじまりと日本のマスメディア

一九六〇年にはじまったベトナム戦争は[3]、一九六〇年代後半に入ると泥沼化の様相をみせた。そして日本がその後方基地としての役割を担うようになるにつれ、日本におけるベトナム戦争報道に対してアメリカからの非難が強まった。

一九六五年四月、アメリカ国務次官ボールおよび国務次官補マッカーサーは、上院外交委員会の非公式公聴会で、『朝日新聞』と『毎日新聞』は、共産主義者が浸透していると証言した。これを受けて、『朝日新聞』と『毎日新聞』、外務省は抗議した。

同年九月、『毎日新聞』外信部長の大森実、『朝日新聞』外報部長の秦正流が相次いで北ベトナムに入り、アメリカ軍による空爆、いわゆる北爆下の現地状況を報道した。これ対して同年一〇月、当時の駐日大使ライシャワーは「日本の新聞はベトナム情勢について均衡のとれた報道をしていない」と強い不満を表明した。

当時の与党であった自民党はこうしたアメリカの圧力に同調し[4]、マスメディアを規制することを試みた。その影響を最も受けたのが、一九六〇年代から急激に普及したテレビであった。政治性が強いと判断された多くのテレビ番組が中止を含む干渉を受けた。防衛産業と関連が深い企業もまた、同様に干渉を行った。

干渉を受けたテレビ番組

ここで、当時干渉を受けたテレビ番組の代表的な例をいくつか挙げてみよう。

『ひとりっ子』（RKB毎日）　長男が特攻隊で戦死した家族を軸に展開するドラマ。主人公はその家族の次男である。防衛大学への進学を強要する父親と、長男と同じ道を進ませたくない母親の間で苦悩する次男が、結局目標だったエンジニアを目指して働きながら志望の大学で学ぶ決意をするというストーリーであった。『ひとりっ子』は芸術祭参加ドラマとして制作され、『東芝日曜劇場』（TBS系）にて全国放送されるはずであった。防衛産業と密接な関係をもつ東芝のトップの決定で、一九六二年一一月に放送中止となった。

『判決』（NETテレビ　現・テレビ朝日）　一九六二年一〇月からはじまった一話完結形式のドラマ・シリーズ。法律事務所の弁護士たちの活躍を通して、社会の現実を見据える社会派ドラマであった。一九六六年八月、打ち切りが決定した。打ち切りの理由としては視聴率の低下が挙げられたが、実際には政府による締め付けの結果であった。一九六三年一一月、当時の橋本登美三郎内閣官房長官は、民放連主催のテレビ番組懇親会において「反社会性・階級闘争に結びつき危険」であるとして『判決』を名指しで批判した。その後、継続的に番組のチェックが行われ、やがて打ち切りとなった。この打ち切りに対し、阿木翁助を世話人代表に、南原繁、千田是也等を世話人とする「ドラマ『判決』の継続を望

解放勢力側のテト（旧正月）攻勢で、まったくの戦場と化したサイゴン（現・ホーチミン市、1968年2月18日、写真提供・毎日新聞社）

む会」が結成され、署名や投書等さまざまな行動を通して視聴者運動を展開した。

『こちら社会部』（TBS）　一九六三年一二月二五日、第一三回「一八年目の戦死」が放送中止になった。このドラマは、戦争中に軍隊でレントゲン撮影に使われた造影剤による放射能後遺症に苦しみ、最近になって死亡した息子をもつ母親が、厚生省に対して息子の死を戦死として認めるように訴訟を起こすストーリーで、実話に基づいていた。表面上の理由としては、番組スポンサーである藤沢薬品が製薬会社であったことから、死因に薬物が関係しているドラマの放送は認められないというものであった。『こちら社会部』は二三回の放送予定であったが、結局前回放送の一二回で打ち切りとなった。

『ベトナム海兵大隊戦記』（日本テレビ）　一九六五年五月九日、「ノンフィクション劇場」でその第一部が放映された。放送翌日の一〇日夜、当時の橋本登美三郎内閣官房長官から日本テレビの清水与七郎社長に対して抗議の電話が入り、その後「茶の間に放映するにはあまりにも残酷なシーンが多すぎる」との理由で、第二部、第三部の放映中止、一三日の再放送も中止となった。これに対して「「残酷すぎるのは現実事態、戦争そのものだ、圧迫におびえて自分の首をしめないでほしい」という声が広まり、マス・メディアの自己規制と社会的責任という問題がさまざまな観点から論議されることになった」（春原 1987：283）。

『ハノイ―田英夫の証言』（TBS）　一九六七年一〇月、芸術祭参加番組として放送された。内容は、激しい北爆下でもハノイの人びとが笑顔を浮かべて耐えていることを伝え、将来の北ベトナムの勝利を予測するというものであった。これに対して、自民党の田中角栄、橋本登美三郎がTBSの社長、常務、報道局長に圧力を加えた。その結果、TBSの看板番組「ニュースコープ」のキャスターであった田英夫は降板を余儀なくされた。

民放労連の調査によれば、一九六〇年代に中止を含む干渉を受けたテレビ番組は六一件にのぼる。こうしたテレビ番組に対する干渉は、一九六〇年代から一九七〇年代はじめにかけて集中した。その理由について、松田浩は、テレビの急激な普及および権力とジャーナリズムの矛盾を挙げる。

第一に、六〇年代にはいって、テレビが一〇〇〇万（六二年）から二〇〇〇万台（六七年）へと急激に普及し、社会的影響力を強めたためである。第二の理由は、この時期、日米安保体制を背景に、警察官職務執行法（警職法）、日米安保条約改定、ベトナム戦争と政治的争点をめぐって国内世論が沸騰し、その政治的激動のなかでテレビがジャーナリズムのメディアとして脱皮を遂げ、権力との矛盾を顕在化させていったためである。六〇年安保をきっかけにマスコミ対策に乗り出した日本の政治支配層は、これを見逃さなかった。とりわけ、テレビがベトナム戦争の実態とその後方基地としての日本の役割を生々しく報道した六〇年代後半、権力とジャーナリズムの矛盾は、抜き差しならないものになった。（松田 1994：3）

（3） マスメディアの発展と娯楽化傾向

マスメディア化するテレビ

一九六〇年代から一九七〇年代にかけて、マスメディアとしてのテレビが急激に普及した。NHKが五年ごとに行ってきた国民生活時間調査によると、[5] 日本人のマスメディアへの接触の仕方は、テレビが普及しはじめた一九六〇年代前半に変化しはじめ、一九六五年には今日のかたちとなったとみることができる。[6] とくに一九六四年の東京オリンピックの開催は、一九六五年のテレビの普及台数を約一七〇〇万台（普及率約八三パーセント）へと押し上げた。テレビは日本人のマスメディアへの接触の仕方を大きく変えた。

一九六〇年代のテレビ番組には、政治性の高いものが少なくなかった。そのため、政府からさまざまな干渉を受けた。しかしながら、一九七〇年代に入るとテレビ番組の構成に変化があらわれた。「テレビからドキュメン

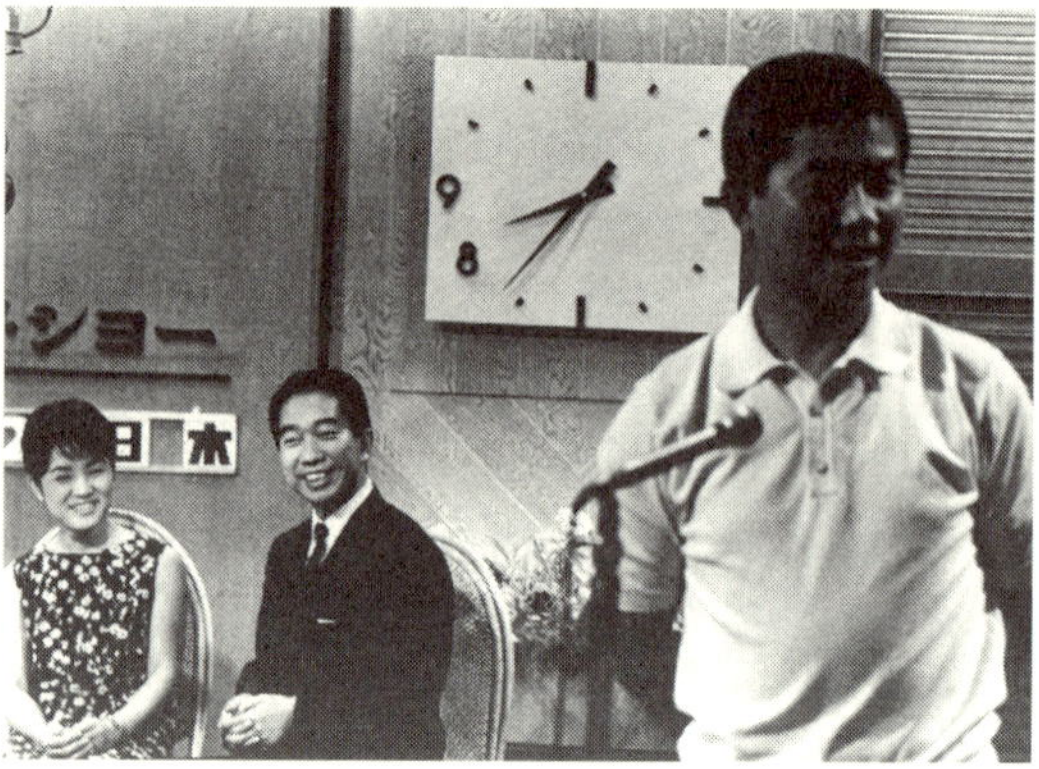

朝のＴＶワイドショーのはしり、木島則夫モーニング・ショー（NET テレビ、写真提供・毎日新聞社）

タリーや社会派ドラマが姿を消し、以後、無難な娯楽へと傾斜を強め」（松田 1994：3）るようになったのである。こうした変化について、ジャーナリズム研究者の新井直之は「放送経営者が権力からの介入・干渉に屈してジャーナリズムの責任を放棄し、争点となるような問題を避けて、「報道」よりも「娯楽」にウェイトを置くようになった」（新井 1996：502）と指摘した。そうした変化を象徴するように、一九七〇年代に中止を含む干渉を受けた番組は、一九六〇年代の六一件から五三件に減少した。

「娯楽」に重きが置かれた象徴的な報道番組が、ワイドショーである。最初のワイドショーは、一九六四年四月からはじまった「木島則夫モーニング・ショー」（NETテレビ）である。その番組内容は、その日のニュースを中心とし、主婦向けの話題や実用的な情報のコーナーを交えたものであった。その後各局に広まっていったワイドショーは、NHKを除けば、出版社系週刊誌と同じように報道性よりもスキャンダルやゴシップを取り上げる娯楽性の高いものになっていった。

こうしたテレビの娯楽化への傾斜は、結果としてテレビ番組の低俗化を招き、評論家の大宅壮一はそれをテレビによる「一億総白痴化」運動であると揶揄した。大宅が一億総白痴化ということばを用いたのは、テレビ放送がはじまって間もない一九五七年のことであった。一九五六年一一月三日放送の日本テレビの視聴者参加番組『何でもやりまショウ』において、東京六大学野球の早慶戦で早稲田の応援席で慶応の応援をした出演者が早稲田応援団につまみ出される騒ぎとなった。その番組を見ていた大宅は立腹し、一九五七年二月二日号の『週刊東京』に「テレビにいたっては、紙芝居同様、いや、紙芝居以下の白痴番組が毎日ずらりと並んでいる。ラジオ、テレビという最も進歩したマスコミ機関によって、〝一億白痴化〟運動が展開されているといってよい」と書き、低俗なテレビ番組の影響力に対する危惧を示した（日本放送協会編 2001：403）。

マスメディア化する新聞

新聞もまた、マスメディアとして成長した。日本の独立回復にともなう新聞用紙の統制の廃止を契機としてはじまった大手紙間の競争は、年々激しさを増していた。とくに、半世紀にわたって部数一位を保ってきた『朝日新聞』とそれを追い上げる『読売新聞』の間の競争は激しかった。新聞界ではこの競争を「アサ・ヨミ戦争」と呼んだ。一九七〇年代半ばに入ると、そうした大手紙間の競争はピークに達した。その間接的な要因となったのは、一九七三年に起こったオイル・ショックであった。

オイル・ショックによって物価が高騰し景気が後退するなかで、新聞業界の経営は一気に悪化した。それを補うため、多くの新聞社が一九七四年七月から購読料の値上げに踏み切った。その値上げ率は五五パーセントという新聞史上かつてない値上げであり、その後の日本の新聞界の構造に大きな影響を与えた。全国紙、地方紙を問わず新聞間の格差が如実になり、業績の優劣が徐々にはっきりとあらわれるようになった。また、値上げをした新聞と値上げしなかった新聞の価格差が発行部数に大きく作用することが明らかになり、その結果「価格差戦争」が起き、新聞界の勢力図は大きく変化した。

この競争の結果、『読売新聞』は大幅に発行部数を伸ばし、ついに一九七六年一二月、『朝日新聞』を抜いてトップになった。また、あおりを受けて『毎日新聞』は業績が悪化、多額の負債を抱えるに至った。一九七七年一二月、経営の自主再建を図るために『毎日新聞』は株式会社毎日と改名して発行を中止、負債の精算へあたることとし、別に新社の毎日新聞社を設立、そこに発行権を譲り経営の再建に取り組むことになった。(7)

（4） ジャーナリズム批判の顕在化

「総ジャーナリズム状況」への批判

一九七〇年代後半になると、マスメディア化したジャーナリズムに対する批判が行われるようになった。新井直之は「総ジャーナリズム状況」と呼ぶべき現象があらわれつつあると指摘し、その特徴として、①ある特定の出来事にすべての種類のメディアが動員され、②その出来事の報道に紙面・番組をできるだけ割き、③しかもその報道の姿勢がすべて同じ、という三つの要素を挙げている（新井 1979）。そして新井は、この総ジャーナリズム状況が「大事件」をつくり出しているのだと主張した。

近年の大きな事件をふりかえってみると、すべてこの三つの特色が現れていることに気がつくだろう。事件が発生すると、新聞・ラジオ・テレビ・週刊誌・月刊誌を問わずすべてのメディアが総がかりで取材にあたり、活字メディアは紙面を大々的に割き、放送は特別番組を組み、そしてその報道内容がどれも似たり寄ったりだったりするはずである。こういうと、すぐに反論が起こるかもしれない。大事件ならば、すべてのメディアが総がかりで取材にあたり、紙面・番組で大きく扱うのは当然ではないか、と。しかし、私は大事件だから総ジャーナリズム状況になったのだとは思わない。総ジャーナリズム状況のゆえに、われわれ読者、視聴者は大事件だと思ってしまうのだ。（新井 1979：3-4）

新井は、この総ジャーナリズム状況が直接にはセンセーショナリズムと関係ないものの、容易にセンセーショナリズムに結びつくと指摘し、そのとき「書き得報道」が起こると述べて注意を促した。「書き得」とは、「真相がはっきりしない事件で、しかもどのように書き立てようとも、どこからも文句を言われる恐れがなく、したがって面白くセンセーショナリズムに書いたほうが得、という場合をいうジャーナリズム内部の用語」（新井 1983：148）である。

「発表ジャーナリズム」への批判

一方、原寿雄は、警察や官庁、そして企業の記者クラブで行われる発表、レクチャー、資料配付といったいわゆる「発表もの」に依存して、自らは取材や検証をしないで記事にするジャーナリストが増えていることに注目し、それを「発表ジャーナリズム」と呼んだ（原 1979）。

そして、記者クラブにおける「発表もの」は原則として「グッド・ニュース・オンリー・システム」に基づいており、バッド・ニュースを発表することはまずないと述べ、「発表攻勢による情報操作の時代が、まぎれもなく、日本に到来している」と警鐘を鳴らした。さらに、「この発表ジャーナリズム時代にどう対処するかが、そのまま報道管理、情報操作への対応策でもある」（原 1979：22）と述べ、今後の日本のジャーナリズムの課題を示唆した。

後に原は、この「発表ジャーナリズム」に関連する概念として「水流ジャーナリズム」という概念を示している。これは、本来は権力チェック機能を果たすのに使われるべき紙面や時間が、社会の上方ではなく下方に向かって流れている現象を指す（原 1990）。

「客観報道」に対する批判の高まり

また、この時期、「客観報道」に対する批判が高まった。批判の背景には、さきに述べた安保闘争やベトナム戦争といった政治が絡んだ社会的な出来事が相次いだことが関係している。

それらの出来事は、その経過を報道するだけで全容が把握できるような性格のものではなく、複雑で多義的なさまざまな要素を含んでいた。ジャーナリストは、単に事実を断片的に報道するだけでは不十分で、問題の本質を報道する必要性を感じていた。そのとき、「客観報道」はそうした報道を妨げる夾雑物として理解されることとなった。ジャーナリストのなかには、公然と「客観報道」を批判する動きがあらわれ、そこでは「記者自身の立場を明確に表明する一種の主観報道」が主張された（廣瀬 2003：5）。そこで模範の一つとされたのは、アメリカで活発化していたニュー・ジャーナリズムであった。

また、一九八〇年代に顕在化する問題報道の嚆矢となるような事件報道が起き、「客観報道」の妥当性に対してさらなる批判の声を投げかけることになった。この問題報道は、評論家の上前淳一郎による「支店長はなぜ死んだか」（『文藝春秋』一九七七年一月号）によって明らかにされた。上前は、『朝日新聞』のベテラン記者である疋田桂一郎の書いた研究レポートをもとにして、一九七五年に幼い娘を餓死させたとされるエリート銀行員が、翌一九七六年に有罪判決を受けた後に自殺するにいたった事件において新聞報道が果たした役割を検証した。

この事件の発端となった銀行員の娘の直接的な死因は、拒食症に陥ったことであった。しかし、娘が知恵遅れであったことから、警察は銀行員が故意に娘を殺したとの疑いをもち、またそのように事件を発表した。新聞は警察の発表をそのまま報道したばかりか、さらにセンセーショナルに報道した。裁判所は娘の死因が拒食症であることを認め、銀行員の罪を軽微なものとしたが、銀行員は帰路、列車に飛び込んで自殺した。新聞をはじめとするマスメディアの報道によって、社会的に厳しく制裁された結果であった。

上前はこうした疋田のレポートを紹介して、銀行員を自殺にまで追い込んだ新聞の報道には「客観報道主義のひずみ」があらわれていると厳しく批判した。そして、新聞が売っているのは「真実」でも「正確さ」でもなく「客観」なのであり、新聞は「警察的真実」と「総評的真実」を併記しているに過ぎないと揶揄した（上前 1977：393）。そして「多くの新聞批評者たちの〔新聞に対する〕批判は、つまるところ客観報道主義の弊害への攻撃にほかならないのではないかと、私はつね日ごろ思っている」（上前 1977：394〔 〕内は筆者による補足）と述べ、新聞報道における諸悪の根源は「客観報道」にあるとの主張を展開した。こうした上前による、問題報道の理由をすべて「客観報道」へと収斂させる観点は、その後の一九八〇年代の「客観報道」批判のひな形といえるだろう。

2 ジャーナリズム研究の停滞と再検討

(1) 新聞からテレビへ

「ジャーナリズムからマスコミへ」

戦後から一九五〇年代まで、ジャーナリズム研究の対象となるメディアは、主として新聞であった。しかし一九六〇年代に入ると、研究者の関心は、新聞からテレビへと推移していった。同時に、その研究テーマは、ジャーナリズムからマス・コミュニケーションへと推移した。たとえば、一九六〇年代前半の日本新聞学会の学会発表や、その学会誌『新聞学評論』の掲載論文を概観すると、「放送」、「コミュニケーション」、「マスメディア」、「マス・コミュニケーション」といったことばが多くを占めている。『新聞学評論』は創刊号以来サブタイトルとして「マス・コミュニケーションの綜合研究」が採用されていたが、そのサブタイトルのほうが研究の主流となったのであった。

井上吉次郎は、一九六五年、『新聞学研究』一五号に掲載された論文「ジャーナリズムからマスコミへ」において、「ジャーナリズムの語が、われわれの社会普通の用語から消え、いま、それに代わり最も一般に通用されるのは、マスコミの語である」（井上 1965：1）と述べた。そして、研究者も同様にジャーナリズムよりもマス・コミュニケーションへその関心を推移させているとして、次のように揶揄した。

東大新聞研究所の主要学徒はじめ各大学の研究者、町の新聞学徒等相当多数研究者が、今日、放送理論と実際について興味を持って研究を続けている。新聞学者といっても、純粋に新聞だけを研究対象としているものは、そう多くはいまい。世間がマスコミに走ったように、学者もマスコミに興味をわかす。その連中に新聞の古い殻に閉じ籠り、「放送なんかに手を出す勿れ」なんていったら、それこそ学の自由の冒瀆だと目をむくであろう。（井上 1965：17）

研究関心が推移した理由

このような状況が生じた理由としては、二つ考えることができる。

第一に、強い影響を受けた外国の研究動向が変化したことである。戦前の日本はドイツから強く影響を受けたため、研究者はドイツで隆盛を極めた「新聞学」に取り組んだが、第二次世界大戦後はアメリカから強く影響を受けたため、アメリカで盛んになりつつあった「マス・コミュニケーション研究」に取り組むようになったとする見方である。

和田洋一は、こうした一九六〇年代の日本のジャーナリズム研究の変動に対して、批判的な目を向けた（和田 1985）。戦前からジャーナリズム研究に関わり続けてきた和田は、日本の研究者の変わり身の速さについて、次のように述べている。

大正の終わり、昭和のはじめに青春期を送ったわたしは、日本の学者、大学教授がドイツの学者、大学教授に頭があがらなかったこと、ドイツの学説を得意になって紹介するけれども、批判しなかったことを覚えている。……敗戦後、日本の研究者にとってドイツがアメリカに変わり、アメリカのマス・コミュニケーション論の調子がよければ追随し、向うが先細り状態になれば、こちらも先細り状態になるとは、いかにも情けない、とわたしも思うだけ思った。（和田 1985：94）

和田は、一九六〇年代のアメリカでマス・コミュニケーション研究が一時期停滞し、代わりにコミュニケーション研究が盛んになった現状がそのまま日本の研究にも影響を与えており、それはジャーナリズムを主たる研究対象として旗揚げしたはずの日本新聞学会の動向にも如実にあらわれていることを指摘した。「日本のマス・コミュニケーション論は衰退の時代に入り、日本新聞学会はジャーナリズム時代に入るのではなく、コミュニケーション時代に入ってしまった」（和田 1985：94）。このように、和田は独自性をもちえない日本のジャーナリズム研究に対して批判的な見解を示したが、その批判は戦前から続く小野秀雄や小山栄三によるドイツ新聞学の系譜に対しても向けられている。

いずれもドイツの新聞、ドイツの新聞学者によりかかること大であったが、日本は何分にもマスコミ大国なのであるから、ドイツの学者の研究がどうであろうと、日本人の力でジャーナリズム、マス・コミュニケーションの学問的研究を推進せねばならないのではないか。（和田 1985：97）

和田自身が自らの批判に値するジャーナリズム研究を行ったかどうかは別にして、日本のジャーナリズム研究の性格を鋭く批判したこれらの言説は貴重である。

第二に、いうまでもなくテレビの急激な発達がある。一九五三年二月一日のＮＨＫによるテレビ放送開始、一九五〇年代後半の民放各局の開局、一九六〇年九月のアメリカ、キューバに次ぐ世界で三番目のカラー放送を経て、一九六〇年代、テレビは日本のマスメディアの中心としての立場を獲得した。そしてなお、テレビは成長する可能性を示していた。

こうした社会状況が、研究者にとって新聞よりもテレビを、ジャーナリズムよりもマス・コミュニケーションを研究対象として選択させるモチベーションとなったことは確かであろう。

(2) ジャーナリズムの激動と研究の停滞

少ない六〇年代のジャーナリズム研究

このような状況を反映して、一九六〇年代のジャーナリズム研究は非常に少ない。なかには、金戸嘉七の「報道の真実性についての一考察」(一九六一年、『新聞学評論』第一一号)や「「と見られている」考」(一九六二年、『新聞学研究』八号)、山本明の「イデオロギーとジャーナリズム」(一九六二年、『人文学』第六一号)等、現在のジャーナリズム研究につながるような優れた研究はなされていたが、ジャーナリズム研究全体としては停滞していた。

ジャーナリズム自体が同時に停滞していたわけでは決してない。一九六〇年代、ジャーナリズムはまさに激動のなかにあった。けれどもジャーナリズム研究は、本来注目すべきそれらジャーナリズム状況に対して、具体的な分析や問題提起をほとんど行うことができなかった。

それは日本におけるジャーナリズム研究の中心、日本新聞学会においても同様である。初代会長の小野秀雄は一九五一年の創立時の挨拶で、日本新聞学会の目的として「学界」と「実際界」の接点となることを強調した。しかし一九六〇年代のジャーナリズム研究において、その目的の実践はほとんどなされなかった。そうした事例について、日本新聞学会におけるジャーナリズム研究に焦点をあてていくつか挙げてみよう。

日本新聞学会におけるジャーナリズム研究

一九六〇年、安保条約改定に対する社会的な動きが激化する過程で、新聞がその報道面における主義主張のあり方を強く問われた時期があった。こうした状況に対して、学会では、一九六一年度春季研究発表会において、川中康弘、ロバート・C・ドレスマン、相場均による共同研究「昭和三五年六月の新聞紙面の分析――六・一五事件を中心として」が報告された[8]。しかし、これ以外の「六〇年安保をめぐる新聞報道の研究発表はみられない」(総合ジャーナリズム研究所 1981：34)[9]。

一九六五年、アメリカによるベトナムへの介入が本格化し、日本のジャーナリズムではベトナム報道が活発となった時期があった。政府による相次ぐベトナム報道への干渉や弾圧に対して、報道というもののあり方が強く問い直され、ジャーナリズム内外からの批判や批評が高まった。また、テレビ報道は新しいジャーナリズムとして注目されつつあった。しかし、「学会レベルでこれらの動きに関連する研究と討議は皆無に近い」(総合ジャーナリズム研究所 1981：35)。

一九六九年、世界中で学生運動がエスカレートし、社会不安が増大した時期があった。そうしたなか東大紛争の頂点となった「安田講堂事件」が起こった。安田講堂事件とは、一九六九年一月一九日、全共闘系学生が封鎖する東京大学に入った約八五〇〇人の機動隊が、安田講堂を占拠した学生たちを排除し封鎖を解除した事件のことである。学生、機動隊ともに重軽傷者を多数出し、逮捕者も六〇〇人以上にのぼった。一九六〇年代末に吹き荒れた学生運動の象徴的事件である。この模様は二日間にわたりテレビで実況中継され、全国民の注目を集めた。そしてこの事件を長時間中継し続けたテレビ報道のあり方に対して、ジャーナリズム内外から批判が高まった。しかし、「学会ではこれらについて正面から分析検討されたことはない」(総合ジャーナリズム研究所 1981：36)。

このように、ジャーナリズム研究、具体的には日本新聞学会は、研究対象としてのジャーナリズムについて事欠かなかったにもかかわらず、一九六九年に「ジャーナリズム論の再検討」という取り組みがなされるまで、当時のジャーナリズムを具体的な研究対象として取り上げること、問題提起することがほとんどできなかった。たとえば、「ジャーナリズム論の再検討」がなされるまで、日本新聞学会はジャーナリズムに関するシンポジウムを二回開催している。一九六〇年の秋季研究発表会での「新聞の自由について」[10]、一九六三年の秋季研究発表会での「日本の新聞」[11]である。前者は日本の新聞の自由について、後者は日本の新聞の歴史に関するシンポジウムであったが、どちらもジャーナリズムの現状を対象としたものではなかった。

当時の研究状況を顧みれば、これはジャーナリズム研究の怠慢というよりも、ジャーナリズム研究全体が停滞してマス・コミュニケーション研究が主流となりつつあった現状を反映するものと考えられるだろう、また、ジャーナリズムの激動に対して、それを取り巻く社会に対して、どのような態度を示すべきかの迷いが結果として現状を研究対象とすることを躊躇させたとも考えられる。その場合、その後の批判研究の顕在化は、迷いを打破することを望む流れが引き起こした現象として捉えることができよう。

（3） 批判研究の顕在化

『総合ジャーナリズム研究』の発刊

一九六〇年代半ばになると、ジャーナリズムの存在意義を問い直そうという動きが生じはじめる。これは、安保闘争やベトナム戦争における報道で、ジャーナリズムがその役割を十分に果たしていないことに対する批判というかたちであらわれた。また、当時政府がマスメディアに対してさまざまな干渉をしてきたことも、問い直しの動きの要因となった。こうした動きは、やがてジャーナリストや評論家、ジャーナリズム出身の研究者によるジャーナリズムを批判する研究の流れ、いわゆる批判研究の母胎となる。

そうした流れを受けて、一九六四年、総合ジャーナリズム研究所から『総合ジャーナリズム研究』が発刊された。その「発刊のことば」では、ジャーナリズムの現状を次のように批判している。

新聞ジャーナリズムは、長い歴史の洗礼のもとに、きびしい自己鍛錬を積み重ねて、世論のリーダーシップを握ってきた。しかし今や新聞はそのリーダーシップを自ら放棄しつつある。新聞に関心をもつ多くの有識者から、このことを指摘されてからすでに久しい。……国民は新聞ジャーナリズムに対して、不満と不信の念を次第に高めつつある。安保闘争のときのような、激しい積極的な批判ではなく、無言のうちに信を次第に失ってゆくことのほうがむしろ重大である。しかも、その結果は、政治そのものに対する不信となっていく。政治に対する不信はもちろん政治家にその責任の大半を求めるべきであろうが、ジャーナリズムの不振もその原因をなしていることは明白である。（総合ジャーナリズム研究所 1964：2-3）

そして「社会的責任を貫く勇気」をもつこと、「政治的不安に耐えうる国家の精神構造を支える主柱たる役割」を果たすことがジャーナリズムに要求されているとした。また、これらの重大な使命を将来に負わされているにもかかわらず「今の日本新聞界は当面あまりにも困難な問題を多く抱え込んでいる」として、同誌の役割を「このようなマスコミの実態を調査究明し、良識的批判を誌上に動員し、今後のあるべき正しい映像を描き出そうとするものである」（総合ジャーナリズム研究所 1964：3）と位置づけている。これらの主張は、ジャーナリズム研究におけるその後の批判研究の位置を象徴している。

批判研究はジャーナリズムが問題を起こすたびに活発になり、やがて研究の主流となっていく。

ジャーナリズム研究の再検討

一九六〇年代も終わりに近づくと、ジャーナリズムに対する批判の高まりは、アカデミズムの側にも再度ジャーナリズムを研究対象として認識しようとする機運を生じさせた。

一九六九年、日本新聞学会の学会誌『新聞学評論』第一八号では「ジャーナリズム論の再検討」と題する特集が組まれている。この特集企画において中心的な役割を果たした山本明は、日本のジャーナリズム研究が理論的な研究をおざなりにしてきたことを反省し、特集の冒頭で次のように述べている。

> この号がジャーナリズム論特集であることに、いささかとまどいの感をもつ読者もおられるだろう。日本新聞学会はこれまで新聞学、マス・コミュニケーション論についてとりくんできたが、学会としてジャーナリズム論を対象にしたことは、これがはじめてなのだから。(山本 1969a : 6)

このことばに続けて、山本は特集を企画した理由を三つ挙げた。第一に、アメリカ渡来のマス・コミュニケーション理論が先細り状態にあることである。「マス・コミュニケーション論の再構築をめざす試みがいくつかなされているが、それらの大部分が戦前および、戦後しばらくの時期のジャーナリズム論をエネルギー源にしていることは、注目してよい事実である」(山本 1969a : 6)。第二に、現実の状況に対するアプローチにおいて、マス・コミュニケーション論では十分に把握できないからである。「いまや、新聞ジャーナリズム論、テレビ・ジャーナリズム論の確立がマス・コミュニケーション理論の確立にもまして緊急の必要性をもっている」(山本 1969a : 7)。第三に、日本のジャーナリズムの歴史は、栄光と恥辱の歴史であるが、その恥辱——とくに第二次世界大戦に反対し得なかった恥辱——を忘れ、そのレーゾン・デートルだけが語られる傾向が強まりつつあるからである。「この恥辱を忘れぬために、ほおかむりをつづけさせぬために、そして恥辱を栄光にすりかえる偽造を許さぬために、ジャーナリズムの本質と歴史との対応がくりかえし問われなくてはならない」（山本 1969a：6）。

こうした山本による問題提起を受けて、同年六月には日本新聞学会で同名のシンポジウムが開催された[12]。しかしながら、こうしたジャーナリズム研究を捉え直そうとする試みは「じゅうぶんに実を結んだとは思われない」（和田 1986：94）。以後、ジャーナリズム研究における理論研究は再び停滞する。そしてジャーナリズム研究の主流は、批判研究へと移っていった。

また一九七〇年代も終わりに近づくと、ジャーナリズム研究の主流を形成したわけではないものの、独自の視点からジャーナリズムを鋭く考察する研究があらわれた。それはさきに取り上げた新井直之の「総ジャーナリズム状況」（新井 1979）という観点であり、原寿雄の「発表ジャーナリズム」（原 1979）という観点であった。

3 「客観報道」に関する言説

ここでは、一九六〇年代から一九七〇年代にかけてのジャーナリズム研究のテクストのなかから、「客観報道」に関する言説が語られているものをとくに取り上げ、その言説を分析していく。当時のジャーナリズム研究の状況を反映して、一九六〇年代前半のジャーナリズム研究のテクストは少ない。したがって、分析の対象となるテクストは、結果として一九六〇年代後半以降のテクストが多くを占めている。

一九六〇年代半ばから活発化した批判研究において、「客観報道」はジャーナリズムを批判することばとして語られはじめていた。さきに取り上げた『総合ジャーナリズム研究』創刊号の「発刊のことば」には、次のような一文がみられる。

客観的報道の美名にかくれて、自らの批判精神、つまり言論機関としての主体性を失ったこと、しかもそれこそが近代的マスメディアの本質であるかのように錯覚している傾向が強くなりつつある。政治に対する安易な批判、低俗な多数迎合主義、社内外の圧力に対する無気力な妥協主義など、具体的な事例をあげるまでもなく、心ある人ならば必ずや気づいていることであろう。(総合ジャーナリズム研究所 1964：2)

しかしながら、「客観報道」に関して具体的な説明を加えているテクストは多くない。ここで分析されるテクストは、「客観報道」について、ある程度具体的な説明を加えていることを基準として選択している。そのため、「客観報道」についての言及がみられても、具体的な説明が少ないためにあえて取り上げなかったテクストもある。

(1) 小山栄三『新聞学原理』

マス・コミュニケーション研究を加味した新聞学

東京帝国大学新聞研究室設立時の研究員という経歴をもち、戦後も精力的に新聞研究に取り組んだ小山栄三は、一九六九年に刊行した『新聞学原理』(同文館)において、「ニュースの構造と誤報の原因」という観点から「客観的事実の報道」に関する言説を展開した。

『新聞学原理』は、戦前の小山の著書『新聞学』(一九三五年、三省堂)に「最近の学説を加えることによって全面的に改訂し、さらに新しい資料を加えることによってマス・コミュニケーションの体系化を試みようとしたもの」(小山 1969：序文)である。そして、その内容は、ドイツの新聞学の土台にアメリカのマス・コミュニケーション研究を加味したものになっている。その際、小山はドイツとアメリカの研究を比較して次のように述べている。

ドイツ生れの「新聞学」はドイツの学風を示し、その研究は巨視的《マクロスコピシ》であり、思惟構成的であり、全体的であり、一応、体系構成の枠が完成しているのに対し、アメリカ生れの「コミュニケーション研究」はアメリカの学風を示し、微視的《ミクロスコピシ》であり、局所的調査を基礎とした仮説の普遍化であり、分析的であるが、体系構成の枠付けまでには進んでいない。（小山 1969：序文　ふりがなは原文）

報道と「客観的事実」

小山は、報道とは「純然たる精神的種類の生産財、消費財」（小山 1969：214）であると述べた。そして「ニュースの構造と誤報の原因」における「客観的事実」について、次のように説明した。

報道はすでにその字の意味するとおり、自分自身がその社会事実に直面することによって、その事実を了解する終結的な行為ではなくて、その事実認識によって形成された意識内容を——他人から自分へ、または自分から他人へ——伝達する連絡的な行為である。したがって、新聞の内容は単なる客観的社会事実の純粋な反映ではなく、記者の主観によって形象化された客観的事実の報道なのである。（小山 1969：215）

小山にとって報道とは、記者が「客観的社会事実」を自らの「主観性」によって形象化することによって生じる「客観的事実」を伝える行為である。したがって、「客観的社会事実」≠「客観的事実」という認識がなされている。

この「客観的社会事実」≠「客観的事実」という認識は、前章の小野秀雄『新聞原論』（一九四七年、東京堂）

の個所で指摘した「客観的事実」≠「現実的事実」と同様の考え方である。小山の「客観的社会事実」、小野の「客観的事実」は、それぞれ報道される以前の状態で存在している「事実」であり、小山の「客観的事実」と小野の「現実的事実」は、それぞれ報道によって対象化した「事実」である。こうした考え方の一致は、小山と小野がいずれもそのジャーナリズム研究が戦前のドイツ新聞学に由来していることを示唆する。

介在する「主観性」

それでは、小山は記者の「主観性」について、どのような解釈をしているのだろうか。

> そこにはなんらかの意味における記者の選択意思、批判が混入されているのであって、この立場から見るならば、ニュースはいずれも一定の記者の世界観なり、人生観なり、社会観の支配を受けている構成された、または解釈された社会事実の知識なのである。なんとなれば、社会事実自身が文字に変ずることはできないからである。（小山 1969：215）

ここでは「報道の内容」そのものが、「一定の記者の世界観なり、人生観なり、社会観の支配を受けている構成された、または解釈された社会事実の知識」であると述べられている。小山は続けて「記事の内容を最初に規定するものは、新聞の場合では多く通信員、記者の人格関係《パーソナリティ》——素質の問題に帰されるものである」（小山 1969：215　ふりがなは原文）とも述べている。したがって、「報道の内容」には原則として「主観性」が介在する。「客観性」は存在しない。「社会事実自身が文字に変ずることはできない」のである。小山はそうした主張をさらに強調する。

元来、事件そのものが文字にならない限り、その事件を記事にするのは人間たる記者である。そのうえ一年もかかった事件でも二、三行でかたづけなければならない。したがって、いかなる客観的事実であったとしても、記者の主観的影響をうけないわけにはいかない。また、誤記、誤聞、校正の誤りとか、記者の錯覚等いろいろと考えられる。すなわち、ニュースは、ある程度の歪曲をもたなければニュースたり得ない宿命をもつ。(小山 1969：216)

このように、小山は「報道する内容」には「主観性」が必然的に介在するゆえに「客観性」は存在しないと指摘する。したがって、その観点から語られる「客観的事実の報道」は、実際には不可能な、ジャーナリズムの建前として認識されている。「客観性」の存在を疑わないことが「ニュースの構造と誤報の原因」なのであり、「新聞のこの第三者性——中間介在性——はまた往々新聞記事の誤謬の問題として現われる」(小山 1969：216)。

しかしながら、その「客観性」についての具体的な説明はない。「主観性」が介在するから「客観性」は存在しないという主張となっている。したがって、その否定された「客観性」は、〈没主観性 (non-subjectivity)〉として解釈されていることが読み取れる。また、「客観的事実」は、「報道の主体」によって解釈された「社会事実の知識」であると解釈されている。「報道する内容」は「報道する主体」の「純然たる精神的種類の生産財」であり、その「主観性」は必然である。このとき、「客観的事実」は「客観的社会事実」を反映したものではないと述べられていることから、そこで否定された「客観性」は、〈反映性 (reflectiveness)〉として解釈されている。

このように、「報道する主体」と「報道する内容」に「客観性」が要求されているが、前者の「客観性」である〈没主観性〉、そして後者の「客観性」である〈反映性〉はいずれも不可能であり、したがって「客観的事実の報道」は不可能であると小山は結論づけている。

（2） サミュエル・G・ブラックマン「現代の新聞はどうあるべきか」

欧米の「客観報道」言説の紹介

当時、AP通信の記者を経て大学でジャーナリズムを講義していたサミュエル・G・ブラックマンは、一九六九年に『Saturday Review』誌に掲載された「現代の新聞はどうあるべきか」において、「新聞に対する批判」という観点から「客観報道」に関する言説を展開した。

なお、一九七〇年に『総合ジャーナリズム』五〇号に掲載された「現代の新聞はどうあるべきか」は、阿野二郎によって全訳されたものである。したがって、本論文は「現代の新聞はどうあるべきか」と題されているが、その対象となる新聞はあくまでアメリカの新聞であり、日本の新聞ではない。そのため、日本のジャーナリズム研究のテクストを言説分析することを目的とする本書の分析対象とは本来ならないが、『総合ジャーナリズム』が本論文を掲載した意図を考慮し、あえて分析の対象とした。

「客観報道の心得」

論文の冒頭でブラックマンは、「新聞記者は自分が事実として知っていることを、事実として報道し、自分が知らないことはソース（ニュース源）を引用して報道する」（ブラックマン 1970：131）ことを、新聞記者の基本的な原則として述べる。その上で、「客観報道の心得」として次のように述べた。

新聞に対する批判は、その時々の感情的な問題とともに高まる。いまはベトナム戦争、黒人街の騒ぎ、大学の反乱、社会の興奮などが、賛否両派の系列化を招いている。たとえ新聞がどんなに客観的に事実と問題を提示しようとも、大多数の人間にはそうした客観性がわからない。これはどんな問題についても、いえることで、もし読者が自分の立場に好ましいような記事を読むと、それを客観的だと考え、気に入らないと新聞に毒づく。（ブラックマン 1970：132）

ここでブラックマンは、「客観報道」を「客観的に事実と問題を提示」することであるとみなしている。そして、読者をその「客観性」を納得させるのは困難であると「心得」を述べている。

複数の「客観性」

それでは、ここでブラックマンが述べる「客観性」とは何だろうか。ブラックマンは、次のようなたとえ話を用いて説明する。

客観性とは、米国のグランド・キャニオン（大峡谷）を初めて見たときの牧師と地理学者とカウボーイのそれぞれの意見がちがったように、人によってそれぞれちがう。牧師はグランド・キャニオンを初めて見て「神の手になる奇跡のひとつ」といい、地理学者は「科学の驚異」と感嘆し、カウボーイは「ふん、ウシを育てるには、とんでもない地獄だ」とけなしたのである。（ブラックマン 1970：133）

この説明が示しているように、ブラックマンは記事の「客観性」は、読者の立場によって変化すると述べる。「客観性」は読者の数だけ存在するのである。

このとき「客観性」は、読者の立場からみて価値が偏っていないことを意味している。したがってこの「客観性」は、〈不偏性（impartiality)〉、より具体的には〈均衡性（balance)／非党派性（non-partisan)〉とほぼ同義である。

「客観報道」批判の肯定

このようにブラックマンは、すべての読者が納得するような「客観性」は存在しないことを示唆する。「客観報道」は、読者の立場によって評価が左右されるゆえに、常に批判を浴びざるを得ない。しかし、ブラックマンはそうした批判に対しては肯定的である。それは次のような一文からも明らかである。

> 今日の読者は何よりもまず真実性を求め、何かかくされた別の目的のために〝事実〟をねじ曲げようとする魂たんがあるのではないかと、皮肉な目で物をみる。これは新聞にとってはきわめて優秀な読者である。そのために新聞の側が、こうした今日の読者の気質を正確につかみ、適切な技術を行使して、その複雑・高度な要求に答えねばならない。（ブラックマン 1970：134）

「客観性」をどの読者にも納得されるように示すのは困難である。しかし、それを求める読者からの要請に対して可能なかぎり応えることがジャーナリストの義務である。なぜなら、そうしたたゆまない「客観報道」実践の努力こそ、結果としてジャーナリズムの質を向上させるからである――ブラックマンは、そのように主張する。

ブラックマンは「客観報道」を、「報道する主体」の「客観性」である〈均衡性／非党派性〉によって成立する報道であると述べた。ここで「報道する内容」の「客観性」については触れられていないが、「客観的に事実と問題を提示」（ブラックマン 1970：132）と述べていることから、その「客観性」は〈事実性（factuality）〉、より具体的には〈真実性（truth）〉に対応していることが示唆される。〈真実性〉が可能となる条件については触れられていない。

（3）小林信司『新聞の行動原理』

新聞の行動原理の追求

『毎日新聞』大阪本社編集局長を経て、大学で新聞学を講義していた小林信司は、一九七一年に刊行した『新聞の行動原理』（毎日新聞社）において、「事実と再現のプロセス」および「客観報道の限界」という観点から「客観報道」に関する言説を展開している。

『新聞の行動原理』の目的は、「新聞を発行するという行為を、重大な社会行為と認めて、其行動原理を追求すること」（小林 1971：2）であるが、その内容には新聞かくあるべし、新聞記者かくあるべしという主張が目立つ。そして、その内容は小林の新聞記者としての経験が前提とされており、その意味で実用学的ジャーナリズム論の系譜、批判研究の範疇に属する。

「客観報道」の原則

小林は「事実と再現のプロセス」という観点から、「客観報道」を次のように説明する。

事実は確実に実在するものであり、それは客観的に存在し実証的に証明できるものであるとされている。新聞はフィクションや夢物語ではないから、架空や想像ででっちあげるものではなく、あくまで客観的、現実的事実によってつくられる。事実にもとづくニュースは、筆者の主観を混じえずあくまで客観的に、事実に忠実に正確に書かれなくてはいけない、というのが今日いわれている「客観報道」の原則である。（小林 1971：47）

この説明において、「客観報道」の「客観性」は二つの要件から語られている。まず、「筆者の主観を混じえずあくまで客観的に」という記述から〈没主観性（non-subjectivity）〉として語られていると解釈できる。そして「事実に忠実に正確に書かれなくてはいけない」という記述から、〈真実性（truth）〉として語られていると解釈できる。しかしここでの説明は、「客観報道」を説明するのに「客観的に報道すること」という言葉が入るトートロジーとなっている。

「客観報道」の不可能

以上のように「客観報道」について説明した後、小林はその限界を指摘する。「事実を事実として確認するのは観察者である新聞記者の知覚であるから、いかに客観的であろうとしても純粋に客観的ということはあり得ない。したがって客観報道ということには自ら限界がある」（小林 1971：48）。ここで小林が不可能と述べているのは、〈没主観性〉についてである。

このように、小林は「事実と再現のプロセス」という観点から「客観報道」の不可能性を主張する。そして、さらに「客観報道の限界」（小林 1971：135）という観点からその不可能についてコメントを加えた。そのとき小林は、プレス・コード第一条と新聞倫理綱領第二条イが「客観報道」の原則の原点であることを指摘した上で、「客観報道」について再度説明を加えている。

> 事実が真実であるためには、個々の事実について、単に正確であるというだけでなく事実のもっている真実（真相）をとらえ、また全体としてバランスのとれた忠実な反映でなければならない。そのためには出来るだけ記者の主観を排除し、何よりまず純粋に客観的な態度が必要である、というのが現在の新聞に課せられている「客観報道の原則」である。（小林 1971：135　傍点は原文）

ここで「客観報道」の「客観性」は、先述の説明同様に〈没主観性〉と〈真実性〉として語られている。小林はこのように説明した後、「客観報道の限界」について「一応理屈はわかるが、主観と客観がそんなに器用に使いわけけられるものでも」ないとして、次のように述べた。

人間の知的所産である新聞の作業が、所在のはじめから編集作業に至るまで、ことごとくが人間の頭脳と感覚を通しておこなわれる価値と選択の行為であることを思えば、客観主義に限界があるのは当然であり、客観報道と称することさえ思い上がりで、おこがましいことになる。仮に一歩譲って、一応客観的に正確忠実に伝え得たとしても、単に事実を事実として報道するだけで、新聞は責任を果したといい得るかどうか。

（小林 1971：138）

ここで再度強調されているのは、〈没主観性〉の不可能である。また、「客観報道」を説明するのに「客観的に正確忠実に」というトートロジーがここでも用いられている。こうした記述は、小林が「客観報道」の「客観性」として、「正確忠実」を意味する〈真実性〉よりも、〈没主観性〉を強く意識していることを示唆する。

小林による「客観報道」の解釈は、「報道する主体」と「報道する内容」の両方に「客観性」を必要とするというものである。「報道する主体」の「客観性」は、「筆者の主観を混じえずあくまで客観的」であることが求められる。したがって〈没主観性〉に対応している。「報道する内容」の「客観性」は、「事実に忠実に正確」であることを求められる。したがって〈真実性〉に対応している。しかしながら、それらの「客観性」は不可能であるというのが小林の主張である。そして「客観報道の限界」に対する処方箋は、「真実に肉薄しようとする努力」（小林 1971：144）のなかにこそあると指摘した。

（4） 千葉雄次郎『知る権利』

現場の視点からのジャーナリズム論

千葉雄次郎は、一九七二年に刊行した『知る権利』（東京大学出版会）において、新聞の「職業としてのジャーナリズム」という観点から「客観報道」に関する言説を展開している。『知る権利』を著した当時、千葉は『朝日新聞』東京本社編集総長、東京大学新聞研究所教授等を経て、『朝日新聞』の顧問を務めていた。

この著作の副題は「現代の新聞自由」となっており、「機会あるごとに現代社会の自由な新聞について説いてきた」（千葉 1972：6）千葉が、過去二〇年間に発表してきた論文を取りまとめたものである。

日本の新聞の党派性

千葉は、日本の新聞の党派性を歴史的に概観して次のように述べる。

> 新聞の歴史からいうと、新聞というものは本来はすべてパーシャル（党派的）な立場でつくられたということがいえる。……しかし、今日の事情のもとにおいては、そうはいかない。現在日本の商業新聞は不偏不党ということを掲げている。地方新聞の場合には、まま党派的色彩をもっている場合があるかもしれないが、だいたい不偏不党で、そういう意味では公正な、客観的な報道をしているといっていい。（千葉 1972：49）

そして千葉は、「客観報道」は報道だけではなく論説にも適用されるべきだとして次のように述べる。

現代新聞の要請としては、ニュース報道における客観報道と同じ原則を論評のほうにも適用して、やはり各種の意見を報道しろということがいわれている。だがこれは右にも左にも賛成するな、どっちつかずの論説がいいのだということではない。新聞はもともとはっきりした主張をもつべきなのである。意見についてできるだけ各種の意見を紹介しろというのは、意見の報道をも一つのニュースという観点に立ってみて、客観報道の原則に立てということである。（千葉 1972：49）

この不偏不党、すなわち〈独立（independent）〉の立場から「客観報道の原則に立て」という主張における「客観性」は、「意見についてできるだけ各種の意見を紹介しろ」に対応している。したがって、この「客観性」は〈不偏性（impartiality）〉、より具体的には〈均衡性（balance）／非党派性（non-partisan）〉に対応している。

「客観報道」の原則とその反省

千葉は、「客観報道」について次のように説明する。

客観報道ということをいろいろ述べたが、新聞のニュースの扱いはできるだけ客観的で、ディスインタレスト（没利害）の立場でなくてはならないということは、新聞が報道主義すなわちニュースを主とする時代に入ってからつちかわれてきた原則である。ところが今日では、客観報道に対しても一つの反省が起こっている。客観報道として、〝だれが、どこで、何をした〟それだけではどうもはっきりわからない。ある場合には、真相を見誤る。それに対してはやはりディスインタレストの立場から解釈をつける必要がある。（千葉 1972：50）

「真相を見誤る」場合の例として、千葉は次のように述べる。「新聞記者がいちばん弱いのはニュースである。ニュースをちらちら見せられると飛びついていく。自分では客観的なニュースだと思っても、ネタを出す側からいうとまんまと新聞が宣伝の材料に使われるということがだんだんふえてきている」（千葉 1972：51）。こうした千葉の意見は、「発表ジャーナリズム」につながる観点であるといえる。

千葉の意見をまとめると、「客観報道」は「報道する主体」と「報道する内容」の両方から求められているということになる。

「報道する主体」の「客観性」は、「不偏不党で、そういう意味では公正」、または「各種の意見を報道」であることが求められる。したがって、〈均衡性／非党派性〉に対応している（〈独立（independent）〉の意味も含む）。そして「報道する内容」の「客観性」は「〝だれが、どこで、何をした〟それだけ」であるとされている。この「客観性」について、千葉は「客観的というのは、どこで何が起こった、だれがどういったということをニュースの入るままに、そのまま報道することである」（千葉 1972：51）と説明している。したがって「事実性」における〈真実性（truth）〉、そして〈反映性（reflectiveness）〉に対応している。

このように千葉は、「客観報道」には「報道する主体」と「報道する内容」の両方に「客観性」が必要とされるが、「報道する内容」の「客観性」は「真相を見誤る」可能性があるゆえに、「報道する主体」の「客観性」によって解釈される必要があると述べる。そして、これらの「客観性」は必然ではなく、必要なものとして考えられている。

（5） 新井直之『新聞戦後史』

ジャーナリストの主体性

『共同通信』の記者であると同時に立教大学や法政大学で講義を担当していた新井直之は、一九七二年に刊行した『新聞戦後史』（栗田出版会）において、ジャーナリストの主体性という観点から「客観報道」に関する言説を展開している。

『新聞戦後史』は、単に「戦後の新聞の通史」を示すことを目的としているのではなく、現在の新聞産業において「現にどんな問題が存在しているのか、今後果たされねばならぬ課題はどのようなものであるのか」を「戦後の新聞の歩みの中から明らか」にすることを目的としている（新井 1972：405）。

ジャーナリズムの活動に求められるもの

「客観報道」について自らの見解を述べる前に、新井はジャーナリストの活動について次のように説明する。

> ジャーナリストは現実を把握し、解釈し、表現する。それは現実に対する思想活動であり、自己内部でのコミュニケーションの過程である。言いかえれば、報道とは現実に対する認識と表現のことであるが、現実についての認識とは主体による整序であり、表現とは主体による現実の再構成であって、ともに主体をヌキにしてはあり得ない。したがって、ジャーナリストがいわゆる主体性を持っているかどうかは別として、ジャーナリストの行動は主体的である。（新井 1972：235　傍点は原文）

ここで述べられている「主体的」とは、「主観的」と同義ではない。新井は主体的と主観的の違いを次のように説明する。

主観的とは、自らの固定的、もしくは先入的な現実像を持って現実を認識するということである。しかし、現実とは、そのような固定的もしくは先入的な現実像でとらえきれるほど単純でもなければ浅薄でもない。現実は常に流動的であり、かつての現実と同じ現実は二度と現れることはない。たとえ同じような相貌を持っていようとも、意味は必ず異なる。ジャーナリストは自らの固定的もしくは先入的な現実像を絶えず突きくずし、現実を再認識しない限り、真の現実像を認識することは出来ない。いわば自己否定こそが真の認識への道である。不断の自己否定こそが主体的であることを保証し、主観的に堕することを防御する。（新井 1972：235–236）

このように新井は、ジャーナリストは主体的に活動することが求められるのであって、それは主観的であることを否定することによって可能になるという見解を示す。

疑似報道としての「客観報道」

ジャーナリストの主体的活動の必要性を主張した上で、新井は「客観報道」を次のように解釈する。

「客観報道」とは、主観的な報道を排するという意味では理解し得るが、本来的に「客観的な報道」というのは形容矛盾なのである。敗戦直後から新聞資本によって提唱されてきた客観報道とは、事実を現実から切り離した断片的なものとして、矮小化して報道することへの要求である。他の事件との関連、その事件の本

質的な意味などについての主体的認識を、違法として阻却する。(新井 1972：236 傍点は原文)

そして、「「客観報道」とは主体による認識→主体による表現、と相反する疑似報道である」(新井 1972：236)と断じる。

ここで新井が「理解し得る」と語る「客観報道」の「客観性」は、主観性の否定である。したがって〈没主観性 (non-subjectivity)〉に対応している。しかし、〈没主観性〉の報道というのは形容矛盾であるとして、新井はそうした「客観報道」は不可能であると述べる。さらに、戦後、新聞資本によって提唱されてきた「客観報道」は、「事実を現実から切り離した断片的なもの」としてしまうと批判する。この「客観報道」における「客観性」は、〈事実性 (factuality)〉、具体的には〈真実性 (truth)〉に対応している。

したがって、新井は「客観報道」を「報道する主体」および「報道する内容」に「客観性」が求められる報道として理解しているといえる。そして「報道する主体」の「客観性」は〈没主観性〉として理解できるが、「報道する主体」の「主体性」が求められる以上、不可能であるとされる。また「報道する内容」の「客観性」は、報道を矮小化するがゆえに否定されるべきものという認識がなされている。

新井は「客観報道」という考え方がジャーナリズムの原則化となっていることを認識している。しかし、それは肯定的な認識ではなく、ジャーナリストの主体的認識を妨げるべく新聞資本が提唱してきた疑似報道であるという否定的な認識である。

(6) サンケイ・マーケティング編『現代新聞記者気質』

内部からの視点

一九七七年に刊行されたサンケイ・マーケティング編『現代新聞記者気質』(サンケイ・マーケティング、以下『現代新聞記者気質』と表記)は、ニュースにおける「主観主義から客観主義へ」という観点から「客観報道」に関する言説を展開している。

『現代新聞記者気質』の副題は「マスコミの内側からみた新聞報道の行動構造と新聞記者の深層心理」となっており、ジャーナリズム、具体的には新聞の内部からみた当時の新聞記者の気質が、くだけた表現で述べられている。

用語として語られる「客観報道」

「客観報道」の由来について、『現代新聞記者気質』は「戦後の米国が占領政策で、日本の新聞に客観報道というものを守らせた」(サンケイ・マーケティング編 1977 : 17)と述べている。ここでは、「客観報道」は戦後のアメリカの占領政策——おそらくはプレス・コード——によって日本に根付いたという考えが示されている。そして、「戦後の米国が占領政策で、日本の新聞に客観報道というものを守らせた」理由として、次のように述べる。

主観主義報道は、ファシズムを再び甦らせるおそれありとして、新聞の活動を、客観主義のワクをはめることで、がっちり縛り上げてしまったきらいがある。このため、客観報道の名の下で育った記者たちは、ニュース・ソースとなる警察や官庁につめかけて、官製のニュースの取りあいに、しのぎを削る習性がついてしまった。もちろん、戦前からも、この種のニュース・ソースが重要視されていたので、いっそうその傾向に拍車がかかったというべきであろうが……。（サンケイ・マーケティング編 1977：17-18）

ここでは、「客観報道」が「戦後の米国が占領政策」によって成立したという以外の具体的な説明をしていない。すなわち、既存の用語（term）として用いられている。

ニュース・ソースへの依存

『現代新聞記者気質』は、「客観報道」の「客観性」はニュース・ソースの提示によってなされるとしている。ニュース・ソースとは、「サツダネ、官庁ダネといった公正な第三者機関」（サンケイ・マーケティング編 1977：17）のことを指している。したがって「客観報道」は、次のような報道として説明される。

いずれにせよこれ〔GHQが「客観報道」を遵守するように指導したこと〕が契機で、あらゆる記事に客観性を尊重する気風がみなぎった「××省は、こうみている」「○○大臣の発言によると」……にはじまって、政治、経済、社会の在り方にかかわるニュースについての解説でも、すべて有識者や評論家という存在をわざわざ通して、記者の考えを代弁させることが通例となってしまった。この姿勢は、あらためて記すまでもないほど、衆知のことである。（サンケイ・マーケティング編 1977：18 〔 〕内は筆者による補足）

『現代新聞記者気質』はこのように述べ、「客観報道」の遵守が生み出した「あらゆる記事に客観性を尊重する気風」が、新聞記者をニュース・ソースとしての警察や官庁に依存させているとする。そして、その結果「近頃のヤング記者」は「特ダネレース」を「まったく古風きわまりないもの」（サンケイ・マーケティング編 1977：

17）とみなしていると嘆いてみせる。

『現代新聞記者気質』は、「客観報道」には「報道する内容」の「客観性」が必要であるとする。その「客観性」は、ニュース・ソースの提示によってなされるとされる。したがって〈事実性（factuality）〉、より具体的には〈真実性（truth）〉に対応している。しかしニュース・ソースの恣意的な利用によって「記者の考えを代弁させることが通例」になったとも述べており、暗黙のうちに「主観性」の介在を認めているとも考えられる。また、「報道する主体」の「客観性」については、具体的に言及していない。

『現代新聞記者気質』は、「客観報道」が可能か不可能かといった問題を提起しない。どちらかといえば、「客観報道」は可能、もしくは当然とみなされている。

（7）林三郎『新聞とは何か』

新聞を理解する手引き

『毎日新聞』記者を経て、大学で新聞学を講義していた林三郎は、一九七八年に刊行した『新聞とは何か』（PHP研究所）において、「ヒューマン・インタレスト・ストーリー」の弊害について言及した。その過程で、「客観的報道」に関する言説を展開している。

『新聞とは何か』は、林の前著『新聞をどう読むか』（一九七四年、PHP研究所）と同様に、「新聞とはどういうものか、ということを理解する手引き」となることを目的としている。そして「旧著は小冊子だったから、書きたくても書けないこともあった」内容を、新たにつけ加えたものとなっている。『新聞とは何か』の内容は、林の新聞記者としての経験が前提となっており、その意味で実用学的ジャーナリズム論の系譜、批判研究の範疇に属する。

必須条件としての「客観的報道」

林は、一九七八年三月一日付けの「ある新聞の社会面」（林 1978：53）に掲載されていたスモン病訴訟の判決の記事を例として取り上げる。そして、この記事が「「勝訴」の知らせは全国のスモン患者、薬害被害者の間を駆け抜けた」、原告の「ほとんど光を感じることのない黒いひとみが困惑に揺れた」、裁判長の声が「彼の視界と同じようなあいまいさで響いた」等と書かれていることについて、法廷の記者席から傍聴していただけの記者にそんなことがわかるはずもないと指摘して、次のように述べる。

　ほとんどすべてが、記者の創作である。よほど好意的に受けとっても、記者の推測に過ぎない。新聞本来の任務であるはずの「事実」の客観的な報道とは、どうしてもいえない書き方である。（林 1978：53-54）

林は、この記事の狙いが「読者の判断を、記者がねらった方向に誘導する」（林 1978：54）ことだけにあると苦言を呈する。そして、次のように痛烈に批判する。「これは「事実」の客観的報道ではない。記者の作文である」（林 1978：54）。

ここで「客観的な報道」は、新聞本来の任務であり、事実を報道することであるとみなされている。そして「客観的事実」の「客観性」は、〈事実性（factuality）〉、より具体的には〈真実性（truth）〉に対応している。そして記事の「客観性」は記事を書く際の必須条件として語られている。

「客観的報道」の不可能

このように、林は「客観的報道」ができていない記事を痛烈に批判する。しかし、同時に「客観的な報道はこんなにむつかしい」とも主張して、次のように述べる。

新聞の報道は、事実をそのまま、客観的に伝えることとされているが、事実を客観的に伝えることは、人間には不可能である。まして新聞は、初めから終わりまで、新聞記者の主観が働かなければ、製作できない商品である。（林 1978：61-62）

さきに痛烈に批判しながら、林は「客観的報道」は不可能だと主張する。ここで「客観的報道」の「客観性」は、〈没主観性（non-subjectivity）〉として説明されている。

また林は、自らの「私の新聞記者の経験」として、口の固い政治家の考えは「こちらが推測するしか仕方がなかった」とし、この場合「客観的に書かねばならないとすれば、一行の記事も書けない」ので「新聞記者は、意識的に大変な主観を働かさなければならない場合もあるのである」（林 1978：62-63）と強調する。このとき、必須条件であったはずの「客観性」は、その実践は不可能であるとされ、批判的に解釈される。また林は、次のようにも述べる。

一般的にいって、ニュースの信頼性は、そのニュースの出所――ニュース・ソース――にかかるところが多い。ニュースの出所が明らかにされているなら――まして、その出所が信用できるものなら――その記事についても、客観性があるものとして、信用できる。（林 1978：63）

すなわち、ニュース・ソースの出所が明らかで、信用できるものが、「客観性」の条件になると述べる。ここで「客観性」は、〈真実性〉に対応している。

揺れる「客観性」の解釈

このように、林による「客観的報道」に関する言説は矛盾している。「客観的報道」が実践できていない記事に対して新聞本来の任務を放棄していると批判しながら、実際には「客観的報道」の実践は不可能だと述べているのだから。その上、さらに「客観的報道」では不可能な記事もある、とするのである。

論旨の展開をまとめると、次のようになる。林は「報道する内容」に目を向け、「客観性」が足りない記事を批判し、必須条件であるべき「客観性」が欠けていることを強調する。このときの「客観性」は、〈真実性〉に対応している。けれども、続けて「客観的報道」の実践は不可能であると述べる。このとき、「客観性」を「報道する主体」の〈没主観性〉に対応している。その上で、林は「客観性」に頼れない記事もあるとして「大変な主観」を働かせて記事を書く場合もあるのだ、と主張する。そして、最後に「客観性」はニュース・ソースの提示によって可能になると述べるが、その「客観性」は、最初に不足が指摘された〈真実性〉として再び語られている。

林の主張は、正しい新聞記者のあり方として読むならば、矛盾しているわけではない。「新聞記者は記事を書くにあたり、創作や捏造の誘惑に打ち勝って事実を報道しなければならない。しかし、事実を記事にするのは大変なことだ。場合によっては、少ない事実から真実を見つけ出して記事にすることも要求される」。筆者としても、そうした林の意見に異論を挟むつもりはない。

しかし、その「客観性」の解釈に対しては別である。彼の考える正しい新聞記者のあり方を検討するために、そこで語られる「客観的報道」の「客観性」は、彼の主張を補完するためにさまざまにかたちを変えている。こうした林の言説は、その後の批判研究における「客観報道」に関する言説に典型的なものである。ジャーナリスト、ジャーナリズムを批判するために、その原則たる「客観報道」をスケープゴートとして用いる。その「客観性」を自らの論旨に応じたかたちで解釈して——。

4　「客観報道」言説の総括

(1)　主体の〈没主観性〉と内容の〈真実性〉

以上、七つのテクストに生起した「客観報道」に関する言説の整理の結果を述べた。これらの内容をまとめたものが**図3**である。「客観報道」の構成要件が、「報道する主体」と「報道する内容」においてどのように語られているのかについて示している。

図3における記号の表記からわかるように、この時期の言説は、「報道する主体」においては〈没主観性（non-subjectivity)〉が、そして「報道する内容」においては〈真実性（truth)〉が、それぞれ「客観性」の構成要件として語られる傾向にあったことを示している。このように「客観性」の構成要件の説明が、ある程度のまとまりをみせつつあることは、「客観報道」が用語化し、一般化しつつあった状況と無縁ではないだろう。

また、「報道する主体」の「客観性」たる〈没主観性〉は、その実践が不可能、または意味がないという認識がなされ、ジャーナリズムを批判するために語られる傾向にあった。「主観性」は必然、もしくは必要という認識のためである。一方、「報道する内容」の「客観性」たる〈真実性〉は、その実践が可能か不可能かについては、ほとんど言及されないまま、ジャーナリズムに必要な価値として強調される傾向にあった。

すでに述べたように、論者の多くは、「報道する主体」の〈没主観性〉および「報道する内容」の〈真実性〉をそれぞれ「客観性」の構成要件として語るわけだが、そこでは〈没主観性〉の不可能ないし無意味の指摘によって「客観性」の不可能ないし無意味を結論づける傾向にあった。したがって、各論者はその結論において〈真

図3　「客観報道」に関する言説の整理

著者名 テクスト名	年	「客観報道」につながることば	客観性の構成要件								属性
			報道の主体				報道の内容				
小山栄三 『新聞学原理』	1969	客観的事実の報道				●				●	B
サミュエル・G・ブラックマン 「現代の新聞はどうあるべきか」	1970	客観報道		●			○				Ba
小林信司 『新聞の行動原理』	1971	客観報道				●		●			Ba
千葉雄次郎 『知る権利』	1972	客観報道		○				○		○	Ba
新井直之 『新聞戦後史』	1972	客観報道				●		●			Ba
サンケイ・マーケティング編 『現代新聞記者気質』	1977	客観報道						○			A**
林三郎 『新聞とは何か』	1978	客観的報道				●		○			Ba
			②関連性	③均衡性／非党派性	⑤一般性	⑦没主観性		①真実性	④中立的な表現	⑥反映性	

注）「客観性の構成要件」の記号

○：その構成要件の肯定

●：その構成要件の否定または不可能

△：その構成要件につながる説明がなされているものの、「客観性」とはみなされていない

「属性」（テクストを記した時点における著者の職業）の記号

A：現役のジャーナリスト

B：研究者

Ba：ジャーナリズム出身の研究者

C：それ以外

＊以上、著したテクストに記されていた履歴および肩書きから判断

＊＊サンケイ・マーケティング編『現代新聞記者気質』では具体的な著者が示されていない

実性〉の不可能ないし無意味も同時に結論づけた可能性があるが、本書はそうした論旨の流れをできるだけ厳密に分析したため、以上のような解釈となっている。

(2) 用語(term)としての「客観報道」の成立

用語化した「客観報道」

ここまでの分析に示されているように、小山と林を除くテクストにおいて、「客観報道」は既成のことば、用語(term)として語られている(小山は「客観的事実の報道」、林は「客観的報道」と呼んでいる)。林は「客観的報道」と述べているけれども、その意味するところは、用語としての「客観報道」とほぼ同義である。「客観報道」ということば自体は戦前から存在していた。また、占領期にはGHQによる「客観報道」教育が日本のジャーナリストに実施された。したがって一九五〇年代末には、「客観報道」の思想はジャーナリズムの理念、原則として日本のジャーナリストに浸透しつつあったと思われる。「新聞における〝客観報道〟は、もはや一つの定理として当たり前のことになっている」(児島 1959:6)。しかし、そこで「客観報道」は用語として一般化していたわけではない。「客観的な報道」を「客観報道」といいかえているだけの場合も少なくない。

しかし一九六〇年代以降になると、「客観報道」はそれ自体で――共通のイメージが前提として存在することばとして――「用語」として語られるようになる。そのことは、「客観報道」の説明が省かれて、既知のことばとして語られるようになっていることからも読み取れる。したがって、用語としての「客観報道」は、一九六〇年代から一九七〇年代にかけてジャーナリズムに十分に浸透し、成立したと考えられる。

けれども、用語としての認識が一般的になったにもかかわらず、「客観報道」に関する言説を分析したとき、「客観報道」の共通の定義になるような解釈が存在しないことに気づかされる。また、「客観性」に対する解釈は同じでも、その可能、不可能について意見が分かれている場合も少なくない。論者の意図に応じて「客観報道」の「客観性」は解釈され、取り上げられている。

それでもなお、共通点を探すならば、「客観報道」の「客観性」が二通りの観点から語られていることを挙げることができる。それは「報道する主体」の「客観性」と、「報道する内容」の「客観性」である。前者は、〈没主観性（non-subjectivity）〉または〈均衡性（balance）／非党派性（non-partisan）〉として語られる。〈没主観性〉は不可能または無意味として、〈均衡性／非党派性〉は必要として解釈される。後者の「客観性」は、〈反映性（reflectiveness）〉または〈真実性（truth）〉として語られる。それらに対する言及は少ないが、基本的に実践不可能として解釈される。

類似する批判言説

「客観報道」に対して批判的な言説は、その多くが類似した展開をみせる。その論旨は、①「客観報道」がジャーナリズム、具体的には新聞の原則であることの強調、②「客観報道」の実践が、結果的に新聞の弊害となっていることの指摘、③「報道する主体」の「没主観性」が不可能であるために、そもそも「客観報道」は実践不可能であることの主張、④ジャーナリスト、具体的には新聞記者に対する「真実に肉薄しようとする努力」（小林 1971：144）、「報道された事実の本質を考える」（林 1978：61）ことの要請、といった順に展開する。

これらの言説の主旨は、ジャーナリストがジャーナリストたりえない現状は、ジャーナリズムの原則としての「客観報道」の不可能と無意味に負うところが大きい、したがってジャーナリストは「客観報道」に依存せずに報道することが必要だ、というものである。しかし、論者が本当の意味で訴えたいのは、「客観報道」の弊害よりもむしろ、「ジャーナリスト」の姿勢である。そのため、批判された「客観報道」の代案は、具体的な条件を示すというよりも、努力目標として抽象的に語られる場合が多い。

ここまでみてきたように、この時期の「客観報道」に関する言説は、その多くが批判研究の文脈から語られている。理論研究の立場から「客観報道」について言及した数少ない例としては、メディア研究者の岡田直之による「イデオロギーとしての客観報道主義」（一九七八年、『成城文藝』）を挙げることができる。岡田は、欧米のマス・コミュニケーション研究における「客観報道」解釈を紹介しつつ、理念と実態が乖離しているにもかかわらず「客観報道」がジャーナリズムの理念ないし原則として存在している現状に対して、そのイデオロギー性を次のように批判した。

〔「客観報道」が〕いまなお現代ジャーナリズムの職業的規範としてジャーナリストの報道行為を規制するとともに、現実があたかも理念どおりに作動しているかのような錯覚や幻想を受け手にあたえるとするならば、それはまさしく現実の実体を隠蔽するイデオロギー的機能といわざるをえないし、現代のマスコミやジャーナリストがこの原則を楯にみずからのコミュニケーション行為を正当化するならば、それもすこぶるイデオロギッシュな現象というほかはない。（岡田 1978：34〔 〕内は筆者による補足）

こうした岡田の主張は、ジャーナリズム研究というよりはむしろマス・コミュニケーション研究としてなされたものであり、そうした研究の常として内容も欧米のマス・コミュニケーション研究に準拠して構成されている。(13) そのため、本書ではあえて分析対象として取り上げなかったが、参考となる研究の一つとして紹介しておく。

批判のキーワードとしての「客観報道」

このような言説の状況を顧みたとき、ジャン・ボードリヤールの次のようなことばが想起される。「発話の個人的欲求があるから言語表現があるのではなく、むしろ逆にはじめに言語活動がある」（Baudrillard 1972＝

1982：72–73)。

ここまでの分析で明らかになったように、「客観報道」に関する言説には、「客観報道」についての共通の定義が存在していない。そして、その「客観性」についても、同様に共通の解釈が存在していない。にもかかわらず、一九七〇年代までに「客観報道」はジャーナリズムを語る既成のことば、用語として成立した。こうした状況は、「客観報道」をさまざまな解釈で語ることを可能にし、それをジャーナリズム批判のために都合のよいことば――批判のキーワード――として用いることを容易とした一因であるように思われる。

このとき、「客観報道」に関する言説に対して、次のような仮説が提示される。用語としての「客観報道」の前提となる考え方は、確かにジャーナリズムの原則や理念というかたちで存在していた。それらは批判対象ではなかった。しかしジャーナリズムの問題点があらわれるにつれ、ジャーナリズムを批判するための具体的な批判対象が必要となった。その結果、「客観報道」は用語として対象化した。したがって、現在の私たちが語る「客観報道」は現在のジャーナリズムの問題点を前提にした解釈がなされるのであり、必然的に批判される宿命を背負っている――。実際、「客観報道」が用語として語られるようになる時期は、「客観報道」に関する言説が批判的な傾向を帯びる時期とほぼ一致している。

この仮説の参考となったのが、一九六〇年代の新聞労連の「新聞研究活動」において、そこで「行為する目標」として掲げられた「真実の報道」というスローガンが、やがて「既存在の錯覚」に変化した過程を検討した新井直之の指摘である。目標として掲げられた真実の報道の実践が妨げられ、記者たちが書きたい記事が書けなくなり、そのことを広く外部に伝えるべきだと考えるようになったとき、「それは「真実の報道」が危機に瀕しているとの認識を産み、「真実の報道」「言論・報道の自由」は自らが行為すべき目標ではなく、守護すべき対象となり変わった」(新井 1972：218 傍点は原文)。そして、「「真実の報道」を守るべきものとして考えて行けば、やがて「真実の報道」はすでに存在しているものと錯覚されるようになる。存在していないものは守れるはずがないからだ。かくて「真実の報道」は、行為すべき目標→守るべき対象→既存在の錯覚、という意識の変化をもたらした」(新井 1972：219 傍点は原文)。

新井はこのように述べ、行為すべき目標が既存在の錯覚へと変化する過程を説明している。「客観報道」もまた、同様の過程をたどったことが予想されるのである。

(3) スケープゴート化する「客観報道」

押しつけられた?「客観報道」

いくつかのテクストでは、「客観報道」がアメリカの占領政策によって日本のジャーナリズムに導入されたとする見解がはっきりと示されている(小林 1971，サンケイ・マーケティング編 1977)。これらの見解で目を引くのは、「客観報道」の導入を迫ったアメリカに対して、批判的な印象を受ける記述である。たとえば、小林信司は「客観報道」の導入経緯について次のように述べている。

> 新聞は「客観報道の原則」にしたがって、事実は事実として忠実に伝え、意見があったら論説なり署名入りで述べたらよい、と戦後日本の新聞指導にあたったGHQの新聞課長インボデン少佐というのが、口をきわめて力説したことがある。一応理屈はわかるが、主観と客観がそんなに器用に使いわけられるものでも、報道と意見がはっきり峻別できるものでもない。(小林 1971：138)

小林はこのように述べた上で、「客観報道の限界」に対して批判的に言及した。これに類似した主張は、本章で取り上げなかったほかの一九六〇年代のテクストのなかにもみられる[14]。また、既述ではあるがサンケイ・マーケティング編『現代新聞記者気質』は、「戦後の米国が占領政策で、日本の新聞に客観報道というものを守らせた」結果、「客観主義のワクをはめることで、がっちり縛り上げてしまったきらいがある」とした。そして、同書が「客観報道」の「客観性」の論拠として主張するニュース・ソース、すなわち官庁や警察からの情報に依存する新聞が生まれた原因は、アメリカの占領政策にあるかのように述べている（サンケイ・マーケティング編 1977：17–18）。

このように、アメリカと「客観報道」に関する批判的な言説がセットで語られる傾向は、一九五〇年代までの「客観報道」に関する言説にはみられなかった特徴である。検閲というフィルターが存在していたにせよ、一九五〇年代まで、アメリカは日本のジャーナリズムを再生した、いわば恩人として語られていたのだから。

当時の時代背景とジャーナリズムの状況を振り返ると、安保闘争報道からベトナム戦争報道まで、ジャーナリズムは絶えずアメリカからの圧力とそれに同調する政府からの干渉を受けていた。また、「客観報道」を原則とするがゆえに、アメリカ寄りの政府の動向をそのまま報道せざるを得ないというジレンマもあった。そしてジャーナリズムの背景となる世論は、強圧的なアメリカに対して批判的な風潮を帯びていた。これらジャーナリズムとアメリカをめぐる関係性が、アメリカによって導入された「客観報道」に対する批判的な言説を生んだ一因となったと考えるのは深読みに過ぎるだろうか(15)。

いずれにせよ、それらの言説に共通するのは、日本のジャーナリズムの問題点を「客観報道」に責任転嫁しようとする態度である。

スケープゴートとしての「客観報道」

「客観報道」をジャーナリズムの問題点のスケープゴート化する傾向は、それを批判的に語る言説の多くにみられる傾向である。「客観報道」は共通の定義が存在せず、その「客観性」の解釈も曖昧であるのに、ジャーナリズムの原則や理念として認知されることによって、さまざまなジャーナリズムの問題点を都合よく押しつけられている。

そうした状況は、現在もなお続いている。一九八〇年代半ばに行われた「客観報道論争」の最後に、原寿雄は自らの問題提起の反省点として、「私は現代のジャーナリズムの問題点を、すべて客観報道というタイトルのもとで取り上げすぎたのではないか、という感じを多少持ちました」（原 1987a：12）と述べた。こうした原の反省にもあらわれている「客観報道」をスケープゴート化する傾向は、一九七〇年代までにすでにその萌芽が生じていたと考えられる。

また、**図3**での属性に示したように、ここで取り上げた「客観報道」に関する言説の多くは、ジャーナリズム出身の研究者によって語られている。これは「客観報道」に関する言説に限定されているのではなく、彼らによって担われる批判研究が主流を占めつつあったジャーナリズム研究全体の傾向である。

さきに引用したように「マスコミの実態を調査究明し、良識的批判を誌上に動員し、今後のあるべき正しい映像を描き出そうとする」（総合ジャーナリズム研究所 1964：3）ことを志向する彼らは、問題の根本的な原因を探り、ジャーナリズムの原則である「客観報道」に厳しい目を向けた。そうしたジャーナリズム研究の動向も、「客観報道」がスケープゴート化した一因として考えられる。

第4章 ジャーナリズムの危機と「客観報道」——一九八〇年代前半

1 危機を迎えたジャーナリズム

(1) 規制から操作へ

権力追随の影響

一九六〇年代、政府から中止を含む干渉を受けたテレビ番組数は六一件であった。その数は一九七〇年代には五三件に減少し、さらに一九八〇年代には二二件にまで減少した。しかも、その干渉内容は、政治性よりも、やらせや性に関するものが増加した。つまり、テレビ番組の政治性に対する政府の干渉は、明らかに減少したのである。こうした変化は、一見政府がテレビ番組の政治性に対して寛容になったことを示しているかのようにもみえる。しかし、この変化について、松田浩は次のように警告する。

八〇年代以降、放送中止番組が減ったことを、手放しで喜ぶことはできない。報道番組が増えながら放送中止事件が減ったことは、それだけテレビの担い手たちの間に権力を監視し隠された真実に肉薄する問題意識が希薄化したためとの見方も成り立つからである。(松田 1994:4)

また、新井直之は、実際に干渉を受けた番組のほかに「外部に漏れてこなかった放送中止事件や政府・自民党からの干渉事件が、どれだけあるかはわからない。おそらく正確な数字は、この何倍かに達するだろう」（新井 1996：502）と述べ、表にあらわれた数字だけで権力によるジャーナリズムへの干渉について判断することに対して注意を促した。そして、そうした状況を「規制から操作へ」ということばで表現した。

また、明確に規制というかたちであらわれたものもある。いわゆる有害図書規制である。一九八四年二月二四日、自民党は規制強化の検討に乗り出した。しかし、出版物規制は表現の自由を規定した憲法の理念に明らかに反するものである。一方で、性を売り物にした露骨な雑誌に対する社会の反発も強かった。有害図書規制の立法化は結局、出版の自由と絡んで反対の声が高く、かつ出版界の自主規制で実質的な効果は上がったとして立法化は断念された。

利益優先主義の高まり

テレビ局の権力追随の傾向は、政府からの干渉に対して弱気になったというよりも、彼らが経営的な側面をより重視するようになったという見方もできる。たとえば、地上波民放の収入は、その九割以上が広告収入である。(1) 具体的には、番組の合間に流れるテレビコマーシャルによって収入を得ている。したがって、その番組が放送中止になる、または政府から批判を浴びることは、広告主が離れていく――収入が減ることを意味する。安定した広告収入を得るためには、政府の機嫌を損ねないことが一番の方法であり、ひいては政府からの干渉そのものを受けないことが最善の策である。

一九八〇年代、「ＮＨＫは自民党や政府に弱腰になり、民放は視聴率第一主義がさらに」（新井 1996：502）進んだ。コストカットのためのテレビ番組の番組制作会社への外注化と、人材派遣会社、フリーランスの導入が進められたのもこの時期であり、その結果、番組制作における放送倫理の欠如や、番組内容の質の低下が進んだともいわれている。

（2） 頻発する問題報道

問題報道の顕在化

一九八〇年代は、テレビ、雑誌、新聞、あらゆるジャーナリズムにおいて問題報道が頻発した時代であった。これらの状況は、一九七〇年代末に新井直之が「総ジャーナリズム状況」（新井 1979）、原寿雄が「発表ジャーナリズム」（原 1979）と述べてそれぞれ注意を促したものが、より明確に顕在化したものと考えられる。とくに一九八五年は、病んだジャーナリズムを象徴するような問題報道が相次いだ。ここで、当時問題となった報道の幾つかを挙げてみよう。

事情聴取が行われ、ガードマンや報道陣でごった返す豊田商事永野会長の自宅マンション前。翌日、二人の男が窓ガラスを割って侵入し、永野会長を刺殺した（1985年 6 月17日、写真提供・毎日新聞社）

豊田商事永野会長刺殺事件　一九八五年六月一八日、豊田商事の永野一夫会長が、大阪市北区にあるマンションの自宅で二人の男に刺殺されるという事件が起きた。いわゆる豊田商事永野会長刺殺事件である。

当時、豊田商事は客に売った金を会社で預かって運用すると称し、預かり証券と引き換えに現金をだまし取る、金の現物まがい商法またはペーパー商法と呼ばれる詐欺商法を全国展開して社会問題化していた。彼らは、もっぱらお年寄りの家を訪問販売し、執拗に、しかも詐欺的な手口で勧誘した。事実上倒産した一九八五年六月までに、高齢者や主婦ら計約二万九〇〇〇人から約二〇〇〇億円余を集めたという。[2] この豊田商事の会長を務めていたのが永野である。

この事件報道において、ジャーナリズムは大きな批判を浴びた。なぜなら、二人の男は多数の報道関係者が取り囲むなかでマンションの窓ガラスを割って永野会長宅に進入し、永野会長を刺殺したからである。当時、永野会長の自宅マンションの入口の前には一三社三二人の報道陣がいた。[3] その目の前で二人の男はマンションの窓ガラスを割って進入し永野会長を刺殺したのであった。報道関係者がそれを制止することをせず、また一八日夜のテレビはこの惨事を繰り返し報道して茶の間に大きな衝撃を与えた。

日航ジャンボ機墜落事故　一九八五年八月一二日夜、満員の乗客を乗せた日本航空のジャンボ機が墜落した。乗客乗員五二四人を乗せ、羽田空港から大阪に向かっていた日本航空一二三便ボーイング七四七型ジャンボ機は、約三〇分間のダッチロール（激しい横揺れから八の字に蛇行してしまう状態）による迷走飛行の末、長野県との県境にある群馬県上野村の御巣鷹山の山中に墜落、炎上した。四人が奇跡的に救出されたものの、五二〇人が亡くなった。日本の航空機史上最悪の惨事とされる。

この空前の大事故に対して、テレビも新聞も大々的な報道を行った。その過程で、墜落現場の破損された遺体写真を大きく、しかもカラーで掲載した写真週刊誌があらわれて批判を浴びた。また、事故に駆けつけた遺族にマイクを突きつける報道陣の取材態度、四人の生存者とりわけ女子中学生を執拗に追いかける取材陣の姿は、結果として視聴者や事件関係者の反発を招き、多くの非難を浴びた。

やらせリンチ事件　一九八五年八月二〇日、テレビ朝日の『アフタヌーンショー』は女子中学生に対するリンチ事件の番組を放映した。しかし、同年一〇月一〇日に同番組のディレクターが逮捕されると、この事件が「やらせ」であることが発覚し、非難の的になった。やらせリンチ事件である。

番組は、正午からの一時間番組「激写！中学女番長!!セックスリンチ全告白」というタイトルで放映された。

その際、非行グループの取材中に発生した女子中学生に対する「ヤキ入れ」の場面を撮影、放映したことから騒ぎになったのである。

やがてヤキ入れが実はディレクターの教唆によるやらせだったとされ、担当ディレクターが逮捕されることになった。視聴者からの激しい怒りの声に、同年一〇月一四日、テレビ朝日は『アフタヌーンショー』の番組枠で「テレビ取材のあり方、暴力事件放送の反省」というタイトルの自主制作番組を放送し、テレビ朝日の田代喜久雄社長自らが出演して謝罪した。同年一〇月一八日、『アフタヌーンショー』は打ち切られた。(4)

ロス疑惑事件　一九八五年九月一一日、三浦和義が逮捕された。彼が主人公となるいわゆるロス疑惑を、連日テレビや週刊誌は報道した。この一連の報道をめぐっては、週刊誌やテレビの報道姿勢、そして取材陣の態度、三浦の人権問題など多くの問題が提起された。

ロス疑惑とは、一九八一年、アメリカのロサンゼルス市内で三浦の妻一美さんが銃撃され、三浦も足を負傷した事件に端を発する。一美さんは一年後に死亡した。一九八四年、この事件をめぐって週刊誌が三浦による保険金殺人疑惑として報道した。いわゆるロス疑惑報道である。

その後、三浦は一美さんに対する殴打事件と銃撃事件で逮捕、起訴された。銃撃事件では、一九八一年一一月に駐車場経営会社社長(無罪確定)に一美さんを銃撃させ、保険金約一億六〇〇〇万円を詐取したとして殺人罪と詐欺罪に問われた。殴打事件では、ロサンゼルスのホテルで一九八一年八月、元女優(有罪確定)にハンマーで一美さんを殴らせたとして殺人未遂罪に問われ、懲役六年が確定した。

しかし二〇〇三年三月五日、銃撃事件に対して最高裁第三小法廷(金谷利広裁判長)が二審東京高裁の逆転無罪判決を支持し、検察側の上告を棄却する決定を出した(殴打事件に対しては、三浦はすでに服役を終えていた)。

横並び報道の弊害

頻発する問題報道に対して、国民は次第にジャーナリズムに対して信頼を失っていった。とくに、「視聴率のためには報道をも娯楽化するテレビ界の体質に強い非難の目を向けることになった」（春原 1987：336）。そして、これら問題報道の多くは、新井直之のいう「総ジャーナリズム状況」（新井 1979）を呈していた。

こうした日本のジャーナリズムに対して『ニューヨーク・タイムズ』は、「豊田商事永野会長刺殺事件」を取り上げた一九八五年六月二一日付の記事「日本のテレビ殺人――はからずも浮上した報道機関の自画像――パック・ジャーナリズム」において、日本のジャーナリズムをパック・ジャーナリズム、すなわち「寄り合い報道」（天野 1989：63）と呼んだ。

パック・ジャーナリズムとは、アメリカで生まれたことばで、『ニューヨーク・タイムズ』や『ワシントン・ポスト』がスクープし、これを半日ないし一日遅れで他の新聞やテレビが追いかけるような構図、すなわち有力メディアのリードにしたがってメディア全体が一つの報道に走り出すことを指したものである。[5] ちなみに、パックとは群を意味する。

元『共同通信』ワシントン支局長の藤田博司は、「こうした大勢同調の傾向は、アメリカに比べ日本のジャーナリズムではさらに顕著だ」と述べ、「集団指向的な日本社会の性格を反映して、新聞の編集者はともすれば他の新聞と同じ紙面を作りたがる……日本には、パック・ジャーナリズムが構造的に内在しているといっていいかもしれない」（藤田 1991：135）と指摘している。

写真週刊誌の盛衰

こうした一連の問題報道において、とくに強い批判を浴びたのが写真週刊誌である。一九八〇年代に相次いで創刊された写真週刊誌は、ときに残酷で生々しい現場の写真を掲載して物議を醸した。その代表的な例としては、

『フォーカス』（新潮社、現在休刊）による豊田商事永野会長刺殺事件での永野会長の血まみれの写真の掲載（一九八五年六月二八日号）、『エンマ』（文藝春秋社、一九八七年廃刊）による日航ジャンボ機墜落事故での損傷著しい遺体写真の掲載（一九八五年九月一〇日号）等がある。

写真週刊誌は批判を浴びながらも読者を増やし続け、最も売れた『フォーカス』は一九八〇年の創刊以来二年で二〇〇万部という驚異的な発行部数を記録した（亀井 1987：232）。しかしながら一九八六年、そうした流れを変える事件が起きた。いわゆるビートたけし講談社襲撃事件である。

講談社の写真週刊誌『フライデー』編集部に乱入して大塚署に逮捕された「たけし軍団」が釈放されて出てくるのを待ちかまえるカメラマンたち（1986年12月9日、写真提供・毎日新聞社）

一九八六年一二月九日、コメディアンのビートたけしは、知人の女性に対する『フライデー』記者の強引な取材に腹を立て、発行元の講談社へ殴り込みをかけた。講談社をはじめ文藝春秋社等の写真週刊誌側は「対抗手段としては最低、言論には言論で対抗すべきだ」等のコメントをしたが、社会の反応は写真週刊誌側に批判的であった。この事件を契機に写真週刊誌への強い批判が起こった。その後、写真週刊誌はその発行部数を急激に減らした。

劇場型犯罪の登場

またグリコ・森永事件のように、ジャーナリズムが事件そのものと融合してしまう新しいタイプの事件があらわれはじめた。

グリコ・森永事件とは、一九八四年三月一八日、銃をもった三人組が江崎勝久・江崎グリコ社長（当時）を自宅から誘拐、監禁したことに端を発する事件である。犯人は現金一〇億円と金塊一〇〇キロを要求した。三日後、江崎社長は自力脱出した。その後、怪人二一面相を名乗るグループがグリコ、森永、不二家、丸大食品、ハウスと、次々に各食品会社に、計三五通の脅迫状を送りつけ、青酸を混入した菓子をばら撒くなどして億単位の現金や金塊を要求した。警察や報道機関等へも六三通の挑戦状が届いた。一九八五年八月一二日、突然終息宣言が郵送され、事件は終結した。警察庁が広域一一四号事件に指定して全力をあげて捜査したが、いずれの事件も二〇〇〇年二月一三日に時効が成立した。

グリコ・森永事件に代表されるこうした犯罪は劇場型犯罪と呼ばれる。その事件報道をすることが結果的に犯人と共犯関係になってしまう恐れから、ジャーナリズムはジレンマに陥った。この劇場型犯罪は、ジャーナリズムが犯罪の抑止力ではなく、逆に犯罪の動機となる可能性を示した。

原寿雄は、豊田商事永野会長刺殺事件を取り上げて、「マスコミが犯罪の抑止力にならずに、逆に犯罪を助長する舞台装置になった疑いが強い」(原 1987b：47) と述べ、劇場型犯罪に対する注意を促した。

(3) 政治情勢とジャーナリズム

戦後政治の総決算

一九八〇年代はさまざまな問題報道が頻発する一方で、ジャーナリズムの存在意義を問う問題が顕在化した。それは自民党政府による国家主義的な反動政策に対して、[6]ジャーナリズムが有効な対応をとれなかったことである。

一九八二年に中曽根康弘を首班として成立した内閣は、さまざまな反動政策を推し進めた。中曽根首相はタブーを取り払って戦後の政治を見直すべきであると主張し、それを戦後政治の総決算と呼んだ。この主張は、憲法をはじめとする戦後民主主義の諸成果を見直せという含みをもつものであった。中曽根内閣が行った代表的な反動政策としては、三つ挙げることができる。

第一に、軍備拡張への道筋をつくったことである。一九八三年一月、政府はアメリカへの武器技術の供与を決定し、また同年、核装備のアメリカの原子力空母エンタープライズやカールビンソンは、反対運動を無視して横浜や佐世保に入港した。これは非核三原則を実質的に撤廃するものであった。[7] また、中曽根首相はアメリカの要請に応える軍備拡張を目指して、「防衛費はGNPの一パーセント以内」とする枠を取り払うことに意欲を燃やした。[8] 一九八五年九月、政府は中期防衛力整備計画を閣議決定し、翌一九八六年末の一九八七年度予算編成の際、一パーセント枠は撤廃された。

首相初の靖国神社公式参拝をすませ本殿を出る中曽根首相
（1985年８月15日、写真提供・共同通信社）

第二に、戦前の皇国史観の評価である。一九八五年七月、自民党の軽井沢セミナーでの講演において、中曽根首相は戦前の皇国史観を評価し、戦後の歴史学を太平洋戦争史観、東京裁判史観に陥って何でも日本が悪いとする自虐的な考えに覆われすぎていると批判した。また国家を評価し、あらたな国家主義のもとに日本のアイデンティティを確立する必要があるとした。そして、国のために倒れた人に国民が感謝の気持ちを捧げる場所がなければ誰が命を捧げるかと主張して、靖国神社公式参拝に対する考えを明らかにした（藤原 1989：360）。中曽根首相はまず私的な諮問機関をつくり、それに公式参拝を是とする報告書を提出させた。[9] ついでこの報告書を論拠として、一九八五年八月一五日、一八人の閣僚とともに靖国神社への公式参拝を強行した。[10]

第三に、国家機密法案を導入しようとしたことである。[11] 一九八五年六月六日、自民党は三度の試案を経て機密の範囲を外交にまで拡大させ、罰則に死刑または無期懲役を定めたこの法案を国会に提出し、継続審議を強行した。しかし、市民運動による反対もあり、同年一二月二〇日に廃案となった(12)。

存在意義を問われるジャーナリズム

これらの反動政策は、国民の基本的人権、自由権の危機であった。しかしながら、ジャーナリズムはこの基本的人権、自由権の侵害に対して有効な対応ができず、また国民に対してその危険性を十分に問題提起できなかった。

たとえば、一九八五年一一月、日本新聞協会は国家機密法案に対して「表現の自由を侵す恐れが強い」とする見解を発表して批判した。しかしながら具体的な行動を起こすまでにはいかなかった。こうした消極的な態度は、一九九九年の盗聴法、二〇〇三年の有事法制関連三法案の相次ぐ成立に対しても続いている。

こうしたジャーナリズムの態度に対して、山本明は次のように述べて警鐘を鳴らした。

> 中曽根内閣のつくりだしている状況そのものが、国民にとって「危機」なのである。さらに、その状況に、ジャーナリズムが有効な反対の動きを組織できないところに、主体的な危機がある。(山本 1986:8)

しかしながら、ジャーナリズムは山本のいう「有効な反対の動き」を組織するどころか、その内部ではこれらの政策に対する賛否がはっきりと分かれた状況にあった。

たとえば、当時『読売新聞』論説委員長であった渡辺恒雄は、「新聞は何に挑戦すべきか」(一九八四年、『THIS IS』一九八四年五月号)において次のように述べている。「新聞が恒常的に反政府、反権力、政策を唱えていれば、現代の健全な議会制民主主義を維持できると考えるのは、一面的である」（渡辺 1984：15）。そして、「抑止と均衡の理論、西側の一員の立場堅持論といったものは、「巻き込まれ論」がハト派といわれるのに対して、タカ派と呼ばれ易い。そしてタカ派的論調は「新聞的でない」という短絡的ムードが支配し易い」として、「新聞は常に反政府、反権力であれば、大衆の支持を得られるという考えは、戦時便乗時代の新聞コンプレックスを脱しきれないのか、左翼イデオローグの戦略につながるものだ」と主張した。

このように、政府の政策を肯定的に評価する『読売新聞』や『産経新聞』と、否定的に評価する『朝日新聞』や『毎日新聞』といったように、ジャーナリズム内部でも対立的な構造が成立していた。したがって、山本がいうところの、「有効な反対の動き」は組織されることはなかった。このような対立的な構造を、門奈直樹は次のように説明している。

日本のジャーナリズムは戦後三〇年足らずで、日常の暮らしの中で「戦争と平和」の問題に関わり続け、アメリカとの軍事的結びつきから解放される方途を考える言論姿勢を見失っていったのだが、そうしたジャーナリズムの傾向が一九八〇年代にはいると、「戦争と平和」の言論の二極分解現象を引き起こしていくことになる。たとえば、産経新聞社の『正論』誌八六年一月号は「言論の自由の名の下に、一部メディアの独善、傲慢、暴走、虚偽報道……。一部とはいえ、かかる自律性を欠いた体質がジャーナリズムにあるならば、メディア間の活発な啓発、厳しい相互批判が必要だ」と言うと、「朝日的平和の光と影」（同誌一九八五年一一月号特集タイトル）と題して、『朝日』批判を展開、あわせて経済的発展に裏打ちされた「大国ナショナリズム」を謳歌するような言論を展開した。『読売』も八六年二月七日付社員研修資料「読売新聞の社説について」で、「今、左という勢力があるとするならば、反米・親ソの立場から日米安保体制を廃棄」する勢力だと言うと、『朝日』は「日米安保体制を解消するようにはっきり言っている」と強調し、『朝日』批判は

〝社会的正義〟に適っているという印象を与える見解を提示する。（門奈 2001：98–99）

戦前・戦中の反省から再出発したはずのジャーナリズムは、日本の国力が増大するにつれてその反省を忘れ、ナショナリズムを高揚させるような流れを再び生んだ。こうした流れについて、門奈は「経済覇権主義によって形成された「国際化」という名のインターナショナリズムを装った日本的ナショナリズムの高揚の言論でもあった」（門奈 2001：100）と結論づけている。

こうしたジャーナリズム状況は、一連の問題報道とあいまって、やがてジャーナリズムの危機としてジャーナリズム内外からの批判を浴びることになる。

（4）ジャーナリズムの危機

問題報道が頻発する状況と「国民にとっての一般政治情勢の危機、そして、その危機にジャーナリズムが正しく対応していない」（山本 1986：8）状況をふまえて、山本明は当時のジャーナリズム状況を「ジャーナリズムの危機」と表現した。

そして、「ジャーナリズムの危機の克服は、われわれが一般状況やジャーナリズム状況をどう変革してゆくかという観点によって、はじめてかちとることができる。それを抽象的に議論していたところで、なんの益もないのである」（山本 1986：14）と主張し、具体的な行動をとろうとしないジャーナリズムを批判した。

山本はジャーナリズムの危機を構成する二つの要件を、次のように説明している。

「ジャーナリズムの危機」は、（1）民主主義の危機――それは中曽根内閣による反動政治が原因だ――にジャーナリズムがまっとうに対応しなかったことから生まれた。その危機が（2）ジャーナリズム固有の危機状況を生みだした。したがって、（1）への対応がいちばんあいまいなテレビ局がまず糾弾されて当然というようなこと〔テレビ朝日による「やらせリンチ事件」〕をやってのけたのである。しかし、今回の「危機」を、ほとんどの新聞社は、他メディアのこと、他社の失敗、とは考えずに、反省の材料としている。こうした姿勢が、私にとっては唯一の救いである。（山本 1986：17 〔 〕内は筆者による補足）

第一の要件は、民主主義の危機である。これは「国民にとっての一般政治情勢の危機、そして、その危機にジャーナリズムが正しく対応していない」ことによって生じている。そして第二の要件は、「ジャーナリズム固有の危機」である。これは、テレビや新聞、雑誌といった「ジャーナリズムの特殊ジャンル」（山本 1986：8）にて生じた各種の問題、具体的にはさきに挙げた問題報道によって生じている。

このように総括した上で、山本はジャーナリズムが危機を脱して再生することを祈る自分の気持ちを、先の文章に続けて次のように率直に述べた。

この救いを出発点として、ジャーナリズムの体質は変わっていくのかもしれぬ。いや、そうであってほしい。どうやら、今回の「危機」は、空念仏でごまかすにしては、その衝撃は大きかったし、その提起した問題はジャーナリズムに長年にわたってこびりついたアカの結果であることを、ジャーナリズム自身がよく知っているから、不幸を幸に転じるチャンスになるのではないかと、私は祈るような気持でこの原稿を書いているのである。（山本 1986：17）

しかしながら、山本の祈り虚しくジャーナリズムはその後も問題報道を繰り返していく。そして、山本が民主主義の危機として注意を促した数々の反動的な政策は、現在ではそのほとんどが実現している。

2 活性化するジャーナリズム研究

（1） 研究対象としての「ジャーナリズムの危機」

一九八〇年代のジャーナリズム研究は、一九八五年前後を境目として「ジャーナリズムの危機」を研究対象として注目するようになった。その理由としては、一九八四年から一九八五年にかけてグリコ・森永事件やロス疑惑事件、そしてやらせリンチ事件等のジャーナリズムに対する国民の信頼と信用を喪失させるような事件が相次いだこと、そして一九八〇年代前半から中曽根内閣が押し進めた国家主義的な反動政策に対してジャーナリズムが具体的な対応をとれなかったことがある。こうした状況に対して、ジャーナリズム研究は何らかの見解を示すことが内外から要請されていた。

たとえば、日本新聞学会の学会誌『新聞学評論』では一九八五年から三年間連続してジャーナリズムを対象にした特集が組まれている。順に挙げてみると、第三四号（一九八五年）には「ジャーナリズム論を探る――メディア変容とジャーナリズム概念の変化――」、続く第三五号（一九八六年）には「大衆社会論とジャーナリズム」、第三六号（一九八七年）には紙上シンポジウム「今日のジャーナリズム状況とその課題」という具合である。また、「ジャーナリズムを論じるにせよ、マス・コミュニケーションを論じるにせよ、無視できない大きな領域として「受け手論」があるとの観点からなされた特集「新しい「受け手論」の研究」（一九八八年、『新聞学評論』第三七号）を含めれば、一九八〇年代の半分近くの『新聞学評論』でジャーナリズムが特集されていたことになる。その誌名に反して一九八〇年代以前までマス・コミュニケーションやコミュニケーション、あるいはマスメディアが主たる研究対象となってきた『新聞学評論』において、これは特筆すべき変化であった。

さらに研究発表会でも、ジャーナリズムを対象とした報告やシンポジウム等が相次いで行われた。一九八五年の春季研究発表会では「日本のジャーナリズム状況」に関する原寿雄と中野収による特別報告[13]、「新聞の現在」に関する「報道と人権」および「現代状況とジャーナリズム」という二つのパネル討論[14]、そして「ジャーナリズムとは何か」と題するワークショップが行われた[15]。一九八六年の春季研究発表会ではシンポジウム「歴史の中のジャーナリズム――状況と主体」が開催され[16]、一九八七年の春季研究発表会ではシンポジウム「取材の自由と責任」が開催された[17]。これら以外でも、ジャーナリズムを研究対象とした個人発表やワークショップの数は急増した。

このように、一九八〇年代後半の日本新聞学会の活動はジャーナリズムの危機を主たる研究対象として進められてきたといえる。岩倉誠一は、こうした一九八〇年代の学会活動を次のように概観する。

数多く表現された論議を概括すると、犯罪や疑惑事件についての報道内容に対して、社会に広く表出されるようになったジャーナリズム不信を、どう払拭できるかが当時問われていたことであり、一つは報道倫理の問題、他はジャーナリズム論へのマスコミ論からする批判的言及の必要性、また、その批判的言及の未成熟が指摘されたように思う。(岩倉 1997：6)

また、一九八〇年代のジャーナリズム批判の展開過程を概観した門奈直樹は、一九八〇年代の日本新聞学会の動向に対して次のような見解を示した。

個々の特集をなす共通認識は、現実のジャーナリズム状況への批判の展開であった。それは本学会の過去のジャーナリズム論議がややもすれば、現実感覚から離れたところでの抽象的議論に陥っていたことを反省し、「学会、現業界を含めジャーナリズム論議活性化の一助」（三四号）をめざしていたからである。巷間で高まりつつあったジャーナリズム批判に、学会としてもなんらかの対応を迫られていたのであろう。（門奈 1990：6　三四号とは『新聞学評論』第三四号のこと）

こうした日本新聞学会の活動が象徴しているように、ジャーナリズムの危機は、結果的にジャーナリズム研究全体の活性化を促した。

（2）「ジャーナリズムの危機」に対する二つの見解

ジャーナリズムの危機について考察した代表的なテクストとしては、対照的な二つのテクストとして、山本明「「ジャーナリズムの危機」とは何か」（一九八六年、『総合ジャーナリズム研究』一一五号）と中野収「ジャーナリズムの衰退――観客化とスキャンダリズム」（一九八六年、『新聞学評論』第三五号）を挙げることができる。

さきに述べたように、山本はジャーナリズムの危機の構成要件として「民主主義の危機」と「ジャーナリズム固有の危機」の二つを指摘した。そして、ジャーナリズムがこの危機を契機として再生することを希望した。

他方、中野収はジャーナリズムの危機の要因として、「観客化とスキャンダリズム」を挙げた。中野は一九八五年の日本新聞学会春季研究発表会にて、「ジャーナリズムの衰退――観客化とスキャンダリズム」と題する報告を行った。この報告において、中野は「ジャーナリズムは、その存在は認められるにしても、社会的機能としては、今やネグリジブルである」（中野 1986：185）と指摘した。そしてグリコ・森永事件報道を例に挙げ、スキャンダルを提供するジャーナリズムとそれを消費する観客化した読者の存在は、もはやジャーナリズムの終焉を示唆していると主張して、次のように述べた。(18)

> 歴史的事実として、「ジャーナリズムの時代」は終わり、その後にくる「マスコミの時代」は終わろうとしている。侵蝕や中毒を回復することなど、原理的に不可能なのだ。したがって、ジャーナリズムの「復権」など、時代錯誤も甚だしいといわざるをえない。もはや一報道機関、一ジャーナリストの良心や態度の問題ではなく、文明と文化の問題である。(中野 1986：192)

このように中野は、山本とは対照的にジャーナリズムの可能性はもはや失われたことを主張した。いずれにせよ、山本と中野の主張は、一九七〇年代末に述べられた「総ジャーナリズム状況」(新井 1979)や「発表ジャーナリズム」(原 1979)といった状況がジャーナリズムの危機を生み出したという点で共通している。

先述の門奈は、一九八〇年代の政治ジャーナリズム批判をめぐる研究の展開過程を概観して「いくつか方向性があり、それらは個別・具体的な言論・報道現象をふまえたものであった」(門奈 1990：6)と述べた。そして、その方向性として「ジャーナリズムの現状追認主義への批判」、「右傾化現象への批判」、そして「歴史認識の欠如への批判」の三つを挙げた。この三つの批判は、山本の指摘する民主主義の危機に対応している。

これらジャーナリズムの危機をめぐる研究は、その多くがジャーナリズムを批判する観点から行われた。このとき、ジャーナリズム研究においては、危機的状況にあるジャーナリズムの現状とそれが生み出した問題報道を研究対象とする傾向が強くあらわれた。こうした傾向は、批判研究がジャーナリズム研究の主流となる大きな要因となった。

(3)「報道と人権」への注目

報道と人権

批判研究の流れは、メディアの加害者性やジャーナリズムによる人権侵害の問題をジャーナリズム研究のテーマとしてクローズアップした。すでに述べたように、一九八五年の日本新聞学会春季研究発表会では「新聞の現在」に関する二つのパネル討論が行われたが、そのうちの一つは「報道と人権」をテーマとしたものであった。また、一九八九年の同学会秋季研究発表会でも「報道と人権」というテーマでワークショップが開かれている[19]。

こうした報道と人権における論点を、井上輝子は二つあげている(井上 1990:14)。一つは「メディアによって取材、報道されることに伴う被報道者の人権侵害の問題」、もう一つは、「メディアの報道、表現が受け手の人権感覚を疎外し、差別的な固定観念を増殖していく問題」である。前者においては、犯罪事件や、災害、エイズ、人工授精などの報道に関して、とくに顕名報道の是非をめぐって、匿名報道主義の導入という観点から、多くの議論がなされた。また、後者については、女性差別、部落差別、障害者差別、在日外国人差別等の観点から、やはり多くの議論がなされた。

匿名報道主義

一九八〇年代、とくに犯罪報道における人権侵害の問題が注目されたが、その嚆矢となるのが浅野健一の研究である。浅野は一九八四年に『犯罪報道の犯罪』(学陽社)を刊行して[20]、犯罪報道の「実名報道主義」を批判するとともに「匿名報道主義」の導入を主張した。

浅野は、『犯罪報道の犯罪』において、警察が逮捕したことを根拠にして、被疑者のアイデンティティを明らかにする報道を実名報道主義と定義した。一方「逮捕された市民に対する推定無罪原則の尊重、本人と家族のプライバシー保護、犯罪者の社会復帰をスムーズにする」（浅野 1999b：63）ことを目的とする報道を匿名報道主義と定義した。[21] そして、その後も『犯罪報道は変えられる』（一九八五年、日本評論社）、『客観報道』（一九九三年、筑摩書房）を相次いで刊行し、精力的な活動を続けている。

こうした浅野による問題提起は、ジャーナリズム内外からさまざまな波紋を呼んだ。犯罪と人権という観点から、とくに法曹界から深い関心が向けられた。そのなかでも最も熱心だったのは、法律を志す人向けの法律セミナー誌『法学セミナー』（日本評論社）である。『法学セミナー』は、増刊の総合特集シリーズとして『マス・メディアの現在』（一九八六年、総合特集シリーズ三五）、『人権と報道を考える』（一九八八年、総合特集シリーズ三九）、『犯罪報道の現在』（一九九〇年、総合特集シリーズ四五）を相次いで刊行した。なかでも資料集として刊行された『資料集　人権と犯罪報道』（一九八六年）は、「犯罪報道と人権をめぐる八〇年代前半の議論の集大成と呼ぶべきもの」（井上 1990：15）であり、マスコミ各社の報道基準や文献一覧、年表なども付されている。

浅野の主張する匿名報道主義に対する異論としては、雑誌『創』（一九八四年一一月号）に掲載された「一千字アンケート――実名犯罪報道の是非を問う」に寄せられた回答の多くを挙げることができる。そこで強調されたのは「事実を報道することが新聞の使命」であり「捜査当局が匿名の必要性を理由に情報を操作することへの恐れ」であった。こうした匿名報道主義をめぐる問題について、前沢猛はアメリカの事例を参考にしつつ、匿名報道主義の採用には取材と報道の自由と、正確で公正な報道という強固な基盤が存在していることが前提であると指摘している（前沢 1985）。

3　「客観報道」に関する言説

一九七〇年代までの言説の分析から、「客観報道」がジャーナリズム批判の過程で取り上げられるようになったことが示唆された。そして一九八〇年代になると「客観報道」はジャーナリズムの問題の要因として語られ、またそれ自体がジャーナリズム研究の研究対象として注目されはじめた。このとき、「客観報道」は用語として一般化し、常識として語られるようになっている。ここで取り上げるテクストは、そうした「客観報道」に対するジャーナリズム研究の観点を示していることを基準として選択されている。

（1）　加藤秀俊・前田愛『明治メディア考』

『日新真事誌』における「客観的な報道」

社会学者の加藤秀俊と国文学者の前田愛は、対談集『明治メディア考』（一九八〇年、中央公論社）において「明治期のジャーナリズム」を語る過程で「客観報道」に関する言説を展開している。

『明治メディア考』は、明治期のメディアについての対談集である。加藤と前田はマス・メディア研究やジャーナリズム研究を専門としているわけではないが、加藤は社会学者としての立場から、前田は国文学者としての立場から、それぞれ明治期のメディアについて言及している。

前田は、イギリス人のジョン・R・ブラックが一八七二年（明治五年）に発刊した『日新真事誌』において「客観的な報道」、または「客観報道」がすでになされていたことを主張する。

ここで一つ考えておきたいのは英人ジョン・R・ブラックが明治五年に発刊した『日新真事誌』の場合です。ブラックは当時の民撰議院論争を、政府側の言論も反政府側の言論も、同じ紙面に忠実にのせます。ところが、そういう客観的な報道によって、かえって反政府運動キャンペーンが盛り上がってくるんですね。客観的な報道が世論の動向を左右するような事情があったというのは、近代の日本の新聞史のなかでも珍しいことじゃないかと思うんです。（加藤・前田 1980：11）

ここで前田は、「政府側の言論も反政府側の言論も、同じ紙面に忠実に」のせることを「客観的な報道」とみなしている。このとき「客観性」は「報道する主体」の〈不偏性（impartiality）〉、より具体的には〈均衡性（balance）／非党派性（non-partisan）〉として解釈されている。こうした前田の解釈に対して、加藤は次のように述べる。

明治初期には大ジャーナリストたちの署名記事があって、書き手の人格が新聞に投影されていた。……戦後も、『朝日新聞』でいうと笠信太郎のような人たちが、ちゃんと署名で書いていた。ところがいまは、論説委員がだれなのかすら読者にはわからない仕組みになって、ますます無署名の傾向でしょう。個が表に出ることを避けるこの傾向は、たぶん、新聞報道の客観性神話が日本に定着することと無関係ではないと思います。（加藤・前田 1980：49）

ここで加藤は「個が表に出ることを避ける傾向」が「新聞報道の客観性神話」と無関係ではないとする。すなわち「報道する主体」の「客観性」を〈没主観性（non-subjectivity）〉として認識している。

矛盾する「客観性」の解釈

ここまで、このとき前田と加藤の「客観性」に対する解釈は同じではない。前田は「客観性」を〈均衡性／非党派性〉のこととして解釈し、加藤は〈没主観性〉として解釈している。しかし、こうした相違について、前田と加藤は無自覚なままである。その後、「客観報道」について述べる文章で、加藤は前田への賛意を示す。

日本の新聞は客観主義、客観報道といいますけれども、それはあくまで括弧つきですね。明治のはじめにブラックが『日新真事誌』を出して、一党一派に偏しないで、或る意見に対しては反対意見も同時に並べるという西洋風の編集方針をとったわけですが、いまの客観報道というのはその流れとは言えませんね。ブラックの伝統はどこに行ってしまったのか。明治の新聞が括弧つき客観主義に近づいたのは、大阪の『朝日』『毎日』が発行部数を大幅に増やしていくところで、はじめて出てきたものじゃないでしょうかね。（加藤・前田 1980：131-132）

このように、加藤は「一党一派に偏しないで、或る意見に対しては反対意見も同時に並べるという西洋風の編集方針」を「客観報道」とみなしている。このとき「客観性」は「報道する主体」の〈均衡性／非党派性〉として解釈されている。加藤は二通りの「客観性」を使い分けて「客観報道」を語っている。

前田と加藤は、欧米の「客観報道」を日本のジャーナリズムが見習うべき理念として、そして日本の「客観報道」を「括弧つき客観主義」、かたちばかりの形式として実践されていると語っている。

（2）伊大知昭嗣『報道論入門』

ニュース報道論

『東京新聞』の記者を経て、大学で放送報道論、マス・コミュニケーション論を講義していた伊大知昭嗣は、一九八一年に刊行した『報道論入門』（教育史料出版会）において、「ニュースの社会的責任」という観点から「客観報道」に関する言説を展開している。

伊大知は「これまで新聞学やマスコミ批判書は数多く世に出ています。しかしマスコミ関係の入門書や概説書は意外に少なく、ましてニュースを中心としてまとめたものは、あまりみません」（伊大知 1981：259）と指摘する。その上で、この著作は「「ニュースとはなにか」を知る糸口を求めた」ものであり、その目的を「マスコミの実像の一側面を知る手がかりをつかんで」もらうことであるとしている。

真実の追究としての「客観報道」

伊大知は、ニュース報道における「客観性の堅持」について次のように説明する。

「事実をありのまま伝える」――それが客観報道のすべてです。ニュースの伝達は当然のことですが、なによりまず真実の追究を要求されます。そして報道に当って中立、公正をモットーとするのはマスコミの常道ですし、それは信頼と権威のためとされています。記者が基本的なおきてを守って主観を遠避け、事実を曲げようとするすべての圧力を排除し「これが客観的事実」とだけ伝えるなら、それはたしかによいメッセージとはされるでしょう。（伊大知 1981：159）

ここで「客観報道」は、「事実をありのままに伝えること」であるとされている。また、「主観を遠避け、事実を曲げようとするすべての圧力を排除」することであるともされている。前者は「報道する内容」に関する記述であり、その「客観性」は〈事実性（factuality）〉、より具体的には〈真実性（truth）〉として解釈されている。後者は「報道する主体」に関する記述であり、その「客観性」は〈没主観性（non-subjectivity）〉として解釈されている。

疑似化された「客観報道」

しかし伊大知は「理想的な楽観主義者はいつでも、取材、編集、制作の段階で個人の主観を徹底して排除すれば客観性の維持は可能だと主張します」（伊大知 1981：160）と述べ、「客観報道」実践の困難を主張する。

> いうまでもなく、ニュースの制作工程では、客観性確保にとっての危険性がいっぱいです。ニュース素材の収集段階で、すでに記者個人の価値観、イデオロギー、教養がニュース性の判断で作用するうえ、編集段階のニュースの取捨選択、選定のプロセスで、編集者の経験、価値観によるニュース価値の判断に加えて、社是、社の方針さえわり込む余地があるのです。一貫した客観性を貫くことは至難のことでしょう。（伊大知 1981：161）

このように、伊大知は〈没主観性〉の実践は「至難」であると述べる。そして、「客観報道」の「客観性」について次のように指摘する。

> それは決してマス・メディアの信頼と権威のためにニュースの客観性を重視した結果、生まれたのではな

く、対象である大衆のニーズにこたえた商品としてのニュースの大衆性、一般性の要求に合致する必要から、ニュースの「客観性」に疑似化されたにすぎないのです。したがって商品の大量生産性を前提とする現代のマスコミとしては、企業としてのペースを保持するため、いや応なく「客観報道」を謳わねばならないのです。（伊大知 1981：161）

ここで伊大知は、「客観報道」の「客観性」は、「ニュースの大衆性、一般性」が疑似化したものであると指摘する。それは大衆のニーズにこたえる記者の判断によって成立するのであり、したがって、その「客観性」は「報道する主体」の〈一般性（generality）〉に対応している。

続けて伊大知は、「当のマスコミはニュースが構造的にあいまいで、純粋な客観性の確立が維持しがたいことに気づいていないか、気づかぬふりをしているのではないでしょうか」（伊大知 1981：161）と述べて、「客観報道」を原則として疑わないジャーナリズムを批判する。ここでは純粋な「客観性」ということばが用いられているが、その「客観性」は先に指摘した〈真実性〉、〈没主観性〉を意味しており、右の文章で批判した、疑似化した「客観性」――〈一般性〉とは異なる。

「客観報道」の危険性

続けて伊大知は、「客観報道」は人びとを惑わせるとして、次のように述べる。

コミュニケーション手段が目覚しく進歩し、それは人々の意識誘導の技術の進歩までもたらしました。そのあげく事実と真実の識別を困難にさせるほどになっています。そうなると、〝事実の客観性という名の無制限なニュースの提示〟は逆に正確な判断を妨害さえしてしまいます。それに客観という名を借りた主観的報道は、意識する、しないにかかわらず大衆を誘導してしまいますから、ニュースの社会的機能から生ずる社会的責任の所在を、あいまいにしてしまうおそれがあります。(伊大知 1981:162-163)

ここで「客観報道」は、「客観性」の名のもとに取捨選択されない「事実」を無分別に羅列する報道として説明されている。すなわち、その報道は社会的事実をただ反映するだけであって、人びとを混乱させるというのである。このとき、そこで前提とされている「客観性」は、「報道する内容」の〈反映性(reflectiveness)〉に対応する。さらに「客観という名を借りた主観的報道」という表現は、「客観性」を「報道する主体」の〈没主観性〉として解釈していることを示す。つまり、「客観報道」の〈反映性〉は人びとを惑わせるし、「客観報道」は〈没主観性〉の存在によって実際は不可能だ、と述べる。前者は「客観報道」の可能によって成り立つ言説であり、後者は不可能によって成り立つ言説である。すなわち、矛盾した「客観報道」の解釈が、同時に存在している。このように、「客観性」の内容は、伊大知の主張する文脈に応じて使い分けられている。

最後に、伊大知は「客観報道」がもたらす問題点を解決する方法を次のように提案する。

ジャーナリズムは、なにより〝事実〟の真実性を徹底的に追及し、その根底にある要因を伝達することができる、より深い現実の分析を重視して、ついで、より強く未来を予見し示唆できるものでなければならない、ということでしょう。そしてマス・メディアにおいては解説、意見する社会的働きこそは、ニュースの客観性を補強する役目を果たします。したがってジャーナリズムには正確な報道ニュースと平行して的確な解説、意見ニュースの質量の拡大がはかられなければなりません。そこに初めて客観性のあるニュースの全体像が生れてくるはずです。(伊大知 1981:164)

問題を解決するには、ジャーナリズムが「〝事実〟の真実性を徹底的に追求」する報道が必要であると主張している。そうすることによって、「そこに初めて客観性のあるニュースの全体像が生れてくるはず」だと伊大知はまとめる。このとき、ここで述べられている問題の解決策は、多少言い回しが変わってはいるものの、伊大知が最初に説明した「客観報道」についての説明とほぼ同義となっている。

以上のように、伊大知の「客観報道」に関する言説は、「客観報道」を、まず「事実をありのままに伝える」ジャーナリズムの理念として語り、ついで実際には不可能な「客観性」を前提とした形式としての「疑似報道」であると批判し、最後に「真実性を徹底的に追求する」ジャーナリズムの目標としてその遵守を強調する展開を示す。

(3) 高橋正則「自由な新聞の報道原理」

「客観報道」に対する疑念

政治学者の高橋正則は、「新聞の報道原理」という観点から、『駒沢大学法学部研究紀要』第三九・四〇号に掲載した論文、「自由な新聞の報道原理――客観報道と主観報道の問題」(一九八二年)にて「客観報道」に関する言説を展開している。

本論文は、理論研究的な立場からなされた「客観報道」に関する研究の嚆矢である。そして、結果的に批判研究と理論研究の「客観報道」に対する問題意識の相違をはっきりと示している。それは、ジャーナリズム批判の文脈から「客観報道」の実践可能性に注目する批判研究と、ジャーナリズム批判とは直接的には関係なく、「客観報道」の「客観性」に注目する理論研究の相違である。

高橋は、冒頭で「新聞その他のマス・メディアのニューズ報道は、客観性をもたねばならない、あるいは、客観的立場から行われなくてはならない、と久しくいわれてきたが、このような主張は今日なお妥当性をもつのだろうか」（高橋 1982：1）と述べ、従来の「客観報道」観に対して疑義を示してみせる。その上で、近年「客観報道」を否定して「主観報道」を積極的に評価する主張があらわれていることを挙げ、そうした傾向に対して懸念を表明した。そして「客観報道」の再認識が求められているとして、次のように述べた。

本稿では、自由社会における新聞の報道が〈客観報道〉――それは形式的なそれではなく、「客観性に媒介された報道」という意味の新聞報道をいうものであることを明らかにし、客観性とはいかなる意味か。なぜ、「客観性に媒介された報道」でなければならぬかの理由を、読者個人の「知る権利」と、民主政治を動かす力をもっている〈世論〉との関係において考察してみる。（高橋 1982：3-4）

高橋は「客観報道」が必要とされる理由として、日本特有の新聞勧誘員による新聞の購読を挙げる。日本の新聞読者の多くは、購読している新聞を自らの知る権利に基づいて選択しているわけではなく、押し付けられている現状がある[22]。したがって「日本の新聞に要請されるのは、今日といえども、やはり〈主観報道〉でなく、〈客観報道〉でなければならない」（高橋 1982：6-7）と高橋は主張する。

形式的な「客観報道」

「客観報道」の説明について、高橋は「それ自体について考えてみると、その内容を明確に指摘することは決して簡単でない」（高橋 1982：7）と述べる。しかし「恣意的な〈主観報道〉」を避けるべきであるという「〝自明〟の原則」という常識に立てば、その輪郭は浮かび上がってくるとする。

そのことについて説明するために、高橋はまず、警察や官庁の発表記事の報道に着目して次のように述べる。

これらの発表記事は、「発表された」ものをそのまま記事にする場合と、それを基礎にして記者が独自の取材を行い、記事にする場合の二つに区別される。前者の場合は、「発表された」ものを、記者や新聞社側の主観を加えず、そのまま記事として報道するのであるから、一応〈客観報道〉といえる。これに反し後者の場合は、記者があらためて取材するのであるから、記者の主観が入り込む余地が生まれ、したがって前者と同じような意味の〈客観報道〉とはいえない。(高橋 1982:7)

ここで前者は「客観報道」、後者は「主観報道」とされる。けれどもその相違について、高橋は「あくまで形式的なそれ」であるとする。「ここで追求される〈客観報道〉というのは、〈真実〉を伝えるためのアプローチの方法としてのそれである。したがって〈主観報道〉といえども、〈真実〉を伝えるためのアプローチの方法として役立つことができれば、それを否定するものではない。ただ〈主観報道〉よりは、〈客観報道〉の方が、〈真実〉を伝えるためには、よりベターな方法だと考えられるがゆえに、〈客観報道〉の重要性が強調されねばならない」(高橋 1982:8)のであり、「いうまでもなく読者の「知る権利」は、〈真実〉の取材と報道によって充足される。単なる〈事実〉の報道ではない筈である。このことは、先述した単なる形式的〈客観報道〉と、〈真実〉を伝えるための〈客観報道〉とは、本質的に異なるものとした筆者の仮説に照応する」(高橋 1982:9)。

このとき、高橋は二つの「客観報道」の存在を述べている。一つは、発表されたものをそのまま記事にするような「形式的〈客観報道〉」である。そしてもう一つは、「〈真実〉を伝えるための〈客観報道〉」である。そして、「形式的〈客観報道〉」については、発表されたものを「記者や新聞社側の主観を加えず、そのまま記事として報道するのである」と述べている。したがって、「形式的〈客観報道〉」の「客観性」は、「報道する内容」の〈没主観性(non-subjectivity)〉として解釈されている。また、発表されたものを「そのまま記事として」とあるので、その「客観性」は「報道する内容」の〈事実性(factuality)〉、より具体的には〈真実性(truth)〉

としても解釈できる。ただし、ここでは発表されたものをそのままと述べているのであり、社会的事実をそのままとは述べていない。したがって厳密な意味での〈真実性〉としての「客観性」は、ここでは語られていない。

真実を伝えるための「客観報道」

このように述べた上で、高橋は「〈真実〉を伝えるための〈客観報道〉」について次のように説明する。

〈客観報道〉とは、その対象をあるがままに、即ち〈事実〉は事実として、さらに〈真実〉は真実として取材し、報道することである。それを先有的ないし意図的な〈主観〉によって取材し、報道する場合を〈主観報道〉というのである。この場合の〈主観報道〉は〈事実〉と〈真実〉をあるがままに報道しないのであるから、それは誤った報道となる。しかし〈真実〉が〈事実〉から隠されている時、それを追求する場合には、主観的なアプローチは不可避となる。問題は、それによって、〈真実〉がゆがめられないことである。主観的アプローチによって、〈事実〉と〈真実〉があるがままに把握され、報道されれば、それはやはり〈客観報道〉といえる。その場合、その主観は、客観性によって媒介されたものでなければならない。単なる恣意的な主観では、到底、〈真実〉に肉薄することはできない。（高橋 1982：9）

高橋は「客観報道」と「主観報道」の区別について、「具体的には、新聞の伝達する知識と情報の取捨選択の基準が、客観性にもとづくものであるかどうかによって左右される」（高橋 1982：9）と述べる。

高橋は「客観報道」について、「その対象をあるがままに、即ち〈事実〉は事実として」報道すること定義している。したがって、このとき「客観性」は「報道する内容」の〈事実性〉、より具体的には〈真実性〉として解釈されている。また、「〈真実〉は真実として取材し」報道することとも定義している。では、その〈真実〉を報道するための「客観性」とは一体どのような「客観性」なのだろうか。その「客観性」について、高橋は「非主観性を意味しない。知識を情報の選択基準としての客観性は現実性によって成立する」（高橋 1982：10）と述べている。

では、この「現実性」とは何だろうか。高橋によれば、「現実性」とは読者のニーズによって形成される、「知識と情報の伝達に当っての選択基準」である。そして自由社会における新聞における「現実性」が指し示す選択基準は、自由社会を成立させている原理としての価値観、すなわち多元的価値観を容認する選択基準であり、それこそが「現実性」であり「客観性」であるとする。したがって、高橋がここで主張する「客観性」は、「報道する主体」の〈一般性（generality）〉に対応している。

二つの「客観報道」の明確な区別

以上のように、高橋の「客観報道」に関する言説は、「形式的〈客観報道〉」と「〈真実〉を伝えるための〈客観報道〉」の明確な区別から成り立っている。前者は〈形式〉の「客観報道」であり、発表されたものをそのまま記事にするため「〈一応〉客観報道」とされる。そこでは「客観性」は「報道する内容」の〈没主観性〉として理解されている。

一方、後者は〈目標〉とされる「客観報道」であって、「〈事実〉は事実として、さらに〈真実〉は真実として取材し、報道」する。そこでは「客観性」は「報道する内容」の〈真実性〉および「報道する主体」の〈一般性〉として解釈されている。そして言説の展開のみに着目すれば、「客観報道」は、まずジャーナリズムの理念として説明され、形式としての現状を批判され、目標として実践することが要請されるという流れとなっている。

（4）浅野健一『犯罪報道の犯罪』

「客観報道」の偏り

『共同通信』の元記者としての経歴をもつ浅野健一は、犯罪報道の観点から「客観報道」に関する言説を展開している。

浅野は『犯罪報道の犯罪』（一九八四年、学陽書房）において、一二年間の記者としての取材経験をもとに、多数の実例を挙げて犯罪報道が被疑者に対するリンチとして機能している側面を指摘した。そして、それを「実名報道主義」による弊害であると厳しく批判した。そして、実名報道主義に変わる「匿名報道主義」の導入と、人権侵害をチェックする報道評議会の設置を主張している。

浅野は「間違いだらけの新聞界」という章で、「犯罪報道は客観報道主義から逸脱している」と問題提起した。そこでは、次のように述べられている。

> 私の記者経験で不思議なことの一つは、官公庁、大企業、大労組などの発表はそのまま大きく報道されるのに、小さな市民グループや個人の言い分はなかなか記事にならないことだ。とくに時の政府の打ち出す施策は大見出しで何度も報じられていくうちに既成事実化してしまう。日米軍事同盟、大型間接税、教育臨調、危機管理など、すべてこのパターンである。（浅野 1984＝1987：179）

新聞の「客観報道」について、浅野はこのような批判を投げかける。ここで「客観性」は、「報道する主体」の〈不偏性（impartiality）〉、具体的には〈均衡性（balance）／非党派性（non-partisan）〉として解釈されている。

そして、新聞にはそれができていないと批判する。

「客観報道」から逸脱する犯罪報道

浅野は、犯罪報道では「客観報道」は実践されていないと主張する。

客観報道主義の立場からすれば、政府の動きをそのまま伝えることは当然なのかもしれない。しかし、権力に無縁の人びとの発言はなかなか新聞に出ない。その典型が犯罪報道だ。捜査当局に逮捕された被疑者は、通常二三日間警察の留置場（代用監獄）に拘禁され、その間記者のインタビューは許されない。二三日間というもの、捜査官の「主観」ばかりが客観的事実として報道される。警察官は裁判では当事者になれないが、彼らが情報源なのだ。被疑者の肉声が自由に聞ける二四日目にはもう新聞裁判は完結しており、記者は取材に行こうともしない。（浅野 1984＝1987：179）

ここで「客観報道主義」は、上記の文章では「政府の動きをそのまま伝える」報道の姿勢として説明されている。したがってその「客観性」は、「報道する内容」の〈事実性（factuality)〉、より具体的には〈真実性（truth)〉として解釈されている。

浅野はまた、日本の新聞は事件の被疑者に対する取材をほとんど行わないことを指摘し、それをもって再度「客観報道」が実践されていないと主張する。

客観報道主義からいえば、事件の犯人とされている人に会って話を聞くのは当然な筈だ。とくに被告人が事件との関わりを否定している場合にはそれが不可欠なのだが、日本では特殊なケースを除いて〝獄中会見〃する記者はいない。……犯罪以外の取材では、両者の言い分を聞くという原則が何とか守られている。ところが犯罪報道では、このように客観報道主義の前提が完全に無視されている。（浅野 1984＝1987：180-181）

ここで「客観報道主義」は、「両者の言い分を聞くという原則」であるとされている。よって「客観性」は、「報道する主体」の〈均衡性／非党派性〉に対応している。したがって、浅野による「客観報道主義」の解釈は、「報道する主体」と「報道する内容」のどちらにも「客観性」が必要であるというものである。前者の「客観性」は〈真実性〉を、後者の「客観性」は〈均衡性／非党派性〉をそれぞれ意味している。そして、〈均衡性／非党派性〉が実践されていないために、〈真実性〉の実践が結果的に問題を引き起こしているとする。浅野は「客観報道」を、ジャーナリズムの理念ではあるが、実際には形式として実践されているだけの報道として語っている。

4 「客観報道」言説の総括

（1） 言及される「報道する主体」の「客観性」

以上、四つのテクストに生起した「客観報道」に関する言説の整理の結果を述べた。これらの内容をまとめたものが**図4**である。「客観報道」の構成要件が、「報道する主体」と「報道する内容」においてどのように語られているのかについて示している。

図4からは、一九八〇年代以前と同様の傾向、すなわち、「報道する主体」においては〈没主観性（non-

図4 「客観報道」に関する言説の整理

著者名 テクスト名	年	「客観報道」につながることば	客観性の構成要件								属性
			報道の主体				報道の内容				
加藤秀俊・前田愛 『明治メディア考』	1980	客観報道		○		○					C
伊大知昭嗣 『報道論入門』	1981	客観報道			○	●		●		○	Ba
高橋正則 「自由な新聞の報道原理」	1982	客観報道			○		●	○			B
浅野健一 『犯罪報道の犯罪』	1984	客観報道		●				○			A
			②関連性	③均衡性／非党派性	⑤一般性	⑦没主観性		①真実性	④中立的な表現	⑥反映性	

注）「客観性の構成要件」の記号
○：その構成要件の肯定
●：その構成要件の否定または不可能
△：その構成要件につながる説明がなされているものの、「客観性」とはみなされていない

「属性」（テクストを記した時点における著者の職業）の記号
A：現役のジャーナリスト
B：研究者
Ba：ジャーナリズム出身の研究者
C：それ以外
＊以上、著したテクストに記されていた履歴および肩書きから判断

subjectivity)〉が、そして「報道する内容」においては〈真実性（truth）〉が、それぞれ「客観性」の構成要件として語られていることが把握できる。

以前との違いは、「報道する主体」の「客観性」が以前よりも深く言及されるようになったことである。こうした傾向は、当時のジャーナリズムが数々の問題報道を引き起こし、政府の国家主義的な政策に対して有効な対応や問題提起ができなかったことに対して、社会全体にジャーナリズムのモラルを問う意識が強まりつつあったことのあらわれと考えられる。

ちなみに、**図4**で加藤秀俊・前田愛『明治メディア考』は、報道する主体の〈均衡性／非党派性〉および〈没主観性〉で「○」としてあるが、これはあくまで加藤・前田の欧米の「客観報道」に対する評価であり、日本の「客観報道」に対するものではない（彼らの解釈では、日本では「客観報道」は実践されていない）。

（2）一般化する「客観報道」

批判される宿命を背負った「客観報道」

一九七〇年代までに日本のジャーナリズム研究において用語として成立した「客観報道」は、一九八〇年代になるとそれ以外の分野でも語られはじめた。ジャーナリストとしての経験をもたない人、具体的には新聞記者を経験していない研究者が「客観報道」について語る状況が生じたのである。本章が取り上げた四つのテクストのうちの一つ、加藤秀俊・前田愛『明治メディア考』はそうした観点から選ばれている。

一九八〇年代、「客観報道」はもはやジャーナリズムのなかだけの特殊な専門用語ではなく、社会的に認知されたことばになっていた。このとき「客観報道」は、多くの場合に「報道する主体」の〈没主観性（non-subjectivity）〉や〈均衡性（balance）／非党派性（non-partisan）〉、「報道する内容」の〈真実性（truth）〉や〈反映性〈reflectiveness〉の観点から捉えられている。

しかしながら、「客観報道」が語られる状況は変化しなかった。ジャーナリズム研究において「客観報道」がジャーナリズムを批判するためのことばとして語られたように、それ以外の分野においても、「客観報道」はやはり同様の文脈で語られた。こうした状況は現在に至るまで続いている。それがどのような分野であれ、「客観報道」が取り上げられるとき、それは十中八九ジャーナリズムに対する、または「客観報道」自体に対する批判として語られる。さきに指摘したように、用語として成立した「客観報道」は、必然的に批判を浴びる宿命を背負い続けている。

ジャーナリズム研究における「客観報道」

用語としての「客観報道」が一般化した状況は、ジャーナリズム研究においても同様である。一九七〇年代までの言説では「客観的な報道」といった記述もみられたが、一九八〇年代前半には「客観報道」といった記述にほぼ統一されている。このとき「客観報道」は、説明を要しないジャーナリズム研究の常識として語られる傾向にあり、それについての具体的な説明は多くない。そして多くの場合、「客観報道」はあくまで批判の対象として語られている。そうしたなか、「客観報道」自体を研究対象として注目し、かつその説明を試みた高橋（1982）の取り組みは、「客観報道」研究の嚆矢として注目に値する。

そして一九八〇年代になると、社会において「客観報道」がジャーナリズムの原則、理念として認識されたことに対して、異議申し立てをしようとするジャーナリズム研究があらわれる。批判研究としての色彩が強いそれらの研究は、多くの場合にジャーナリズム出身の研究者によってなされ、自らの経験を前提として、ジャーナリズムの現場における「客観報道」は形骸化しており、理想であるどころか、むしろ弊害であることを説明しようとした。本章で取り上げたテクストでは、伊大知昭嗣『報道論入門』か、浅野健一『犯罪報道の犯罪』をその例として挙げることができる。その結果、「客観報道」はますます批判対象として語られるようになっていく。

(3)「客観報道」の〈理念〉・〈形式〉・〈目標〉

言説を構成する複数の「観点」

一九八〇年代前半の言説を概観したとき、そこにはある程度の傾向がみられる。その原型は、一九七〇年代の言説にすでに存在していた。その傾向を把握するには、「客観報道」に対する定義ではなく、「客観報道」に対する「観点」から言説を捉えることが有効である。同じように定義された「客観報道」を語るにしても、それを語る観点の違いによって、言説の志向する内容は違いをみせるからである。

本書で確認された観点は三つある。第一に「客観報道」を〈理念〉として捉える観点、第二に「客観報道」を〈形式〉として捉える観点、そして第三に「客観報道」を〈目標〉として捉える観点である。ここで、それら三つの観点について簡単に説明してみたい。

〈理念〉・〈形式〉・〈目標〉としての「客観報道」

「客観報道」を〈理念〉として捉える観点の場合、「客観報道」は昔からジャーナリズムの理念とされてきたという解釈がなされる。したがって、過去のジャーナリズムと絡めて用いられることが多い。〈理念〉としての「客観報道」は、「客観報道は一般的に……といわれている」という語られ方をする。このとき「……」の部分には、「報道する主体」の「客観性」としての〈没主観性(non-subjectivity)〉や〈均衡性(balance)/非党派性(non-partisan)〉に関する説明、または「報道する内容」の「客観性」としての〈真実性(truth)〉や〈反映性(reflectiveness)〉に関する説明が入る。そして「客観報道」を〈理念〉の報道として捉える観点は、言説において前提として語られる傾向にある。

「客観報道」を〈形式〉として捉える観点の場合、現在のジャーナリズムと絡めて用いられ、「客観報道」は現在では形骸化しているという解釈がなされる。〈理念〉としての「客観報道」の実践が不可能であることが強調された後、「客観報道」が〈形式〉となっていることへの無理解がジャーナリズムの問題点の要因なのだという語られ方をする。ジャーナリズムを経験した人間は、この部分の記述に力を入れる傾向にある。したがって、自らの経験を引用した内部暴露的なニュアンスで語られる場合が多い。そして「客観報道」を〈形式〉として捉える観点は、言説の中心的な内容を構成する。

「客観報道」を目標として捉える観点の場合、将来のジャーナリズムと絡めて用いられることが多い。〈目標〉としての「客観報道」は、〈形式〉としての「客観報道」が批判された後に語られるのが一般的である。そして、〈形式〉の報道に堕してしまった「客観報道」を主体的に実践することを目標として、ジャーナリズムの再生を目指そうという語られ方をする。しかし、そのための具体的な方策が示されることは少なく、抽象的な努力目標や希望としてジャーナリスト個人の意識改革に委ねられることが多い。そして「客観報道」を〈目標〉として捉える観点は、言説の結論として語られる傾向にある。

「客観報道」言説の展開

以上のように、「客観報道」に関する言説は、これら三つの〈理念〉・〈形式〉・〈目標〉の観点の組み合わせによって語られる。そして、それらの観点を要素によって整理したのが**図5**である。

そして、これらの観点を含む「客観報道」に関する言説は、〈理念〉→〈形式〉→〈目標〉といった展開で語られることが多い（**図6**参照）。

ここで、**図6**で示した言説の展開過程を、三つの例文を用いて説明してみよう。まずは例文①である。

図 5 「客観報道」を語る 3 つの観点

語られる観点	〈理　念〉	〈形　式〉	〈目　標〉
「客観報道」の評価	肯定的	批判的	肯定的
ジャーナリズムの歴史的位置	過　去	現　在	将　来

図 6 「客観報道」を語る 3 つの観点とその言説の展開

〈理　念〉 ⇨	〈形　式〉 ⇨	〈目　標〉
言説の前提	言説の内容	言説の結論

例文①：「客観報道」に関する一般的な批判言説

「客観報道」はジャーナリズムの原則とされてきた。しかし、その実践は現実には不可能である。実際には「客観報道」が形骸化した状態で実践されており、それがジャーナリズムの問題の一つとなっている。この問題を解決するためには、「客観報道」を主体的に実践するほかはない。

例文①は、「客観報道」に関する一般的な批判言説を簡略化して示したものである。「客観報道」を批判的に語る言説は、こうした語られ方をする。

しかし、この言説の意図を一瞥して理解することは困難である。この例文を読んで抱く印象は、「客観報道」を肯定すべきなのか、否定すべきなのか、それがまず理解しにくいということである。どちらかといえば、「客観報道」に対して否定的な内容であり、それゆえに批判的な言説であるといえる。けれども最後にはその実践が主張されており、この言説で語られる「客観報道」に対する理解はますますあやふやになる。

ここで例文①の意図への理解を深めるために、先述の三つの観点を加えたのが例文②である。例文②には三つの観点から語られている「客観報道」の部分に傍線を引き、またA、B、Cという記号を配した。それぞれAは〈理念〉、Bは〈形式〉、Cは〈目標〉という観点を意味している。

例文②：観点を示す記号を付す

「客観報道」（A）はジャーナリズムの原則とされてきた。しかし、その実践は現実には不可能である。実際には「客観報道」（B）が形骸化した状態で実践されており、それがジャーナリズムの問題の一つとなっている。この問題を解決するためには、「客観報道」（C）を主体的に実践するほかはない。

例文②は、Aは〈理念〉、Bは〈形式〉、Cは〈目標〉ということを念頭において読むならば、その意図するところは例文①と比較すると理解しやすい。ここで、さらに理解を深めるために例文②に観点そのものの記述を加えて示したのが例文③である。

例文③：観点の記述を付す

〈理念〉としての「客観報道」（A）はジャーナリズムの原則とされてきた。しかし、その実践は現実には不可能である。実際には〈形式〉としての「客観報道」（B）が形骸化した状態で実践されており、それがジャーナリズムの問題の一つとなっている。この問題を解決するためには、〈目標〉としての「客観報道」（C）を主体的に実践するほかはない。

例文③は、あらかじめ〈理念〉・〈形式〉・〈目標〉という観点が付されている。そのため、その意図を把握することが容易である。また、同じ定義を語りながら、その定義を語る観点の違いによって言説は構成されていることがわかる。

このように、言説のなかで語られる「客観報道」に対する観点を把握することによって、言説の意図を理解することは容易になる。しかしながら問題は、「客観報道」に関する批判言説は、例文①のようにシンプルなかたちで語られることはまずないということである。多くの場合、さまざまな報道事例、ジャーナリズムの現場における著者の経験、そしてジャーナリストとしての主張などが加わって語られるのであり、そこで「客観報道」がどのような観点で語られているのか、ましてや複数の観点から語られているのかなどを把握することは容易なことではない。

したがって、「客観報道」に関する言説は、「客観報道」が語られる観点に対する理解を実際には妨げる傾向にある。このことは、例文①を読んだときに生じる「客観報道」に対するあやふやな理解が、あやふやであることすらわからないほどの理解となることを示唆している。このとき「客観報道」に関する言説は、そこで語られる「客観報道」に対する見解や主張を理解するのが困難な言説として成立し、その本質的な理解が必然的に困難とされる状況を生みだしてきたといえるだろう。

そうした状況は「客観報道」に関する言説間の見解や主張の相違を理解しがたいものとし、その結果「客観報道」について体系的で生産的な議論はその発展が妨げられ、現在に至るまでの不毛な議論の原因となってきたように思われる。

(4) ジャーナリズムの危機と「客観報道」

一九八〇年代の「客観報道」に関する言説を語るとき、「ジャーナリズムの危機」と呼ばれたジャーナリズム状況を忘れるわけにはいかない。山本明は、ジャーナリズムの危機として、「民主主義の危機」と「ジャーナリズム固有の危機」の二つを挙げた(山本 1986)。ここで、その二つの危機に対して言及した「客観報道」に関するテクストを挙げ、その意義について考えてみたい。

「民主主義の危機」と「客観報道」

「民主主義の危機」という状況に対応するのが、高橋正則の論文である（高橋 1982）。論文冒頭で高橋は、一九八一年の「ライシャワー発言」に関する新聞報道に言及する。ライシャワー発言とは、一九八一年、ライシャワー元駐日大使が「日米間には口頭了解があり、実際に核を積んだまま寄港している」等と発言したことを指す。日米安保条約改定から三年後の一九六三年四月四日、ライシャワー駐日大使は大平正芳外相と会談し、核兵器を日本に「持ち込む（introduce）」ということばの定義を説明した。アメリカ政府の解釈では核兵器を日本に持ち込むとは、日本の領土内に核兵器を配備するという意味であり、在日米軍基地に核兵器を積んだ艦船が寄港または爆撃機が着陸するような場合は持ち込むにあたらないというものであった。ライシャワー駐日大使は前任者から引き継いだこの解釈を説明し、大平外相から了解を得たとされる。日本政府はそのことを否定してきたが、一九九八年に米国立公文書館で機密指定解除された資料のなかに、大平外相がそのことをアメリカ側に認めていたことを示す文書が存在していることが一九九九年に明らかになった。文書は一九七二年六月にレアード国防長官が攻撃型空母ミッドウェーの横須賀母港化や二隻の戦闘艦の佐世保への配備などを日本政府に認めさせるようロジャース国務長官に要請した書簡で、大平外相の了解がその後もアメリカ政府内の基本認識として生き続けてきたことをうかがわせる。日本政府は現在も「核搭載船の寄港も事前協議の対象」と主張しているが、事前協議の虚構性がアメリカ政府内の最高レベルが交わした文書で裏付けられたことになる。

この発言をスクープした『毎日新聞』の古森義久記者は、その手記「ライシャワー発言、新聞の欠落した部分」（『文藝春秋』一九八一年八月号）において、日本の三大紙による「ライシャワー発言」報道はアメリカの核戦略報道に偏っていて、一方の当事者であるソ連の核戦略に関する報道が皆無であると指摘した。ちなみに、この手記の副題は「新聞は防衛問題に関しても客観報道の原則を守るべきだ」となっている。高橋はこの手記を引用して、そうした報道の偏りに対して注意を喚起した。

高橋がこの論文を著したのは一九八二年であり、中曽根内閣の成立と同じ時期である。「ライシャワー発言」報道の偏りを取り上げた後で「主観報道」と「客観報道」の問題を論じはじめるところに、具体的に主張しているわけではないものの、日本政府の反動化とジャーナリズムの偏向に対する懸念が読みとれる。高橋はこの論文で、世論を誘導する可能性がある「主観報道」を積極的に認めるのは危険であり、自由社会における民主主義の実現のためには多元的価値を容認する「客観報道」が有効であることを主張した。

「ジャーナリズム固有の危機」と「客観報道」

「ジャーナリズム固有の危機」という状況に対応するのが浅野健一の著作である（浅野 1984＝1987）。先にみたように浅野は、多数の実例を挙げて犯罪報道が被疑者に対するリンチとして機能している側面を指摘し、被疑者に関する報道が捜査当局の発表に依存しているために偏っており、ジャーナリズムは「客観報道主義」を実践していないと厳しく批判した（浅野 1984＝1987：179–181）。浅野の批判は、主に「報道する主体」の〈均衡性（balance）／非党派性（non-partisan）〉が保たれていないことに向けられている。その一方で、浅野自身は結果的に極めて被疑者よりの主観的な言説を展開していると指摘されることもある。この点に関しては、評価が分かれるところである。その浅野の活動に対する評価は別として、その活動が「客観報道」に関する議論を活発化させたのは事実である。

浅野はその後『客観報道』（一九九三年、筑摩書房）を著し、「日本の客観報道は、実は客観報道の名に値しないのではないか」（浅野 1993：5）と述べ、さらに厳しくジャーナリズムを批判した。そして「あり得べき「客観報道」、当局の情報操作に対してある程度の耐性を持つ「客観報道」」（浅野 1993：16）を実践するための努力が必要であると主張した。

本質的な議論を妨げる「客観報道」批判

以上のように、「ジャーナリズムの危機」は、ジャーナリズム研究が「客観報道」を研究対象として認知する契機となった。その背景には「客観報道」がジャーナリズムの分野だけでなく、社会的にも注目されるようになったことがある。ジャーナリズムの危機は、ジャーナリズムだけではなく、社会全体の問題として捉えられていた。

しかしながら、批判のキーワードとしての「客観報道」は、繰り返し述べてきたように、便利な、換言すれば都合のよいことばである。したがってジャーナリズムの危機に対して一時的な批判を可能としたけれども、結果としてその本質的な議論を妨げることにもになった。

民主主義の危機を論じようとするとき、オピニオンをもたないジャーナリズムは、「ただ発表された事実を報道しているだけ」としてその「客観報道」を批判される。かといってオピニオンをもったジャーナリズムは、「偏っている」としてその「客観報道」をやはり批判される。

他方、ジャーナリズム固有の危機を論じようとするならば、残酷な映像であれ何であれ入手した情報を次々と報道するジャーナリズムは、上述のオピニオンをもたないジャーナリズムと同様の批判をその「客観報道」に対して受ける。かといって、情報をさまざまな基準から取捨選択するジャーナリズムは、「情報を操作している」として、やはりその「客観報道」は批判を受ける。

浅野が主張した匿名報道主義についても、彼は報道内容が被疑者よりも捜査当局の方に有利に偏っているために「客観報道」が実践されておらず、それゆえに匿名報道主義が必要とされることを主張したが、『創』のアンケートに答えたジャーナリストの多くは、捜査当局による情報操作によって「事実を報道すること」ができないために匿名報道主義は「客観報道」を妨げるとして異論を唱えたのであった。

このように、ジャーナリズムの危機の過程で、「客観報道」はジャーナリズムを批判することばとしてクローズアップされた。そしてジャーナリズムの問題点を一身に背負うことばとして認識されるまでに成長し、やがてその弊害を原寿雄によって問題提起されることになる。

第5章　客観報道論争

1　客観報道論争とは何か

(1)　客観報道論争の背景

一九八〇年代前半、ジャーナリズムは「ジャーナリズムの危機」と呼ばれる状況に直面し、ジャーナリズム研究もその危機に対処することが要請されていた。その過程で「客観報道」が、ジャーナリズムの問題点として注目を集めつつあった。「客観報道論争」とは、「客観報道」がもたらす弊害に注目したジャーナリズム研究者による問題提起を契機として、それに対して意見を寄せたジャーナリズム研究者ないしジャーナリストの間でかわされた一連の議論のプロセスである。

同一の研究テーマに対して論争というかたちで意見を交換し合うことが少なかった日本のジャーナリズム研究の歴史において、この客観報道論争は希有な存在である。本章は、この客観報道論争の分析を通じて、当時のジャーナリズム研究が「客観報道」に対してどのような解釈をしていたのかについて考察することを試みる。

同時に、本書が「客観報道」に関する言説史の一つの到達点として捉えるこの論争が、これまで語られてきた「客観報道」に関する言説といかなる関係性をもってあらわれるのかに注目する。なお、本章で取り上げられる人びとの役職、立場はすべて論争が行われた当時のものである。

（2） 客観報道論争の経緯

「客観報道論争」の展開

客観報道論争は、一九八六年一〇月に始まった。その契機となったのは、『共同通信』前編集主幹の原寿雄による問題提起である。原は『新聞研究』四二三号（一九八六年一〇月号）に「「客観報道」を問い直す——その弊害と主観性復活の危険」と題する論文を寄せた。これが客観報道論争を構成する最初のテクストとなる。

この原による問題提起を受けて、『新聞研究』四二五号（一九八六年一二月号）から『新聞研究』四二九号（一九八七年四月号）にかけて「「客観報道」再考」というタイトルのリレー連載が行われた。このリレー連載は、原による問題提起に対して、ジャーナリズム研究者ないしジャーナリストが自らの見解を寄せるというかたちをとった。

リレー連載の最初のテクストは、『毎日新聞』大阪本社社会部長の佐藤茂によるものであった。佐藤は『新聞研究』四二五号（一九八六年一二月号）に「弊害除去は記者の努力から——グリコ・森永事件の体験を通じて」と題する論文を寄せた。二番目のテクストは東京大学助教授の杉山光信によるものであった。杉山は同号に「価値前提と客観性——二つの例からの考察」と題する論文を寄せた。三番目のテクストは、『朝日新聞』論説委員の小田原敦によるものであった。小田原は『新聞研究』四二七号（一九八七年二月号）に「密着すれども癒着せず——「政治の客観報道」主義の限界と効用」と題する論文を寄せた。リレー連載最後のテクストは、『共同通信』ワシントン支局長の藤田博司によるものである。藤田は『新聞研究』四二九号（一九八七年四月号）に「まず情報源明示の努力を」と題する論文を寄せた。リレー連載「「客観報道」再考」は、このように一九八六年一二月に始まり、一九八七年四月に終わった。掲載された論文は四つであった。

リレー連載終了後、『新聞研究』四三一号（一九八七年六月号）に「「客観報道」の問題点とは何か」と題する座談会の記録が掲載された。この座談会は「『新聞研究』で行ってきた『「客観報道」を問い直す』というシリーズのいわば総括」（原 1987a：10）を目的として開催された。座談会には、問題提起者である原は出席したが、リレー連載を執筆した四人は出席しなかった。代わりに作家の本田靖春、『毎日新聞』東京本社編集局次長兼編集委員室長の岩見隆夫、『サンケイ新聞』東京本社特集部長の樋口正紀が出席した。司会は東洋大学教授の廣瀬英彦であった。この座談会では、リレー連載に掲載された論文に対する原の見解が示された。この座談会の記録をもって客観報道論争は終了する。

客観報道論争の区分

以上が客観報道論争の経緯である。本章はこの客観報道論争を三段階に区分して、それぞれの時期のテクストを分析、考察することを試みる。第一段階として区分されるのは、原による問題提起である。したがって、対象となるテクストは問題提起をした原の論文となる。第二段階として区分されるのは、リレー連載「「客観報道」再考」である。したがって、対象となるテクストは、佐藤、杉山、小田原、藤田の各論文となる。そして第三段階として区分されるのは、座談会「「客観報道」の問題点とは何か」となる。

論争の段階的な区分は、それぞれ論争の開始、展開、終結というようにその進行に応じて行ったものである。より明確な時間的な区分を施すならば、第一段階は一九八六年一〇月、第二段階は一九八六年一二月から一九八七年四月、第三段階は一九八七年六月というように区分できる。

2 客観報道論争の開始——その第一段階の分析

(1) 原寿雄「「客観報道」を問い直す」

『共同通信』前編集主幹の原寿雄は、『新聞研究』四二三号(一九八六年一〇月号)に「「客観報道」を問い直す——その弊害と主観性復活の危険」と題する論文を寄せた(以下、原論文と表記)。

原はこの論文を著した理由として、「客観報道原理という美名のもとに、いまのジャーナリズムが抱える諸問題がえぐり出されないでいるという意識」があったために、あえて「多くの問題を提起してみた」と後に語っている(原 1987a：12)。ちなみに、原論文は、「一 いまなぜ客観報道が問題か」、「二 なぜ客観報道が大勢化したか」、「三 客観報道はどこまで可能か」、「四 結び——新しい客観報道を目指して」という四つの部分から構成されている。まず、これらを順に検討していく。

一 いまなぜ客観報道が問題か

「一 いまなぜ客観報道が問題か」において、原は「客観報道」を問題として注目した理由について説明している。

原は冒頭で「デマに踊らされた兜クラブ」を事例として取り上げる。一九八六年七月二二日一三時頃、兜町の記者クラブに三井金属の社員を名乗る人物から、同社所有の鉱山で金鉱脈が発見されたので一五時から記者会見をしたいとの電話連絡が入った。この連絡を日本短波放送はいち早く放送した。しかし、その後虚偽であることがわかり、同放送は訂正放送を行った。この電話は、三井金属の株価操作を狙ったものであり、実際に同社の株価は跳ね上がった。結果的に兜町の記者クラブは株価操作のお先棒を担いでしまったのである。

嘘の電話の内容を検証しないまま報道してしまった事実は、「発表による情報操作の問題」（原 1986a：33）を示唆していると原は指摘した。原によれば、この問題は「〝発表ジャーナリズム〟の原理とまでいえるほどになってしまった客観報道の落とし穴」によってもたらされたものである。ここで「客観報道」は、「発表をそのまま右から左へ流し伝える」報道として解釈されている。つまり、情報内容の判断や評価よりも発表されたという事実に依拠して報道する発表ジャーナリズムの主要因として語られている。

続いて原は、「客観報道」を問題とすべき理由を四つ挙げる。

第一の理由は、「事実を客観的に報じるという原則が、情報操作の武器としてニュースソース側に利用される状況がいよいよ拡大、発展していると思うからである」（原 1986a：34）。原は「現代日本は広報洪水時代であり、アナウンス社会化しつつある」ことを指摘し、「そういう時代にマスメディアの機能、特にその客観報道原則が悪用されないためにどうすべきか、それを問い直す必要性を強調したい」と述べる。

第二の理由は、「調査報道の一層の強化を望みたいからである」（原 1986a：34）。原は「客観報道主義はいつの間にか権威による発表待ちの姿勢を新聞、放送界に育成してしまった」と述べ、そうした「怠惰な客観報道主義」がニュースソース側による「情報操作と情報管理」を可能にすることに対して注意を促す。そして「発表報道の対極にある調査報道」を「新聞社は独自取材を強化して」実践すべきであると主張する。

第三の理由は、「発表待ち記者の大量創出によるジャーナリズムの衰退を考えるからである」（原 1986a：35）。原は記者クラブで発表待ちしているだけの記者が増えてきているとして、そうした「考えない記者」の誕生に懸念を示す。そして「ジャーナリストとしての判断を放棄してもトップ記事が書ける。客観報道は安直な書き写し作業にまで堕落し得る」と述べる。

第四の理由は、「主観主義報道論が強く出てきているのを問題にしたいからである」（原 1986a：35）。原は、黒田清が『新聞記者の現場』（一九八五年、講談社現代新書）で主観報道を主張していることを取り上げ、「いまの客観報道が人間の喜怒哀楽から離れて、しばしば干からびた無機質の記事になり終わっているために、読者にアピールしなくなっていることへのアンチテーゼとして理解し得る」（原 1986a：35-36）と述べる。このように黒田の主張に一定の理解を示す原ではあるが、やはり主観報道は認められないと主張する。それは「読者に説得力を持つための感情移入の主観記事は、しばしば情緒に流れ、時に扇情的になりやすい」からであり、戦争中の新聞報道が主観報道にはしり戦意高揚の役割を果たしたことに対する反省のためである。

二　なぜ客観報道が大勢化したか

「二　なぜ客観報道が大勢化したか」で、原は「客観報道」が日本のジャーナリズムに導入された理由を説明している。その理由として、原は三つ挙げている。

第一の理由は、「客観報道」はジャーナリズムの目指す真実の報道にとって必要最適の原則であったからである。「客観報道はデータに即して帰納的に書き、出来るだけ先入観を排除して事実に忠実になろうとすることで、真実に近づく可能性をより多く期待できる、と信じられてきた」（原 1986a：36）。

第二の理由は、「客観報道」が新聞を商品として考えたときに最も相応しい原則であったからである。それは「事実だけを提供し、判断は読者に任せることで一人でも多くの読者を獲得するという政策」であり「コマーシャリズムと無縁ではない」（原 1986a：36）。

第三の理由は、「客観報道」は、メディア側の責任回避の手段として機能するからである。「権威の発表をそのまま書くことで万一の場合、誤報の責任から逃避しやすい。「とみられる」「といわれる」型の記事も、責任回避意識から多用されている客観報道の定型と言えるのではないか」（原 1986a：36）と原は述べる。(3)

三　客観報道はどこまで可能か

「三　客観報道はどこまで可能か」において、原は「客観報道」の「客観性」について自らの見解を示す。原は「客観報道」の代表的な解釈として、伊藤正巳による解釈を取り上げている。[4]

伊藤正巳東大教授は、「客観報道とは『何らの先入観もなく、何らの偏見もなく、またある特定の立場によるわい曲もなしに、客観的事実をそのまま報道する、あるいは論評については、そういう真正な事実を基礎において論評する』ことだと考えている」と述べている。これは客観報道の代表的解釈と言えるように思う。（原 1986a：37）

原はこのように述べた上で、伊藤の解釈による「客観報道」が実践可能かということに疑義を示す。そして「厳密にみれば客観的という本来、自然科学上の用語を、価値観の避けられないジャーナリズムにそのまま適用することには無理がある」として、「仮説を検証する自然科学の実験は客観的に記録できても、歴史の記録はあくまで主観的判断に基づかざるを得ない」ために、「科学的客観性は不可能」であるとする。そして、不可能であるにもかかわらずそれに対して「幻想」を抱いていることが「今日の客観報道の本質的な問題」をまねいているると指摘する。このとき、原にとって「客観報道」の「客観性」は「あくまで努力目標」として認識されている。以上のような見解を述べた後、原は「客観報道」に対する自らの解釈を改めて次のように述べる。

客観報道は決して没主観を前提にするものではない。あるテーマを報道しようとする時、そのテーマの本質を最もよく表していると考えられる事実をできる限り豊富に取材し、できる限り客観的に、構成、表現する。客観的にとらえ、客観的に表現するということは、自分の主観的立場をもできるだけクールに客観視するということであろう。客観報道主義とは、報道が主観作業であることを前提に、そういうターゲットを日常の報道活動の中に持っている、と解すべきではないか。（原 1986a：37–38）

このように、原は「客観報道」を主体的に実践することが求められていると主張する。

四 結び――新しい客観報道を目指して

「四 結び――新しい客観報道を目指して」において、原は日本のジャーナリズムが「客観報道」の功罪を洗い直すべきときを迎えていることを強調した。そして、そのためには「過去四十年間、客観報道の旗を掲げてきた結果、いかに弊害が大きくなっているかを直視すること」が求められているとして、現在の形骸化した「客観報道」を排して「あるべきニュー・オブジェクティブ・リポーティングを模索すべき」であると主張した。それでは、ここで原が主張するニュー・オブジェクティブ・リポーティングとは一体どのような「客観報道」のことを指すのだろうか。原は次のように述べる。

あるべき客観報道の一つには解説的記事の必要性が浮かび上がってくる。事実の意味づけ、評価を加味することが事実羅列主義から脱皮する道である。断片的事実の羅列から事実を構造的にとらえなおし、事実の意味を追求する。解釈報道の開発である。（原 1986a：38）

原はこのほかにも、個々の記者の判断力を磨くための「日常不断の勉強」の必要性、ニュースソースへの依存に対する自覚としての「マイノリティーの重視」、発表や発言の内容を独自取材で検証する「検証報道、あるいはアフターケア報道の努力」の実践、記者配置のシフトを思い切って調査報道シフトに変えることによる「独自取材の強化」等々、ニュー・オブジェクティブ・リポーティングを実践するための具体策を述べてジャーナリズムによる自助努力を要請している（原 1986a：38）。

そして最後に「新聞に対する読者の客観性要求」がいまなお強いというデータを提示して、ジャーナリズムがこの期待に応えることが求められていることを暗に示唆している。

（2） 原論文の目的と背景

民主主義の危機への危惧

原がこの論文を著した背景には、一九八〇年代前半のジャーナリズムの危機に対する強い危惧が存在している。原は、山本明が民主主義の危機と呼んだジャーナリズムの危機に対して、「客観報道」がその一因となっていることに危惧を示した。それは次のような記述にあらわれている。

ダブル選挙を前に、中曽根首相、金丸幹事長をはじめニューリーダーたちの政治的思惑を秘めた発言が連日、右から左に報道され、揚げ句の果て各紙「寝たふり、死んだふり」に見事ゴマ化されたお粗末を見聞しながら、ついに客観報道もここまで来たか、の感慨を持った。（原 1986a：34）

一九五〇年代のアメリカに赤狩り旋風をまき起こしたマッカーシズムは、上院議員という権威が「米各界にいるソ連のスパイ・リスト」を一方的に発表し、新聞、放送がこれを大々的に客観報道した結果だった。日本でも、捜査当局が適時摘発し発表するスパイ事件の客観的報道を重ねていくうちに、スパイ防止法づくりのムードを醸成していく、その危険な可能性が強いことを自戒しておくべきではないか。（原 1986a：34）

これら一連の記述には民主主義の危機、具体的には当時の日本政府の反動化に対する強い懸念が示されている。

ジャーナリズム固有の危機への危惧

原は、山本が指摘したもう一つのジャーナリズムの危機であるジャーナリズム固有の危機に対しても、同じように危惧を示してみせる。原は当時のジャーナリズムの注目を一身に集めていたグリコ・森永事件を取り上げて、次のように指摘する。

> グリコ・森永事件の犯人がマスメディアを利用できたのは、客観報道主義の利用といえる。もちろんセンセーショナリズムが背景にあることも否定できないし、政治家や財界人がマスメディアを利用しているのを犯罪人が真似したにすぎない、とみることもできる。無視するには余りにも深刻な内容だったともいえよう。いずれにせよ、犯人側は毒入りチョコをちらつかせながらの手紙を報道各社に送りつけ、その事実が客観的に報道されることを十分期待したうえでの行為であり、期待通り、あるいは期待以上に大きく報道された。
> (原 1986a：34)

原はこのように述べ、ジャーナリズム固有の危機において「客観報道」が果たした役割を強調する。同時に、ジャーナリズム固有の危機には民主主義の危機に由来する問題が間接的に存在していることを匂わせている。

主観報道復活への危惧

また、原は「客観報道」を問題とする四つの理由のうち、第四の理由として挙げた主観報道論の危険性について述べる際にも、再度、民主主義の危機について危惧を示している。原は戦争中の新聞記事が「読者国民と喜怒哀楽を共にしながら戦意高揚の役割を果たしてきた」（原 1986a：36）ことを指摘した上で、次のように述べる。

国家間の対立利害にからむニュースをエモーショナルに扱うことで戦争への導火線になった歴史の教訓も多い。感情的なナショナリズム報道は、国際間の理解を妨げるばかりではなく、しばしば平和の敵である。（原 1986a：36）

読者大衆の感性は、総じていつも保守的であることが多い点も、留意しておくべきことのように思う。感性に訴えるセンセーショナリズム報道が、歴史的にみれば、古いモラルを下敷きにした保守的なキャンペーンになり勝ちなのは、このことと無関係ではないように思う。（原 1986a：36）

悪しき客観報道が横行、氾濫《はんらん》し、害毒をもたらしているからと言って、主観報道に復帰すべきだろうか。むしろいまの時点で私は、主観主義の危険の方を強調しておきたい気持ちが強い。というのも、日本の民主主義はまだまだひ弱であり、ファシズムの危険な芽を完全につみ取った社会システムになり切っていない、と判断するからである。主観主義ジャーナリズムは意志と感情のジャーナリズムであり、ファシズムにとって最適の温床となりやすい。（原 1986a：36　ふりがなは原文）

原はこのように主観報道が日本の現状に即していないことを指摘して、「いまの日本では主観性の強調の危険性の方が大きい、と私は考える」（原 1986a：36）と述べ、「客観報道」の遵守を強調する。(5)

（3）原論文の分析と考察

原論文における「客観性」

ここで、第4章までと同様に、原論文における「客観報道」に関する言説、その「客観性」に対する解釈の分析をしてみたい。

原は「客観報道」ということばを論文の題名に用いている。このことは、「客観報道」が用語として認識されていることを示唆している。

すでに指摘したように、原は「客観報道」の定義として伊藤正巳による「客観報道」に対する解釈を用いた。このとき、「客観報道」の「客観性」は四つの意味で捉えられている。それは、「報道する主体」の〈不偏性（impartiality）〉、より具体的には〈均衡性（balance）／非党派性（non-partisan）〉と〈没主観性（non-subjectivity）〉である。そして、「報道する内容」の〈事実性（factuality）〉、より具体的には〈真実性（truth）〉と〈反映性（reflectiveness）〉である。そして、原はとくに〈没主観性〉をこの「客観報道」の解釈の主眼であると捉え、そうした「科学的客観性」（原 1986a：37）は不可能であると主張している。

原論文における「客観報道」言説の展開

次に、原論文における「客観報道」に関する言説の展開過程に目を向けてみる。第4章で「客観報道」を語る三つの観点を示唆し、最も一般的な「客観報道」に関する言説、すなわち「客観報道」を批判する言説の展開が、〈理念〉→〈形式〉→〈目標〉といった順で語られる傾向にあることを指摘した。ここで、原論文の構成と観点からみた展開過程を示すと**図7**のようになる。

図7　原論文の構成と観点からみた展開過程

〈形　式〉	①発表ジャーナリズムの要因として、形骸化した「客観報道」が形式として実践されているとして批判し、またその問題点を指摘する。
〈理　念〉	②「客観報道」がジャーナリズムの原則として採用された理由を述べ、ジャーナリズムの理念としての側面を説明する。
〈形　式〉	③「科学的客観性」は実践不可能であることを説明し、理念としての「客観報道」は幻想であることを指摘する。
〈目　標〉	④ニュー・オブジェクティブ・リポーティング、すなわち目標としての「客観報道」を実践することを主張する。

最初に形式の報道が述べられていることを除けば、すでに述べた一般的な「客観報道」に関する言説の展開過程と同じである。こうした展開過程は、「四　結び——新しい客観報道を目指して」においてニュー・オブジェクティブ・リポーティングについて述べられた次の一文に要約されている。

> いまでは客観報道の原則（A）が空洞化し、新聞ジャーナリズムの衰弱、退廃の根源にまでなってしまっていることを重大視することである。そして、エセ客観報道（B）を排して、あるべきニュー・オブジェクティブ・リポーティング（C）を模索すべきである。（原 1986a : 38）

この文章には、三つの観点から語られている「客観報道」の部分に傍線を引き、またA、B、Cという記号を配した。それぞれAは〈理念〉、Bは〈形式〉、Cは〈目標〉という観点が含まれた「客観報道」である。そして、実際に観点を付記して文章を再構成すると、以下のような文章になる。

> いまでは〈理念〉としての「客観報道」の原則（A）が空洞化し、新聞ジャーナリズムの衰弱、退廃の根源にまでなってしまっていることを重大視することである。そして、〈形式〉として形骸化した「客観報道」（B）を排して、あるべき〈目標〉の報道としての「客観報道」（C）を模索すべきである。

したがって原の言説は、従来の「客観報道」に関する批判言説と、基本的には同じように構成されているといえる。

改善策を提示する原論文

しかしながら、原論文がこれまでの「客観報道」に関するテクストと比較して、決定的に異なる部分が存在する。それは「客観報道」の弊害を批判した後、具体的な改善策を述べていることである[6]。

従来のテクストが、「客観報道」の弊害を批判しながらその具体的な改善策を示さず、ともすれば抽象的な努力目標や希望を述べて事足れりとしてきたのに対し、原論文では、最後に解釈報道の開発ほか、さまざまな改善案が述べられている。

これは諸刃の剣である。なぜなら、これまでの「客観報道」に関するテクストは、具体的な改善策を示さないことでその結論においてお茶を濁し、自らの批判に対する反論や意見を封殺してきた。けれども原のように具体的に改善策を述べれば、具体的であるがゆえにそれに対する批判を許容することになる。事実、その後のリレー連載では、原の改善案は批判の対象となっている。

しかしながら、そうした批判を受けること自体、原が主張する改善策が、実際に議論される意味のある、現実のジャーナリズムに対して何らかの影響を及ぼしうるものであることを示唆しているともいえる。

その意味で、原の「「客観報道」を問い直す――その弊害と主観性復活の危険」は、ジャーナリズム研究においてきわめてエポックメイキングなテクストであった。その後の「客観報道」研究の活発化は、この原の業績に負う部分が大きい。

3　客観報道論争の展開――その第二段階の分析

(1)「客観報道」を問題とする四つの理由

客観報道論争の第一段階において、原は「客観報道」を問題とする四つの理由を指摘した。そして、これらの理由をもって「客観報道」を問い直す必要性を説いた。原の問題提起を契機として始まったリレー連載、すなわち客観報道論争の第二段階において、議論の焦点となったのもこれら四つの理由であった。ここで、原が指摘した「客観報道」を問題とする四つの理由を要約して示すと、以下のようになる。

①「客観報道」は、ニュース・ソース側による情報操作を受ける可能性がある。
②「客観報道」は、調査報道の弱体化をまねいている。
③「客観報道」は、主体性のないジャーナリストを大量創出する要因となる。
④「客観報道」は、形骸化することによって主観報道を復活させる可能性がある。

本書では、これら四つの理由を客観報道論争の第二段階における論点として考え、各テクストがこれらをどのように解釈しているのかに注目して分析を進めていく。より具体的には、テクスト中にそれとみてとることのできる互いのテクストについての引用部分を主たる指標とする。そして、原ないし他論者のテクストのどの部分が引用されているのか、また引用部分に対してどのような解釈がなされているのかということに的を絞って分析していく。

(2) 佐藤茂「弊害除去は記者の努力から」

グリコ・森永事件の体験を通じて

原論文に対して最初に論文を寄せたのが、当時『毎日新聞』大阪本社社会部長だった佐藤茂である。佐藤は、『新聞研究』四二五号（一九八六年一二月号）に「弊害除去は記者の努力から――グリコ・森永事件の体験を通じて」と題する論文を寄せた（以下、佐藤論文と表記）。

佐藤はグリコ・森永事件の取材と報道の経験から、原の問題提起に対して答えるかたちをとっている。ちなみに佐藤の論文は、「「グリコ・森永事件」という薬」、「受け身では記事は書けない」、「「編集局遊軍」の調査報道」、「「発表ジャーナリズムを超えるために」」という四つの部分から構成されている。

「客観報道」を問題にすべき症候群？

佐藤は論文冒頭で、原が指摘した「客観報道」を問題とする四つの理由を「「客観報道」を問題にすべき症候群」（佐藤 1986：32）と呼んで引用した。そして、これらの原による指摘を「ハッとさせられる診断も多い」と評価してみせた。その上で、佐藤は原による問題提起を「模範であるはずの客観報道主義が実は病んでいるという告発だろう」と解釈し、「「客観報道」を問題にすべき症候群」に「効くクスリ」としてグリコ・森永事件における取材と報道を挙げた。その理由について、佐藤は次のように述べる。

グリコ・森永事件の取材、報道に責任をもって当たり、そして、いずれ担当をはずれた後も、その体験をしっかり身につけておれば、原氏が言われるような「客観報道」の弊害から、かなりの程度まで免れるだろうと感じている。（佐藤 1986：32）

佐藤は原の主張に対して、最初からどちらかというと批判的である。その理由としては（その後の佐藤の言説をみれば明らかなことではあるが）、原が「客観報道」の弊害の事例としてグリコ・森永事件報道を批判的に引用したためであると推測できる。佐藤の立場からすれば、グリコ・森永事件報道の現場に直接関わっていない原が、佐藤自らが「責任を持って」あたった報道を批判することに納得がいかないのである。

このように述べた後、佐藤は原による「客観報道」を問題とする四つの理由に対して、そのすべてにグリコ・森永事件報道での取材と報道の経験から反論してみせる。佐藤の態度は、原の主張に反論することによって、あたかもグリコ・森永事件報道を正当化しようとするがごとく目に映る。

「ニュース・ソース側による情報操作を受ける可能性」に対する反論

佐藤はまず、原が「客観報道」を問題とする第一の理由として挙げた「ニュース・ソース側による情報操作を受ける可能性」に対して反論してみせる。すなわち、原の「グリコ・森永事件の犯人がマスメディアを利用できたのは、客観報道主義の利用といえる」、「政治家や財界人がマスメディアを利用しているのを犯罪人が真似したにすぎない、とみることもできる」（原 1986a：34）との見解に対して、次のように述べる。

グリコ・森永事件に即していえば、私たちは、犯人が送ってきた挑戦状はすべて掲載したが、右から左へと流し伝えたわけでも、内容の判断や評価を怠ったわけでもなかった。その結果、利用された面があったことも否定できないし、判断にセンセーショナリズムの要素が全くなかったなどと、きれいごとを言うつもり

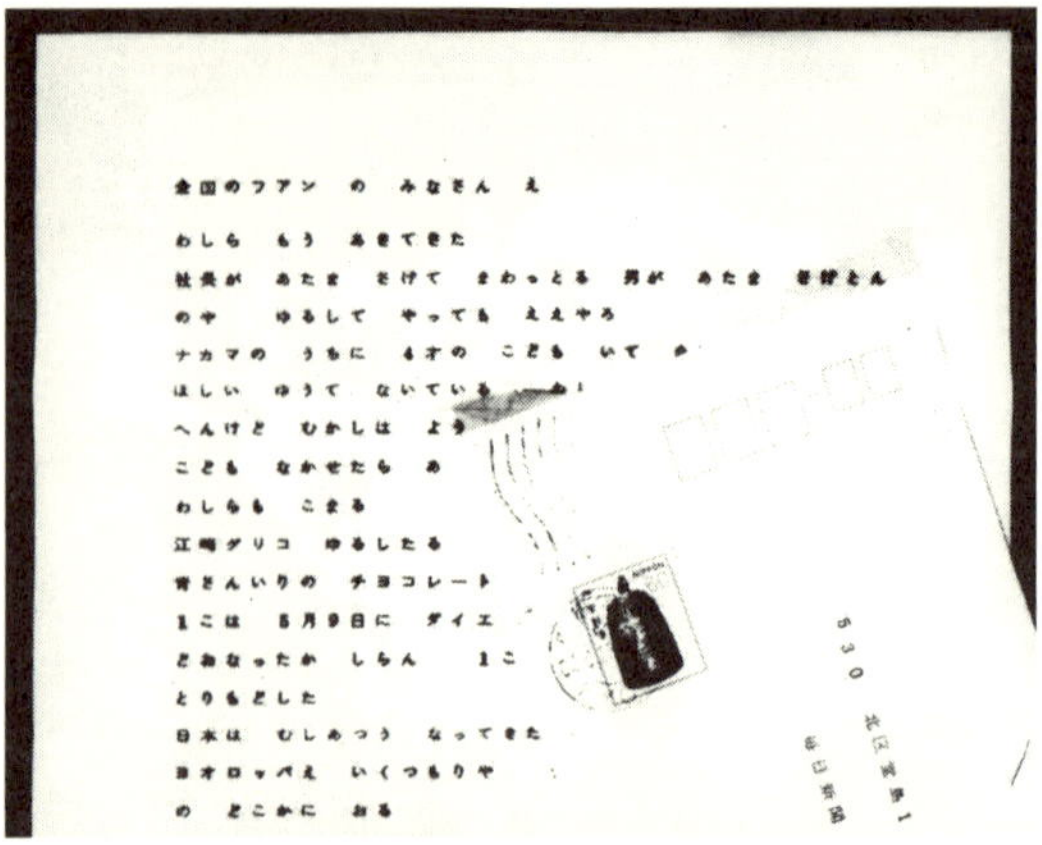

毎日新聞大阪本社に郵送されてきたグリコ・森永事件の犯人グループのグリコ脅迫終結宣言（1984年６月26日、写真提供・毎日新聞社）

はないが、挑戦状は犯罪人からの「発言」であるだけに一層、慎重に、客観的にも検討し、アナウンスメント効果についても考慮したうえで、一回、一回、考え、悩みながら決断したのであった。紙面扱いについても、識者のコメント、警察の見方、事件の流れの中での、あるいは社会の中での位置づけの試みなどを添え、できるだけ客観的に読者がとらえ得るように努力したつもりだ。（佐藤 1986：32）

佐藤はこのように述べ、犯人からの脅迫状は熟慮の末に掲載したのであって、原が指摘する「右から左へ流し伝える客観報道」をしたわけではないと主張する。そして逆に「挑戦状は権威ある機関を通さずに、その情報操作にもわずらわされずに新聞社が入手し得た一種の第一次素材とみることもでき、それをできるだけ客観的な形で報道することに、十分意味があると言えるだろう」（佐藤 1986：33）と述べ、捜査当局による情報操作を受けずに報道したことを自己評価する。さらに、「悩み抜いた末、挑戦状を載せ、さらに足で取材した情報もつけ加えて紙面を作った」ことによって「社会の関心が大いに高まった」ので、「幸いに毒入りチョコによる直接の被害は出なかった」と述べる。つまりグリコ・森永事件報道は、毒入りチョコによる被害を未然に防いだのだというわけである。

佐藤は以上の論理で、グリコ・森永事件報道で犯人からの脅迫状をすべて掲載した「客観報道」は、熟慮の末に行われた有益な報道であったことを言外に主張して、第一の理由を否定してみせる。佐藤は、脅迫状をすべて掲載することで結果的にグリコ・森永事件の犯人による情報操作を受けたことに対しては、それが問題だったとする認識は示していない。

「調査報道の弱体化」に対する反論

原が第二の理由として挙げた「調査報道の弱体化」に対しては、佐藤は次のように反論する。「今も各社熱心に続けているグリコ・森永事件の報道は、事実上、各社ごとに独自の調査報道になっている」（佐藤 1986：33）。捜査当局はこの事件に関して箝口令を敷いているために情報は漏れてこない。そのため、グリコ・森永事件では新聞各社は独自取材をするしかないと佐藤は述べる。そして「もともと発表のない世界だから発表待ちの姿勢は育ちようがない。座っていては情報は入ってこない世界であり、受け身で待っていては一本の記事も書けないのだ」と主張する。このようにグリコ・森永事件では記者クラブに頼らず独自取材をしたとして、佐藤は第二の理由も否定してみせる。

「主体性のないジャーナリストの大量創出」に対する反論

原が第三の理由として挙げた「主体性のないジャーナリストの大量創出」に対しては、第二の理由と同様に、捜査当局が情報を提供してくれないので「当局がアレンジした目で見ることはない。当局は確認も、裏付けも、コメントもしないのだから、自分の目で判断するしかない」（佐藤 1986：34）と述べる。したがって、グリコ・森永事件では記者自らが判断しているとして、原の指摘に反論してみせる。

しかしながら、このように反論したにもかかわらず、捜査当局に情報を依存する状態を自ら肯定的に評価して「「当局者の目」を借りることは、単に容易であるばかりでなく、ぼう大な情報を握っている当局と良好な関係を保ち、引き続いて情報を得られる状態にしておくためにも、採りやすい方法である」と主張する。すなわち、原が指摘するような記者クラブへの情報依存はしていないし、そうした情報依存があってもそれはあくまで戦略的なものであることを強調する。

その上で、グリコ・森永事件では良好な関係を保とうとしても捜査当局は情報を提供してくれるほど「甘くない」ので「いい加減な〝配慮〟で「当局者の目」に乗っても全く無駄であり、自分が「考えない」ことへの口実にはならない」と述べる。

このように、佐藤は第三の理由に対して二つの否定をしてみせる。一つはグリコ・森永事件では記者クラブに依存していないという否定。もう一つは、普段は記者クラブに依存することも戦略的に必要だとする否定である。

「主観報道の復活への危惧」に対する同意

原は第四の理由として「主観報道の復活」への危惧を挙げた。佐藤は、この危惧に関しては初めて原の意見に同意してみせる。「「今の日本で主観性の強調の危険性の方が大きい」とされたのは、全くその通りだと思う」(佐藤 1986：34)。

このように佐藤が同意する理由は、おそらく原がこの第四の理由では「客観報道」を批判せず、それを主観報道の危険性を回避するために必要なものとして主張しているからであろう。原がそう主張したのは、何より民主主義の危機に対して危惧を抱いたからであった。

しかし佐藤は主観報道を否定し「客観報道」を肯定する原の意見には同意を示すものの、民主主義の危機に対してはあまり関心がない。佐藤は、原の意見が「客観報道」、具体的には佐藤自身の報道姿勢を肯定しているために同意を示すのであって、民主主義の危機について同意しているわけではない。それは、次のようなことばからも明らかである。

私の周辺でも、中年以上の新聞読者の間で、民主主義への危険といったレベルの話ではないが、記者の判断、感情移入を夾雑物としか見ない人、記事を読む時、それらを排除しつつ文意をたどっていると語る読者が、明らかに増えている。（佐藤 1986：34）

佐藤は、「民主主義への危険といったレベルの話ではない」、主観報道の復活については触れるものの、民主主義の危機のレベルにまで達しているわけではないとする見解を示す。原のような、主観報道がファシズムの温床となりうる危険性に対する危惧といった意識はみられない。

「新しい客観報道」への反論

原は自らの論文の最後で、「客観報道」を問題とする四つの理由を前提として「新しい客観報道」（原 1986a：38）を実践するための改善案をいくつか提案した。そのなかでとくに強調されたのが検証報道、調査報道の必要性である。これらの主張は佐藤にとって反論の対象である。なぜなら、すでに述べてきたように、新聞社はやれるだけのことはやってきているというのが佐藤の見解であるからである。佐藤は原の提案に対して「その通り」とは述べるが、同時にその実践には困難が伴うことを言外に匂わせる。

それを具体的に実現していくためには、原氏が例をあげられた「注」の多用や少数意見の発掘などを超えて、記者の配置をどうするかなど編集局の機構の問題や記者教育の充実、さらには経費の問題（調査報道はお金がかかる）から、情報の確認を権威に頼らずに行うなど取材方法の開発にいたるまで、検討、実行しなければならないテーマは少なくないと思う。もちろん、記者個人の努力も含めて。（佐藤 1986：35）

佐藤はこのように述べ、原の主張はもっともであるとしながらも、そうした問題は新聞社内部の問題であることを暗に示している。

（3）杉山光信「価値前提と客観性」

ウェーバー研究からの「客観性」言及

原論文に対して二番目に論文を寄せたのが、当時東京大学助教授だった杉山光信である。杉山は、『新聞研究』四二五号（一九八六年一二月号）に「価値前提と客観性――二つの例からの考察」と題する論文を寄せた（以下、杉山論文と表記）。

タイトルからもうかがえるように、杉山は「客観報道」の「客観性」に着目することから、原の問題提起に対して答えるかたちをとっている。また、杉山は「マックス・ウェーバーの社会科学的認識における客観性をめぐる議論」（杉山 1986：38）から「客観性」を説明することを試みている。ちなみに杉山の論文は、「事件が事件として報じられない」、「「客観性」をとりちがえている」、「記者自身の判断を放棄している」、「「価値」へのコミットが必要だ」という四つの部分から構成されている。

二つの報道事例

杉山は自らの見解を述べるにあたり、二つの報道事例を取り上げている。

一つは、一九八六年の中曽根首相による人種差別発言に関する報道である。一九八六年九月二二日、静岡で自民党全国研修会が開催され、中曽根首相はそこで講演を行った。講演が中程まで進んだところ、中曽根首相は次のように発言した。「アメリカでは、黒人とか、プエルトリコとかメキシカンとか、そういうのが相当おって、平均的にみたら（知的レベルは）非常にまだ低い」。日本では、この発言は同日夜のテレビニュースでは取り上げられず、また翌日の新聞各紙の朝刊でも一部の新聞が小さい記事で取り上げただけであった。しかし、この発言が翌二三日朝のＣＮＮニュースで取り上げられ、同日昼にニューヨークのテレビで大々的に取り上げられるに至り、にわかに日本の新聞でも大きく取り扱われるようになった。中曽根首相はアメリカにおける大きな反応に狼狽し、陳謝した。その過程を新聞は詳報し、この問題についての「日本人の認識とアメリカ国民のそれとの落差」（杉山 1986：37）についての解説を行った。

もう一つは、一九八五年の靖国神社公式参拝への質問主意書に対する政府答弁書に関する報道である。一九八五年一〇月一四日、当時参議院議員であった社会党の秦豊は、同年八月一五日に行われた中曽根首相による靖国神社公式参拝を受けて、「靖国問題の基本的認識にかんする質問主意書」を提出し、政府側の基本認識について二〇項目の質問を行った。その質問のなかには、「政府は、日本による侵略の責任を追及した極東軍事裁判総体について、基本的な面での疑義を有しているのか」という項目が含まれていた。この質問主意書に対する政府答弁書は、同年一一月五日の閣議で決定された。このなかで、先の項目については「日本国との平和条約（昭和二十七年条約第五号）第十一条により、我が国は、極東国際軍事裁判所の裁判を受諾している」との回答がなされた。この回答を含む政府答弁書は、日本の新聞では取り上げられなかったが、中国の『人民日報』がそれについて報道を行ったため、北京特派員がそれを記事として日本に送り、新聞に取り上げられることとなった。

「主体性のないジャーナリストの大量創出」への同意

杉山はまず、人種差別発言に対する一連の日本の報道を概観して、次のように述べる。「奇妙なことに、日本の新聞がこの事件を「事件」としてとりあげなかったことへの言及はなかった」（杉山 1986：37）。杉山がこのように述べる理由は、中曽根首相による人種差別発言を、日本の新聞は当初ほとんど報道しなかったからである。

中曽根首相が人種差別発言をしたとき、その現場には何人もの日本人の新聞記者がいた。しかし、彼らはその発言をとくに問題だとは考えず、そのまま放置したのである。日本の新聞がこの発言を報道したのは、それがアメリカのテレビで大々的に取り上げられて後のことであった。

次に杉山は、靖国神社公式参拝への質問主意書に対する政府答弁書に関する報道を取り上げる。政府が閣議決定した靖国神社公式参拝への質問主意書に対する政府答弁書のなかには、日本政府が平和条約第一一条を受諾しているとの回答が含まれていた。このことは、靖国神社へのA級戦犯合祀問題ほか、当時の中曽根内閣のさまざまな政策に関わりをもつ重要な問題であった。しかしながら「日本の新聞ではとりあげられなかった。なんら「事件」ではなかったのである。各社の政治部の記者たちには重要なものと判断されなかったのである」（杉山 1986：37）。日本の新聞がこの政府答弁書を報道したのは、中国の『人民日報』がその存在を報道した後のことであった。

杉山はこの二つの報道事例は同じパターンの行動であると述べ、「なぜ日本では「事件」が「事件」として自覚され、報道されないのだろうか」（杉山 1986：36）と疑義を示す。そして、ジャーナリスト、具体的には新聞記者が「中曽根首相のいくつかの講演にみられるような線に沿って収斂《れん》している〔多数派の〕」（杉山 1986：37 ふりがなは原文〔 〕内は筆者による補足）国民の価値観に対して主体性をもたず、自らの価値観をそれに委ねているのではないかと推測した。

このような観点のもと、杉山は原が「客観報道」を問題とする第三の理由として挙げた「主体性のないジャーナリストの大量創出」について言及し、それが日本の新聞が「事件を「事件」としてとりあげない」理由ではないかと指摘した。

原寿雄氏のいう「発表待ち記者の大量創出によるジャーナリズムの衰退」が危惧《ぐ》されるとしたら、ジャーナリストたち自身がこの多数派の考え方や価値観に知らず知らずのうちに視点を重ね、一体化するようになり、そのことをもって自分の立場の「客観性」ととりちがえる錯覚をもつにいたっている、ということがひとつにはあるからではないだろうか。みんなと同じに考える、多少疑問は感じたとしても、他の記者達にあわせる。その方が「客観的」で無難だ。九月二十二日の首相の「人種差別発言」への「反応」が、日本の記者たちのもとで起こらなかったのは、こういうことではないだろうか。(杉山 1986：37 ふりがなは原文)

杉山はこのように、原の問題提起に対して同意を示した。したがって、杉山の主張も、原の主張とほぼ同様であると考えてよいだろう。

「ニュース・ソース側による情報操作を受ける可能性」に対する同意

杉山はまた、「発表ジャーナリズム」に対して次のような解釈を示してみせる。

原寿雄氏が指摘している「発表ジャーナリズム」の問題点は、ある意味では「客観報道主義」のもとでの「客観性」の意味のとりちがえということだろう。公器である新聞は不偏不党でなければならず、なにごとにおいても公正でなければならず、また事実の伝達についても正確でなければならない、といわれ、新聞記者もそれを心掛ける。(杉山 1986：38)

杉山はこのように述べた上で、不偏不党、公正、正確であろうとして「いきおい、現場の記者は諸官庁の発表にたより、それのみで記事を書くことになる」ために発表ジャーナリズムがシステムとして出現するのであり、「原寿雄氏の指摘は、このような発表ジャーナリズムの影響下で記者たちが、「客観的」ということを「価値」ないし「問題意識」の予断をもたないこととうけとっているといいかえることができよう」（杉山 1986：38）と述べる。こうした杉山の意見は、原が第一の理由として挙げた「ニュース・ソース側による情報操作を受ける可能性」に対する同意である。

「主観報道の復活への危惧」に対する同意

続けて杉山は、「客観報道」の「客観性」について再度言及してみせる。

厳密にいうなら、さきにいった日本国民のなかでの多数派の考え方や価値観と一体化しているがゆえに「客観的」立場にいると思いこむ錯覚と、問題意識という「予断」をもたないゆえに思いこまされる「客観的」とは別なものである。別なものであるけれども実際には一緒になっているし、どちらも原氏のいう「発表ジャーナリズム」のシステムを、機構を作り上げることになっている点では変わりないのである。（杉山 1986：38）

ここで述べられている「客観性」は二つある。一つは「多数派の考え方や価値観」としての「客観性」であり、もう一つは「問題意識の「予断」をもたない」という意味での「客観性」である。本書による解釈では、前者は〈一般性（generality）〉を、後者は〈没主観性（non-subjectivity）〉にそれぞれ対応している。

杉山はとくに後者、〈没主観性〉としての「客観性」の存在意義を批判する。その批判のために引用されるのが、「マックス・ウェーバーの社会科学的認識における客観性をめぐる議論」（杉山 1986：38）である。杉山はその議論に立ち入るつもりはないとしながらも、「客観性」についてこれだけはいっておきたいとして次のように述べる。

一九六〇年代前半に新しいウェーバー研究が進められるなかで、従来「没価値性」であり「価値判断の排除」であると信じられていたウェーバーの客観性論が、一八〇度の転回をみたことだけはいっておきたい。この転回のなかで、「主観性の外側に、主観に依存しないで、客観性があるのではない。およそ経験科学的認識は、われわれの主観的前提に立脚して成立するものであり、客観性は与えられているものではなく、われわれに課されたもの」(安藤英治『マックス・ウェーバー研究』)であることが明らかにされていった。ここで経験科学的認識といわれているものを新聞報道と読みかえれば、そこでの客観性の要請としてそのままあてはまる。(杉山 1986：38-39)

そして杉山は、社会科学の分野では研究者が自らの問題意識に立脚して問題設定をする際に、認識の歪曲へと至らぬように精神の緊張関係を保つというかたちで「客観性」を理解しようとしてきたが、現在ではそれが忘れ去られてきたことを述べる。そして社会科学の分野におけるこうした状況は、「原寿雄氏がジャーナリズム論のうちで、今日、主観主義報道論が強く出てきていると指摘している状況と、気味が悪いほど符合している」(杉山 1986：39) と指摘する。その上で、社会科学者による社会の分析と、ジャーナリズムによる活動は「それほどちがわないものであるはずだ」と述べて、社会科学における問題意識と価値判断の放棄の傾向の顕著化と、新聞やテレビの発表ジャーナリズム化が並行している点に注意を促している。

こうした杉山の意見は、原が第四の理由として挙げた主観報道の復活に対する危惧に対して、自らの研究分野における状況との類似性を指摘しながら同意を示しているといえるだろう。

「新しい客観報道」への同意

最後に杉山は、「客観報道」の問題を打開するためには原の示した改善策が有効であることを述べる。そして、とくにそのうちの二つの案を取り上げて同意を示している。

第一に同意されるのは、調査報道の強化である。「政府あるいは政党の有力者、財界指導者などから取材の現業界で提供されるアナウンスメントはその効果を計算にいれられている」状況において、そのアナウンスメントにこめられた意図は「記者がその発言、通達のなされる構図を調べ、読み抜くことによってしか浮かびあがってこない」(杉山 1986：39)。杉山はこのように述べ、調査報道の強化に賛成する。

第二に同意されるのは、解説記事の充実である。従来の「客観報道」は「客観性」を誤解して没価値性として捉えており、そうした「エセ客観報道」(原 1986a：38) から脱却するためには、単なる事実の羅列ではなく、事実を意味づけ評価を加えた解説が不可欠であるとする (杉山 1986：39)。

杉山はこのように述べた上で、原が主張したニュー・オブジェクティブ・リポーティングの立場について「価値前提に立ちつつ客観的であろうとする「精神の緊張」をくわえるなら」、「一九六〇年代初めのわが国の新しいウェーバー研究のなかでうち出されてきた「客観性」論とほぼ重なりあうものとなるのである」と指摘する (杉山 1986：39)。

そして杉山は、最後に一つだけ原に対して注文を述べて論文をまとめている。

じつをいって、原寿雄氏ならすでによく承知されているであろう「客観性」の議論を書くのはいささか気のひけることである。しかし、今日のように社説さえも新聞社としての一貫した立場から、そのつど明確な見解、判断、批判をうち出すものであるよりも、たんなる事実の解説にしかすぎないことが多くなっている状況では、原寿雄氏にはその立場をニュー・オブジェクティブ・リポーティングと称されるだけではなく、ジャーナリズムとは価値にコミットする活動であると、もう少し正面からいって欲しかったような気もする。

(杉山 1986：39)

（4） 小田原敦「密着すれども癒着せず」

政治報道という観点

原論文に対して三番目に論文を寄せたのが、当時『朝日新聞』論説委員だった小田原敦である。小田原は、『新聞研究』四二七号（一九八七年二月号）に「密着すれども癒着せず——「政治の客観報道」主義の限界と効用」と題する論文を寄せた（以下、小田原論文と表記）。

タイトルからもうかがえるように、小田原は政治報道という観点から、原の問題提起に対して答えるかたちをとっている。ちなみに小田原の論文は、「英語になおせない日本独特の政治現象」、「難しい教科書通りの客観報道」、「取材源との関係」、「「客観報道」主義の効用」、「「大記者」が出現しない時代」の五つの部分から構成されている。

政治報道における「客観報道」の不可能性

小田原は、冒頭で原論文、佐藤論文、杉山論文が『新聞研究』に相次いで掲載されたことに触れ、これらによって「一般論として、客観報道の問題点は尽くされているように思う」（小田原 1987：46）と述べている。実際には、佐藤論文は「客観報道」の問題点については触れておらず、逆に問題点とされることに反論を加えていることから、こうした小田原の見解は、実際には原論文、杉山論文に向けられていると考えられる。

小田原は、原が「客観報道」の代表的な解釈として伊藤正巳による解釈「何らの先入観もなく、何らの偏見もなく、またある特定の立場によるわい曲もなしに、客観的事実をそのまま報道する、あるいは論評については、そういう真正な事実を基礎において論評する」（原 1986a：37）を引用したことに触れ、「私の経験からは、どう考えてみても、特に政治記事の場合、この教科書通りの「客観報道」は困難であり、不可能に近いと思う」(小田原 1987：47)と述べる。

不可能の四つの理由

なぜ、政治報道において「客観報道」は「困難であり、不可能に近い」のか。小田原はその理由を、四つ列記している。

第一に、「新聞に報道される政治現象は、その時点で進行しているすべての政治現象を網羅したものではない」(小田原 1987：47)からである。「取材、執筆、出稿(デスクワークを含む)は政治現象の一部分を切り取って読者に提供する作業である。ここでニュースの取捨選択という、かなり主観的な価値判断が入る」。

第二に、「記事はすべての政治現象を知って判断するのではない」(小田原 1987：47)からである。小田原は、いわゆる政治的といわれる現象になればなるほど、取材者がその全容を知ることは困難になるとする。したがって「もし「客観報道」が、その時点で進行している政治現象の全容を知った上で、「客観的」にニュース価値を判断して、最も正確な事実を伝えるという趣旨であるのならば、政治過程の当事者にならない限り、そのような「客観報道」をすることは無理である」。

第三に、「政治記事の宿命は事実が確定するまでの途中経過で競争し、勝負することにある」(小田原 1987：47)からである。解散や総選挙をはじめとする国民の最大の関心事を「まだ事実が確定しないから」といって「客観的」に確定する日まで、報道しないで待っていたら「その新聞はつぶれてしまう」(小田原 1987：48)。したがって「一定の見通しを「主観的」に判断して、それを前提に記事を書くことになる。実現する確度が五分五分の見通しであっても、「飛ばして」出る記事もあるし、確定した事実なのか、見通しなのか、上手にぼかした原稿で派手に見せかける手法もある」。

ここで小田原は「「客観報道」には「クールな」という語感がある。しかし、記事作成の舞台裏は沈着冷静どころではない。ホットな戦場だ」と主張する。この記述は、具体的に示唆してはいないものの、原が「客観報道」を「自分の主観的立場をもできるだけクールに客観視するということ」（原 1986a：38）と述べたことに対応している。そして小田原は「最も優先しているニュース価値の判断基準」について、「他社との競争原理である、といっても過言ではない」（小田原 1987：48）と断言している。これらの見解は、原論文の新聞記者に対する見解への皮肉となっている。

第四に、「紙面の扱いには当然、価値評価が入る」（小田原 1987：48）からである。紙面における記事の扱いや見出しを「無色透明な気持ちで決めることはできない。ちょっと気がきいた編集者は笑顔や渋面の顔写真、似顔絵をあしらって気分を出している」。したがって、紙面作成の過程において価値評価が影響していることは必然であるとする。

以上四つの理由から、政治報道における「客観報道」は不可能だと小田原は主張する。ここで小田原は、「報道する主体」の〈没主観性（non-subjectivity）〉、「報道する内容」の〈真実性（truth）〉と〈反映性（reflectiveness）〉をそれぞれ「客観報道」の「客観性」として認識し、それらの実践は不可能であるとしている。いずれも、原がすでに不可能であると指摘した「客観報道」の構成要件である。したがって、この時点における小田原の「客観報道」に関する見解は、基本的には原と同様であるといってよい。

「ニュース・ソース側による情報操作を受ける可能性」に対する同意

このように小田原は「政治の客観報道」が不可能である理由を列記したが、「客観報道」の存在意義を否定しているわけではない。それは次のような原の見解に対する同意からもうかがえる。

原氏は「自然科学的な意味での客観報道は不可能であり、幻想にすぎないことになる。そこで報道に求められる客観性とは、あくまで努力目標であると考えたい」といわれる。私はこの考え方に同感である。（小田原 1987：48）

小田原はこのように述べた上で、原が「客観報道」を問題とする第一の理由として挙げた「ニュース・ソース側による情報操作を受ける可能性」について次のようにコメントする。

確かに首相を始めとして閣僚、自民党実力者などを日常の取材対象とする政治部記者にとっては、情報操作に利用されないように心することは第一の鉄則である。「報道の自由」の基本には「権力からの自由」がある。政治的利用を警戒するということでは与党だけではなく野党に対する姿勢も厳しくしなければならない。（小田原 1987：48）

「主体性のないジャーナリストの大量創出」に対する同意

小田原は、原が第三の理由として挙げた「主体性のないジャーナリストの大量創出」に対しても「「客観報道」の弊害としての「発表待ち」や「考えない」記者の大量創出を心配しておられることにも同感である」（小田原 1987：48）と述べ、賛意を示している。

以上のように、小田原は原の見解に対して理解を示す。その上で、「客観報道」の政治報道に対する効用について次のように強調した。

情報取材が極めて日本的な人間関係に支えられていることが、「日本型政治報道」の最大の特色であろう。

私はこのような日本型の政治取材の実態を考えると、「客観報道」主義の原則が崩れれば、日本の政治記事に要請されている「公正な立場」を維持することが極めて困難になるのではないかと考える。(小田原 1987：49)

「客観報道」の政治報道に対する効用

第一の効用は、「記者活動について、いわば、職業倫理的な規範として機能していること」(小田原 1987：49)である。小田原は「建前であるかも知れない」と述べた上で、職業にはそれぞれ守るべき職業倫理が存在することを強調する。そして、とくに日本の政治風土においては「政治家、政党と一線を画す気持ちが不可欠である」と指摘した。こうした記者の態度について、小田原は「「密着すれども、癒着せず」とでも表現すべきだろうか」と述べている。「密着すれども、癒着せず」はその論文のタイトルにもなっており、小田原が職業倫理としての「客観報道」を重要視していることがうかがえる。

第二の効用は、「読者からの信用の維持」(小田原 1987：50)である。小田原は、この信用は第一の効用と密接に関連しているとして、次のように述べる。

現在の新聞読者はそれぞれの新聞にカラーがあることは認めているにしても、新聞報道が取材先から「中立の立場」で取材されていることを前提に購読し、自分の判断の基礎となる「客観的材料」が提供されていることを期待している。新聞が「不偏不党」でなくなれば、どこまで新聞が報道する事実が真実に近いのか、不安を感じ、信用しなくなるだろう。「客観的」に報道しようとする努力がなされていることによって、読者の信頼はつなぎ止められている。(小田原 1987：50)

小田原はこのように述べ、努力目標としての「客観報道」が読者の信用を維持していることを指摘する。

第三の効用は、「「客観報道」主義によって社説、解説などで主義主張を明らかにする場合でも、言論に柔軟性を確保することが可能になること」（小田原 1987：50）である。小田原はこうした立場を、論文の冒頭で「是々非々」（小田原 1987：46）ということばで表現している。小田原によれば、「是々非々」とは「提示された個別、具体的な政策をその都度、吟味して「是は是、非は非」と判断」（小田原 1987：50）する立場のことであり、それは自由な発想の確保を可能にしている。

このように小田原は、努力目標としての「客観報道」の効用について強調する。しかしながら、ここで小田原と原の見解は相違をみせる。

努力目標で十分な「客観報道」

原は現状の「客観報道」を批判的にとらえ、それを「干からびた客観報道」（原 1986a：38）と表現した。その上で「客観報道」は改善の余地があり、今後の目標としてニュー・オブジェクティブ・リポーティングを実践すべきと主張したのであった。

対して小田原は、現状の「客観報道」がすでに努力目標として十分機能していることを前提にしている。それは、「「客観報道」に近づく努力が放棄されない限り、私たちは政治記事について、厳密な意味で客観的な取材、出稿が行われていないからといって、失望することはないと思う」（小田原 1987：50）といった表現にあらわれている。したがって、小田原は原が指摘した「客観報道」の問題に対する改善案を提示しない。

「主体性のないジャーナリストの大量創出」に対する反論

小田原は次のようにも述べる。「「客観報道」主義の効用を強調しすぎたかもしれない。しかし、私は現状の

「客観報道」を全面的に肯定するものではない」(小田原 1987：50)。小田原が現状の「客観報道」を肯定しない理由は、原とは異なる。小田原は、彼の先輩にあたる政治記者が政治家から敬愛を受けていたことをあげて「「客観報道」主義が判断力のある記者を育てないとは、私は考えない」と断言する。

ここで小田原が取り上げている大記者たる政治記者は、『朝日新聞』の後藤基夫である。後藤は冷戦下においては困難であった共産主義国家の重鎮たちへの単独インタビューをしたことで知られる。たとえば一九七一年九月、後藤は日本のジャーナリストとして初めて北朝鮮の金日成主席(当時)と単独会見した。同年九月二七日付の『朝日新聞』には、後藤による金日成会見記が紙面を大きく割いて掲載された。また同年、後藤は中国の周恩来首相(当時)とも単独会見した。同年一一月六日付の『朝日新聞』には、後藤による周恩来会見記がやはり紙面を大きく割いて掲載された。

これは、原が第三の理由として挙げた「主体性のないジャーナリストの大量創出」に対する反論である。このとき、小田原の見解は矛盾している。なぜなら、さきに小田原は「「客観報道」の弊害としての「発表待ち」や「考えない」記者の大量創出を心配しておられることにも同感である」(小田原 1987：48)と述べているからである。

「客観報道」は無関係——良い記事は良い?

最後の部分で、小田原の論理は混乱をみせる。小田原はここまで原の「客観報道」に対する解釈に理解を示し、努力目標としての「客観報道」の存在意義を認める見解を示してきた。しかし、最後になってそうした見解を翻す。それは、以下のような記述にあらわれている。

問題は政治の真相情報を知り、正確な情報判断力を持った上で、見通しを誤らない政治記事を常時、紙面

に提供できるような「大記者」が、なかなか出現しないことであろう。（小田原 1987：50）

原が問題提起しているのは、まさにそうした「政治の真相情報を知り、正確な情報判断力を持った上で、見通しを誤らない政治記事を常時、紙面に提供できるような」記者を育成しない現状の「客観報道」に対する危惧である。しかし小田原は、「「客観報道」主義は判断力のある記者を育てないとは、私は考えない」と述べた上で、右記のように主張する。そして先述の政治記者は多くの情報を知っているけれどもそれを記事にしない「書かざる大記者」だったという政治家の評価を引用してみせる。

すなわち、小田原は原の見解に対して「同感である」と述べながら、実際にはジャーナリストの質が低下した理由は「客観報道」にあるのではないと考えていることが明らかになる。そうした小田原の考えは、右記の文章に続けて記された次の一文にも示されている。

極言すれば、「客観報道」だろうが、「署名入り」の記事であろうが、「良い記事は良い」のである。（小田原 1987：50）

このように、良い記事の条件として「客観報道」を考えること自体ナンセンスであると断じている。しかし、ジャーナリストの質が低下した理由、「判断力のある記者」が育たない理由については、小田原は触れていない。

（5） 藤田博司「まず情報源明示の努力を」

アメリカ・ジャーナリズムの観点

原論文に対して四番目に論文を寄せたのが、当時、共同通信社ワシントン支局長だった藤田博司である。藤田は、『新聞研究』四二九号（一九八七年四月号）に「まず情報源明示の努力を」と題する論文を寄せた（以下、藤田論文と表記）。

藤田はアメリカ・ジャーナリズムにおける「客観報道」という観点から、原の問題提起に対して答えるというかたちをとっている。ちなみに藤田の論文は、「はじめに」、「客観報道の基本ルール」、「出所不明の情報」、「「筋」を書くことの意味」、「ソースの明示と情報価値」、「情報提供の責任とソースの明示」、「何よりも必要な具体性」、「情報を客体化する」、「おわりに」という九つの部分から構成されている。

発表ジャーナリズムの要因

藤田は論文の冒頭で、原の問題提起を高く評価してみせる。

『新聞研究』一九八六年十月号の原寿雄氏の論文「客観報道を問い直す」は、日本のジャーナリズムが今日かかえる大きな問題の一つを集約的に指摘していて重要である。原氏の「発表ジャーナリズム」ないし「発言ジャーナリズム」と呼ぶものが現在の日本のジャーナリズムを毒していることは疑う余地がないし、新聞、放送を問わずこの世界に働くものとして、これを克服するためにあらゆる努力をしなければならないと思う。

（藤田 1987：10）

しかしながら、藤田はすぐに原の問題提起の仕方には同意できないと述べる。そして、日本のジャーナリズムに発表ジャーナリズムと呼ばれる問題があるのは事実だが、その問題の要因は「客観報道」にあるわけではないと主張する。その理由について、藤田は次のように述べる。

単に事実を伝えることで事足れりとする安易さが客観報道主義の「落とし穴」としてあることは確かだが、日本の「発表ジャーナリズム」を助長している要因としては、むしろ日本のジャーナリズムに特徴的なものが大きいと考えるからである。その一つは日本独特の記者クラブ制度であり、もう一つは日本のジャーナリズムにおける客観報道の在り方である。(藤田 1987：10)

藤田はこのように述べ、原が指摘する発表ジャーナリズムの要因は二つあり、それは日本独特の記者クラブ制度と「日本のジャーナリズムにおける客観報道の在り方」であることを指摘した。その上で、記者クラブ制度については「これまでも様々な形で論じられてきた」のでこの論文では論じることをせず、代わりにもう一つの要因である「日本のジャーナリズムにおける客観報道の在り方」について検討すると藤田は述べる。この時点で、原が指摘した「客観報道」を問題とする四つの理由は、藤田の論点から外れることになる。

「客観報道」の必須条件——ニュース・ソースの明示

藤田はまず、日本のジャーナリズムにおける「客観報道」の最大の問題として「ニュースソースを明示する努力が著しく欠けていること」(藤田 1987：10) を指摘する。そして「新聞や報道がニュースとして伝える情報の大部分は、記者が当事者や関係者から取材して得る間接情報である。その場合、情報をもたらしたのがだれであるかを明らかにするのが客観報道の基本的ルールである」と述べた。

ここで藤田は、ニュース・ソースの明示を「客観報道」の必須条件としている。このとき、藤田にとって「客観報道」の「客観性」とは何かということは問題にはならない。とにかくニュース・ソースの明示が重要なのである。以後繰り返される藤田の主張は、「客観報道」にはニュース・ソースの明示が必須条件であるということに尽きる。藤田にとって日本の「客観報道」は、ニュース・ソースの明示をしていないので「客観報道」ではない。日本のジャーナリズムはニュース・ソースの明示によって「客観報道」を実践しているアメリカ・ジャーナリズムを見習わなくてはならない。こうした藤田の主張は、論文の最初から最後まで徹底している。

アメリカ・ジャーナリズムというお手本

藤田の「客観報道」に関する見解は、アメリカ・ジャーナリズムに強く影響を受けている。藤田自身、そのことを隠そうとしない。藤田にとって、アメリカ・ジャーナリズムは日本のジャーナリズムのお手本である。藤田はニュース・ソースの明示について説明するにあたり、アメリカ・ジャーナリズムがそれについて厳しい基準を設けて記者にそれを守るよう求めていることを強調する。そして、『ワシントン・ポスト』の記者倫理規定の一節を引用してみせる。

本紙はニュースソースに危険が及ぶような場合を除いて、あらゆる情報の出所を明示することを約束する。(中略)出所を明示できない情報については、記者は情報を受け取る前に、出所を明らかにすべくできるかぎりの努力を尽くさねばならない。それができないときは、同じ情報を他のところで得ることを考えねばならない。それもできない場合には、ソースの身元を明らかにできない理由を質し、それを記事のなかに含めて書くべきである。いずれにしても、なんらかの形で――例えば所属や地位を示すことで――ソースを伝えることは可能なはずであり、伝えるべきである。(藤田 1987:11)

藤田はこの記者倫理規定の内容について「日本の新聞社ないし放送局で、ニュース・ソースの扱いに関しこれほど明確な考え方を打ち出している例を、私は知らない」（藤田 1987：11）と述べ、称賛する。そして、日本でそうしたニュース・ソースの明示がなされる場合もあるが、それはすべてアメリカをはじめとする外国の影響を受けているからであるとする。

日本のジャーナリズムがソースの明示に全く無関心だというわけではない。アメリカ・ジャーナリズムの厳しさには遠く及ばないが、例えば国際ニュースの報道では（おそらく外国通信社や新聞報道の影響を受けて）ソースの取り扱いには比較的敏感だし、国内ニュースでも情報の性質によって（その出所がとくに問題になりそうなものについては）ソースの表現に気を配るケースもある。（藤田 1987：11）

藤田はこのように述べ、日本でも一応ニュース・ソースの明示がなされる場合もあることを指摘する。けれども、基本的にはニュース・ソースの明示については「いっさい言及しない」（藤田 1987：11）のが日本のジャーナリズムの基本的な姿勢であり、「ソースの扱いにこうした大きなばらつきがあることは、この問題をめぐる日本のジャーナリズムのずさんさを裏付けるものであるといっていい」と厳しく批判する。

アメリカでは通用しない日本の新聞記事

藤田はこのように日本のジャーナリズムを批判した後、「ニュースソースの扱いが不適切、不十分と思われる記事は、毎日の新聞に日常的に登場する」（藤田 1987：11）と述べる。そして、そのこと検証するために日本の有力紙（『朝日新聞』と『読売新聞』）に掲載された二つの新聞記事を具体例として提示した。一つは『朝日新聞』一九八七年二月二四日付朝刊の記事「アルミ合併救済へ　出資追加し金利も軽減」、もう一つは『読売新聞』一九八七年二月一六日付朝刊の記事「国連軍へ要員派遣　技術者など数人、国内法の範囲で」である。藤田はそこでのニュース・ソースの明示の有無について検討してみせた。そして、それらの新聞記事にはニュース・ソースの明示の意識がまったく欠けており、日本ならともかくアメリカではまったく通用しないとして次のように述べた。

日本の有力紙に一面に載った前の二つの記事を、かりにそのまま英語に翻訳してアメリカの新聞の編集者に見せた場合、二つとも紙面に掲載される気づかいは全くない。ニュース報道の最も基本的な条件を満たしていないと判断されるからである。ソースの扱いに対するアメリカ・ジャーナリズムの姿勢はそれほどに厳しいし、逆に日本ではそれほどにおざなりであることを認めなければならない。（藤田 1987：12）

ニュース・ソースの明示をしない報道の問題点

藤田はこのように日本の新聞記事を痛烈に皮肉った後、ニュース・ソースの明示をしない報道は、三つの問題点をはらんでいると指摘した。

第一に、「情報の価値を判断する手掛かりを読者や視聴者から奪うこと」（藤田 1987：12）である。情報の価値は、その提供者が当事者なのか関係者なのか、関係者であっても当事者に近い立場なのかそうでないのかによって大きく異なる。また、情報提供の形式が公式の発表なのか、非公式のリークなのかによっても違う。したがって「ソースがまったく明らかにされないか、ごくあいまいな形でしか示されない場合、情報の受け手が自主的にその価値を考える手掛かりはまったくなくなってしまう」（藤田 1987：12）。そして、「おおむね無意識のうちに」そうした報道を実践しているのが日本のジャーナリズムであるとする。

第二に、「情報提供者による情報操作を容易にすること」（藤田 1987：13）である。ニュース・ソースの明示がなされていれば、受け手の側はそれを手掛かりに、ニュースの裏に隠された意図や思惑を読み取ることができる。しかし、そうした手掛かりがまったくなければ「情報は無機質、中立的な色彩を帯び、不注意な受け手の目には客観的な事実として通用しかねない。そこに、特定の意図を持ってニュース報道を自分に有利に引き寄せようとする人たちがつけ入るすきがある」（藤田 1987：13）。そして藤田は、原が指摘した発表ジャーナリズムの問題の要因は「客観報道」だけにあるのではなく、ニュース・ソースの明示をしない報道がその最大の要因であることを主張する。

「発表ジャーナリズム」の問題は、単に官庁や企業の発表、発言を右から左へ伝えるだけのことではない。ニュースソースをあいまいにしたままの報道が読者や視聴者にとって情報の価値や意味合いを判断することを難しくし、情報操作の入り込む余地を大きくしているという点を見逃してはならないと思う。（藤田 1987：13）

第三に、「無責任な情報や不確実な情報が伝えられやすいこと」（藤田 1987：13）である。ニュース・ソースの明示がなされるとき、その情報提供者は自分の発言内容に責任をもたなくてはならないので、表現も慎重にならざるを得ない。しかしニュース・ソースの明示がなされないとき、情報提供者の発言にそうした責任感や慎重さが薄らぐことは避けられない。藤田はそのように述べた上で、新聞の社会面で伝えられる事件報道がしばしば正確さを欠き、事件の当事者を不当に傷つけるのは、ニュース・ソースの明示がなされないことが要因だと主張する。「ニュースソースの扱いに対するメディアの側のこうした無関心が、情報提供者の側に安易な姿勢を植えつけ、ソースを明示する場合なら差し控えるような無責任な情報を提供していることは否めない」（藤田 1987：14）。

発表ジャーナリズムの弊害を取り除くために

藤田は、発表ジャーナリズムの弊害を取り除くために「客観報道」のあり方を考え直すとすれば、先ず求められるのはニュース・ソースの明示を実践することであると強調する。そして「アメリカのジャーナリズムが実践しているのと同じ基準をそのまま日本に当てはめることは難しい。しかしそれを目標として、それに近づくように努力することができる」（藤田 1987：14）と述べる。そのためには、第一に「官庁や企業の発表ものについて、発表する当局者の名前や地位を省くことなく伝えること」、第二に「匿名を条件に提供された情報の場合でも、ニュースソースの性格をできる限り読者に明確に伝えるように努めること」といった具体的な努力が必要であるという。

藤田論文は、ここまでの分析で示されているように、原の問題提起に対して、その指摘する「客観報道」の問題ではなく、それが要因とされる発表ジャーナリズムの問題を徹底的にニュース・ソースの明示という観点から言及している。このことは、論文の最後をしめる一文においても変わらない。

> 日本のジャーナリズムは、ニュースソースを記事のなかで明示するルールの確立を目指すべきだと思う。なぜなら、第一に、情報操作の危険や無責任報道といった現在のジャーナリズムがかかえる問題に対処する手段として、このルールは有効な手だてであるからであり、第二に、仮にこのルールを確立することによって、報道の任務を遂行するうえに大きな困難が伴うことになっても、失うものよりも得るもののほうがはるかに大きいと考えられるからである。そして第三に、日本のジャーナリズムに対する読者や視聴者の信頼を高めるためには、早晩この点を整備しなければならないと思われるからである。（藤田 1987：15）

（6）各論者による原論文の解釈

客観報道論争の第一段階が、原による基本的な論点の提示という、いわばこの論争の基盤づくりがなされた段階であるとするならば、本節において分析したその第二段階は、主としてそうした基本的な論点に対する、他のジャーナリズム研究者ないしジャーナリストによる評価の過程であったといえる。ここでは、この第二段階におけるそれぞれの論者による、そうした論点の評価の過程を確認する。

佐藤論文による原論文の解釈

佐藤は、原に対して一貫して反論している。そして反論しながらも、佐藤は自らの「客観報道」に関する解釈を示していない。佐藤がこのように反論した理由としては、二つの理由が推測できる。

第一の理由は、すでに指摘したように、自らが担当したグリコ・森永事件の報道を原に批判されたことに対する反感である。佐藤は自らの経験を用いて原に反論している。これは巧妙な反論である。なぜなら、経験が個人に還元されるものであるかぎり、それを誰も否定できないからだ。

しかも、原が「客観報道」に関する問題を、ジャーナリズム全体というマクロの観点から取り上げているのに対し、佐藤は「客観報道」に関する問題を、すべて自らの経験というミクロの観点に還元して語っている。したがって、原の論文がさまざまな批判を許容するのに対して、佐藤の論文は基本的に批判を許容しない。そのため、原の見解は批判を受けつつも、それゆえに周囲に影響を与えているのに対し、佐藤の見解は誰にも批判を受けないが、そこで終了する影響力のないテクストとなっている。

第二の理由は、佐藤にとって「客観報道」は、自らの報道姿勢そのものとして理解されている節があることである。「客観報道」が自分の身体に染みついた理念であり、手法であるであるがゆえに、佐藤にとって原による「客観報道」に対する問題提起は、あたかも自らの報道姿勢に対する問題提起として解釈され、それゆえに許しがたく、結果として執拗な反論というかたちで対処されたように思われる。

佐藤が原の問題提起に対して示したのは、最初から最後まで原の主張を否定することによって示された「それは問題ではない」という見解である。また、仮に弊害とされるような状況があったとしても、それは原が指摘するようなジャーナリズムの構造にあるのではなく、あくまでジャーナリスト個人の努力不足にあるという解釈である。そのため、タイトルで述べられているように記者の努力によって弊害は除去されるとする立場を取る。

このとき、佐藤は原とは違いジャーナリズムの危機に対してそれほど危惧を抱いていないことが示唆される。だからこそ、佐藤はジャーナリズムの現状を殊更に肯定しようとする。それゆえに、原の問題提起に対する具体的な見解を、佐藤はほとんど示さなかったのだと考えられる。

杉山光信による原論文の解釈

杉山は、原の問題提起に対して一貫して同意を示している。こうした態度は、同号に論文を掲載した佐藤とはまったく対照的である。杉山がこうした態度を示した理由としては、二つの理由が推測できる。

第一の理由は、杉山がジャーナリズムを社会科学的な対象として認識していることである。このことは、杉山がウェーバーの「客観性」に言及していることや、ジャーナリズムの衰退と社会科学の衰退を同じ枠組みのなかで語っていることから読みとれる。そして、原もまた、ジャーナリズムを社会科学的な対象として把握するべきであるとする認識を示している。たとえば、原は客観報道論争の翌年に刊行した『新聞記者の処世術』（一九八七年、晩聲社）において、「社会科学的ジャーナリズム」（原 1987b：152）ということばを使っている。そのように認識を同じくしたとき、原の問題意識は的確に杉山に伝達されたものと考えられる。

第二の理由は、杉山が原同様にジャーナリズムの危機、そしてそれに伴う民主主義の危機に対して懸念を抱いていたことである。そうした懸念は、この論文の端々にあらわれている。民主主義の危機が「客観報道」の問題点、とくに発表ジャーナリズムとして機能する側面から生じる可能性が高いという認識がなされたとき、その弊害を指摘し、また改善策を模索するという作業はきわめて正常な対応である。したがって、杉山による原の理解もある意味正常に行われている。

このとき、佐藤と杉山が原に対して示した見解の相違が明らかになる。佐藤はジャーナリズムを社会科学的な対象としてではなく、自らの職業活動の対象として捉えている。そこには外部的な視点がなく、内部的な視点からジャーナリズムを認識しようとしている。一方、杉山はジャーナリズムを社会科学的な対象として捉えている。そして外部的な視点からジャーナリズムを認識しようとしている。そして、原の観点はいうまでもなく後者である。また、杉山や原にとってジャーナリズムの危機は民主主義の危機につながる重要な問題であるけれども、佐藤にはそうした問題意識はみられない。

これは個人的な見解に過ぎないが、原がグリコ・森永事件の報道を批判したことに対してグリコ・森永事件の取材を担当した立場から徹底的に反論した佐藤論文の内容を検討するかぎり、佐藤にとってジャーナリズムの危機の指摘は、単にジャーナリズムの欠陥をあげつらう非難として受け取られているようにも感じられる。これは、小田原論文にも同様に感じられる傾向である。

小田原敦による原論文の解釈

小田原の論文に対しては、正直理解に苦しむ部分が多い。その内容のほとんどは、原に対する理解と同意によって占められている。しかしながら最後になって、原の問題意識である「客観報道」に由来する問題こそジャーナリズムを改善する鍵であるとする考えを否定してみせる。各論賛成、総論反対といったところだろうか。

こうした小田原の考え方を概観したとき、一読すると原の考え方に近いようにも思われるが、実際に近いのは佐藤の考え方である。ここで小田原と佐藤の考え方の類似点として、二つの点を挙げることができる。

第一に、「客観報道」はジャーナリズムの問題ではないとする認識である。そして、原が指摘した「客観報道」の問題は生じていないとする認識である。たとえば小田原は、原の努力目標としての「客観報道」という考え方に賛意を示す。しかし、実際に小田原が述べているのは、現状の「客観報道」は、まさにそうした前提のもとに実践されているという主張である。仮に問題とされるような状況があったとしても、それは原が指摘するようなジャーナリズムの構造にあるのではなく、あくまでジャーナリスト個人の努力不足にあるという解釈である。その解釈は、以前は「客観報道」主義のもとでも大記者がいたのに今はいないという嘆きになってあらわれる。「客観報道」ではなくジャーナリスト個人に問題があるのだとする考え方は、佐藤とほぼ同様である。

第二に、ジャーナリズムの危機に対する意識の欠如である。小田原には、政治記者が政治家や政党に惑わされないようにするべきという観点が随所にみられるが、それは民主主義の危機といった観点から述べられているわけではない。商売相手と上手に付き合っていくにはどうしたらよいかというニュアンスで語られている。そのとき、国民の信用を得ることが必要であるという意識はみられるが、国民のためにといった意識はみられない。したがって、小田原が論文の最後で主張する新聞記者の理想像は、情報を多く知っているけれども政治家と相互敬愛する関係にあるためにそれを記事にしない「書かざる大記者」ということになる。

したがって、小田原が原に対して示す見解は、一見同意しているようにみえるものの、実際にはその問題提起をほぼ無視しているに近い。原もそのことを感じたのか、後の座談会では小田原についてのみ、コメントをしていない。

藤田博司による原論文の解釈

すでに述べたように、藤田の関心は、原の「客観報道」に対する問題提起や、その「客観性」の解釈には向けられていない。藤田がジャーナリズムの問題であると認識しているのは「客観報道」ではなく、発表ジャーナリズムである。藤田にとって「客観報道」は、基本的に問題のある考え方ではない。なぜなら、それは藤田にとって理想のジャーナリズムであるアメリカ・ジャーナリズムの原則だからである。

藤田の見解では、日本のジャーナリズムでは「客観報道」の原則は守られていない。藤田はこの論文の後に著したテクストのなかで、いく度もそのことを強調している。たとえば、それは『アメリカのジャーナリズム』（一九九一年、岩波新書）では「日本のニュース報道も建前としてアメリカと同様に客観主義の原則を掲げているが、情報源の扱いに関するかぎり双方の間には驚くほどの違いがある」（藤田 1991：119）、「事実をどう伝えるか」（一九九四年、『新聞研究』五一二号）では「日本のジャーナリズムにアメリカの場合のような徹底して客観報道を貫こうと試みた実績がない」（藤田 1994：62）、そして「客観主義報道」（二〇〇二年、北川高嗣ほか編『情報学辞典』弘文堂）では「アメリカではまた、情報源を可能な限り明示することが客観報道の基本として記者に求められているが、日本のニュース報道では必ずしもこの原則は守られていない」（藤田 2002：219-220）といった記述にあらわれている。

「客観報道」の原則がアメリカ・ジャーナリズムでは機能しているのに、日本のジャーナリズムでは機能していない理由、それはニュース・ソースの明示がなされていないからである。藤田はニュース・ソースの明示という点において、日米のジャーナリズムの間には雲泥の差があることを繰り返し主張した。このとき、藤田は原の問題提起を否定しているといえる。

しかしながら、原の主張との類似点も存在する。それは、原がジャーナリズムの問題のすべての原因が「客観報道」にあるとするような主張をしたのに対して、藤田もまたジャーナリズムの問題のすべての原因がニュース・ソースの明示がなされていないことであるとするような主張をしていることである。

また、佐藤や小田原の主張との類似点も存在する。それはジャーナリズムの危機に対する無関心である。もちろんリレー連載の目的は、原の「客観報道」に関する問題提起に対して自らの見解を示すことにある。しかしながら、原の問題提起の重要な背景でもあるジャーナリズムの危機に対して、ジャーナリストである彼らは関心を示さない。当時、現役のジャーナリストであった彼らは、自分たちがジャーナリズムの危機をまねいているとは考えていないのであろう。つまり、彼らの依拠する立場が、ジャーナリズムの危機に対して無関心な態度を取らせる理由であると思われる。

「客観報道論争」第二段階の焦点

原の問題提起を契機として始まる客観報道論争の第二段階、「「客観報道」再考」と題されるリレー連載において焦点となったのは、原論文の「一　いまなぜ客観報道が問題か」において主張された「客観報道」を問題とすべき四つの理由であった。そして、原は「客観報道」の弊害を要因としてジャーナリズムの危機が生じることに対して危惧を抱いていた。しかしながら、リレー連載においてそうしたジャーナリズムの危機については、杉山を除いて言及されることはなかった。代わりに言及されたのは、原が述べた「客観報道」の問題は果たして本当に「問題」なのかということであった。リレー連載に参加した四人のうちの三人、現役の記者たちのテクストの焦点はそのことに向けられている。

また、この第二段階におけるテクストで特徴的なのは、「客観報道」の現状を肯定するテクストがリレー連載における四つのテクストのうち二つを占めていることである（佐藤論文、小田原論文）。藤田にしても、日本では「客観報道」は実践されていないと述べてはいるが、「客観報道」そのものに対しては肯定的である。これまで本書が取り上げてきたテクストの多くが、一部を除いて基本的に「客観報道」に対して批判的であったことと比較すると、これは注目に値する。その理由を考えたとき、肯定的なテクストがすべて当時現役だった記者によるものであったことは特記すべきであろう。本書がこれまで取り上げてきたテクストの大部分は、現役から退いた元ジャーナリストによるものであった。

このとき、次のような仮説が考えられる。現役のジャーナリストは自らの職業に対する自負と自信から「客観報道」に対して肯定的な見解を示す傾向にあるが、現役から退いたジャーナリストは、その依拠する立場——批判的にものごとをみるジャーナリスト的な視点——から同様の見解をジャーナリズムに対して示し続けるわけにはいかず、「客観報道」に対してどちらかというと批判的な見解を示す傾向にある。「客観報道」に対する評価は、それを論じる人間のジャーナリズムの現場との距離に関係がある。

4　客観報道論争の終結——その第三段階の分析

前節までみてきたように、客観報道論争は『新聞研究』誌上におけるリレー連載のかたちをとりながら、本書の区分した第一段階から第二段階へ展開していった。本節においては、客観報道論争の第三段階として区分される座談会の記録「「客観報道」の問題点は何か」(『新聞研究』四三一号、一九八七年六月号)が分析の対象となる。

客観報道論争の総括とされるこの座談会において、問題提起者であった原は論争における諸々の論点をふまえたうえで、リレー連載に参加した論者が原論文に対して示した疑問や批判に対し、出席者に対して説明するという形で答えている。また同時に、自らの「客観報道」に対する見解を改めて述べている。ここでは、そうした原の見解を追うことを通して、原が他論者の意見をどのように解釈し、またどのように答えたのかについて分析することを試みる。

座談会には、原以外には司会として廣瀬英彦、そして発言者として本田靖春、岩見隆夫、樋口正紀が出席し、それぞれが「客観報道」について自らの意見を述べている。しかしながら、本書では原が問題提起し、それに対して佐藤茂、杉山光信、小田原敦、藤田博司らが自らの見解を寄せ、さらに原がそれらに対して自らの見解を述べるという一連のプロセスを分析することを目的としている。したがって、第一段階と第二段階に存在しない論者については、分析の対象としない。

原はこの座談会において、自らが問題提起した背景について述べた後、佐藤茂、杉山光信、そして藤田博司がそれぞれの論文で示した原論文に対する見解を取り上げ、それらに対して自らの見解を述べた。その際、小田原敦の論文については何もコメントをしていない。その理由は明らかではないが、小田原の論文が原に対して同意を示しつつも具体的な批判や反論、そして問いかけ等をしていないこと、そして小田原の見解が原の問題意識を刺激しなかったことなどが、原がコメントしなかった理由として推察される。

ちなみに座談会の記録は、「通信社化する日本のメディア」、「「客観報道」という美名」、「怖いのは記者の誤解」、「ジャーナリストは職人である」、「客観報道以前の構造的問題」、「待っていては何も書けない」、「「客観報道」とは何か」、「歴史の過ちに学ぶ必要性」、「事実との緊張関係が薄れている」、「怖いのは一元的、画一的論調」、「新聞社内の「言論」の自由」、「記者を取り巻く精神的風土」、「調査報道の手法」、「議題設定は報道の側で」、「切り替え期にある新聞界」という一五の部分から構成されている。このうち、原が他論者への見解を述べているのは冒頭からの二つ、すなわち「通信社化する日本のメディア」および「「客観報道」という美名」においてである。

（1）ワイヤー・サービス・メンタリティー浸透への危惧

原寿雄はここまでの論争過程の内容を総括して、「改めて考えさせられたこと」として四つの点を挙げた。第一に「マス・メディアにおけるワイヤー・サービス・メンタリティーの浸透への危惧」（原 1987a：10–11）、第二に「主体性を欠いた客観主義ジャーナリストが多数を占める現状の重要さに対する再確認」（原 1987a：11–12）、第三に「客観報道の未確立」（原 1987a：12）、第四に「全体の感想」（原 1987a：12）である。このうち、第一の点においては原が問題提起した背景が述べられ、第二、第三の点では原から各論者への返答が述べられ、第四の点では「論争」全体に対する原の総括が述べられている。ここではまず、原が問題提起した背景について考察したい。

原は「改めて考えさせられたこと」の第一として、マスメディアに所属する記者の「ワイヤー・サービス・メンタリティー」、すなわち通信社的記者意識の存在をあげた。そしてこのワイヤー・サービス・メンタリティーが、原が言及してきた「発表による情報操作の問題」や「発表を客観的事実として書くという形で、〝発表ジャーナリズム〟の原理とまでいえるほどになった客観報道の落とし穴」（原 1986a：33）の要因となっていることを指摘して、次のように述べている。

「客観報道」を情報操作に利用されやすいような形にしてきたのは、実は通信社的記者意識ではないかという点です。通信社というのは、政治的な立場で言えば右の人にも左の人にも有用なデータ、事実、記録をおくらなければなりません。客観報道主義に徹するという訓練を受けてきているわけです。しかし、一九五〇年代にアメリカでマッカーシー旋風が吹き荒れた場合でも、あの一方的な赤狩りリストの発表をキャンペーンした最初は通信社の客観報道だったと、いまになって改めて思うわけです。日本の場合も、政府高官がどこそこでこういうことを言ったなどという発表や発言を、右から左に流す。通信社にはある程度そうせざるを得ない面があるのですが、それが安易に新聞社にも広がっている面がありはしないか、ということなんです。（原 1987a：10–11）

原はこのように述べ、従来は通信社特有の記者意識であったワイヤー・サービス・メンタリティーが、言論機関でもあるはずの新聞にも浸透してきた現状について注意を促す。そしてこうしたワイヤー・サービス・メンタリティーは、日本では新聞に限らず、ほかのマスメディアにおいても同じように浸透しつつあることを指摘する。

私に言わせれば、日本の大メディア、とくに全国紙は全部通信社です。……大メディアは全部、通信社的機能を果たしている。発表ものを通信社と一緒になって、あるいは競争する形で流していますから、ワイヤー・サービス・メンタリティーがメディアに広がってしまう、ということではないでしょうか。それが操作されやすい表層的な報道——私は情報の流通化という言葉を使いましたが——つまり、客観報道には違いないが、非常に弊害の多い報道の形態を作りだしてきた一つの背景ではなかったかと思うわけです。（原 1987a：11）

ここでは、原が新聞のみならず、マスメディア全体における情報の送り手の非主体的な態度に対して危惧を抱いていることが示唆されている。そして、原が「客観報道」の弊害について問題提起したのは、そうした送り手の非主体的な態度を象徴しているのが「客観報道」であるという認識であったことが推察される。

（2）「客観報道」を補完する調査報道の必要性

原寿雄は「改めて考えさせられたこと」の第一として挙げた「ワイヤー・サービス・メンタリティー」について指摘した後、その改善策としての調査報道について言及した。そして、佐藤茂からの疑義に対して自らの見解を述べている。

原は論争の契機となった論文において、「客観報道」を問題とする四つの理由について述べ、その問題解決の手段として調査報道の実践の重要性を強調し、またそのための改善策を列挙した。これに対し、佐藤は原による調査報道の実践についての見解は不十分であり、編集機構の問題や経費の問題、そして新たな取材方法の開発等々、原の見解を超えて「検討、実行しなくてはならないテーマが少なくない」（佐藤 1986：35）ことを指摘した。

ここで原は、そうした佐藤の指摘に対し、次のように述べて自らの見解を示している。

それ〔客観報道には違いないが、非常に弊害の多い報道の形態〕に対置するひとつの方法は調査報道ということになるでしょうし、私も調査報道に力を注ぐべきだと提言したわけですが、これは毎日・大阪の佐藤社会部長（本誌一九八六年十二月号）がご指摘のように、カネも、人も、エネルギーも必要であるうえ、調べた自分の責任も問われます。そんなことから、大変おっくうになってきている。発表依存のほうがカネもかからず、人手も少なくてすむわけです。責任についても、万が一の場合には、発表者に負わせることが考えられる。しかし、本来の通信社の機能がもっと充実すれば、日本でも新聞の調査報道はもっともっとできるのではないでしょうか。（原 1987a：11 〔 〕内は筆者による補足）

原はこのように述べ、現在新聞社が果たしている通信社的な役割を、従来の通信社がより積極的に担うことによって、新聞社は調査報道を実践することができるのではないかと佐藤に対して答えている。こうした原から佐藤への返答には、新聞社はもっと主体性をもって独自のジャーナリズム活動を行うべきではないかという問いかけが内包されている。

原は佐藤に対し、調査報道に対する疑義に対しては上記のように返答した。しかしながら、佐藤が繰り返したグリコ・森永事件の取材経験に基づく反論に対しては具体的な返答はとくにしていない。

(3) スケープゴートとしての「客観報道」

原寿雄は「改めて考えさせられたこと」の第二として挙げた「主体性を欠いた客観主義ジャーナリストが多数を占める現状の重要さに対する再確認」(原 1987a：11-12) について述べる際、杉山光信による「原寿雄氏にはその立場をニュー・オブジェクティブ・リポーティングと称されるだけではなく、ジャーナリズムとは価値にコミットする活動であると、もう少し正面からいって欲しかったような気もする」(杉山 1986：39) との指摘を取り上げ、それに対して次のように答えている。

> ジャーナリズムが価値にコミットする活動だということは、観念的にはわかるんですが、それに目をつぶろうとしてきたところが私自身にもある。四十年近い記者経験を顧みてそう思います。判断をおっくうがることが、やがて判断をこわがるような心情になっていって、自分の意見を出さないようになる。そういう訓練をしてきたのではないか、と思っているわけです。(原 1987a：11-12)

このように、原は杉山の指摘に対して自省してみせる。この自省の記述は「客観報道をスケープゴートに使うということでジャーナリストのある種の退廃を感じます」（原 1987a：12）という文で閉じられている。このことは、原の問題提起の背景に、自らの記者生活における反省といった要素も含まれていることをうかがわせる。

自省した後、原は「判断をおっくうがることが、やがて判断をこわがるような心情になっていって、自分の意見を出さないようになる」ジャーナリストの態度を指摘し、その例としてテレビのインタビューを挙げる。

「とみられる」とか「と言われる」という書き方が、いまでは一般化していますが、これはテレビのインタビューなどにしても同じですね。「という意見がだいぶ強いようですが」とか「という批判の声もありますが」などと、第三者の声を借りて質問する。これはこれで一つのやり方として認められないわけではありませんが、自分の意見をぶつけようとしない姿勢がジャーナリズムなのか、とも思うわけです。質問をしても相手がのらりくらりと逃げてしまう。あるいは相手が強く反論すると、再質問、再々質問をしない。これはインタビューになっていないわけですね。相手に主張の場を提供するだけです。（原 1987a：12）

原はこのように述べ、「この背景にも客観報道の悪しき横行があるのではないか」（原 1987a：12）と指摘する。そして、「客観報道」をジャーナリストの主体性の維持のために実践すべきとする杉山の主張に同意して、次のような見解を示した。

いま強調しなければならないことは、客観報道と称して主観を全然反映していないと錯覚しているかもしれないが、実際にはすべて主観の入った記事なんだ、そのことを認識する必要があるんだ、ということなんです。この点で杉山さんの、価値にコミットした客観報道を本気でやろうと思えば、精神の緊張をいつも持

続していなければならないという指摘は、非常に大切だと思いました。（原 1987a：12）

このように、杉山の指摘に対して原は賛意を表明する。そして、杉山の主張である「精神の緊張をいつも持続」して「客観報道」を実践することが、ジャーナリストの主体性を保つ上で非常に有効な手段であるとする認識を示した。

杉山の提示した「客観性」観は、原に「客観性」に対する再考を促したことが推察できる。原は四つの「改めて考えさせられたこと」を述べて論争を総括した後、ほかの出席者と一緒にいくつかのテーマについて意見を交わした。そして座談会の記録では「「客観報道」とは何か」（原 1987a：16-17）にあたる部分で、杉山が紹介した「新しいマックス・ウェーバー論」に触れ、それに準拠して再度自らの「客観性」観を述べている。

どんなに社会現象を客観的に報じようとしても、まず主観が先に立つものだということは避けられない。価値観というものをだれでも持っているわけです。その価値観に基づいた選択をし、ある部分を切り取るわけですから、その行為自体が主観的です。新聞記者の仕事は、そういう意味では自分の価値観と離れて何もできない。ただ、ある社会現象の事実を組み立て、記録をつくるという時に、なるべく客観化しようと努力するという方法があり得ます。その努力が必要なんだと思うわけです。いろいろなデータをいろいろな角度から、見ている自分も客観視する。そうしてでき上がったものを他人が読んで納得する合理性を持つ、合理的な説得力を持つ、そういうものが客観性ということではないでしょうか。それでもその客観性に完全はあり得ない。価値観というものは変わり得るし、またその価値観に基づく選択はいくらでも独善的、恣《し》意的であり得ます。したがって、常にその点を振り返りながら客観化に努め、そのために精神の緊張を保つ、ということだろうと思うんです。報道が知的作業ということはそういう意味でしょう。（原 1987a：17　ふりがな

は原文）

（4）「客観報道」の未確立

原寿雄は「改めて考えさせられたこと」の第三として挙げた「客観報道の未確立」について述べる際、藤田博司による指摘を取り上げている。

藤田は、原が指摘する「客観報道」の問題に対して「こうした問題が原論文の示唆するように、客観報道主義のいわば内在的な「落とし穴」から生じたとする見方には、私は必ずしも同意できない」（藤田 1987：10）と述べた。そして、問題として取り上げるべきなのは「客観報道」ではなく発表ジャーナリズムであることを強調した。

藤田は、「客観報道」がアメリカ・ジャーナリズムでは機能しているのに日本のジャーナリズムでは機能していない理由として、「日本のジャーナリズムにおける客観報道の在り方」（藤田 1987：10）に問題があるという考えを示した。そして、日本のジャーナリズムが実践している「客観報道」は、本来その必須条件であるはずのニュース・ソースの明示が欠如していることを指摘し、そのため日本ではいまだ「客観報道」は未確立であるとの見解を示した。こうした藤田の指摘に対して、原は次のように答えている。

私は客観報道の形骸《がい》化、空洞化という言葉を使いましたが、どうもそうとらえるよりも日本にはまだ客観報道ができ上がっていないのではないか、ととらえた方が生産的かもしれない、ということです。戦後四十年を経て、事実の客観報道的記録こそが報道活動だという認識は、日本のジャーナリズムの基本原理になったと言えると思いますが、事実報道の記録のあり方についてはまだ未確立です。たとえば共同の藤田氏（本誌一九八七年四月号）が指摘しているように、ニュースソースを明記しない記事をいつのまにか横行させてしまっているというのも、事実の客観的記録の方法が未確立ということの一つだと思います。（原 1987a：12 ふりがなは原文）。

このように、原は藤田による指摘に対して一定の理解を示す。そして、「客観報道」未確立の要因として、ニュース・ソースの明示以外に事実の記述もまた、いまだ未成熟であることをつけ加えて次のように述べた。

それから事実の報道はされているけれど、それがどれだけ意味のある記事なのか、という点ですね。このことを厳しく指摘する人も新聞の外にはいます。断片的な事実の羅列はやっているけど、本当の客観的な記録報道、有用な、歴史に耐えられる客観報道になっているかどうかというと、その点はまだまだ未確立ととらえておいたほうがいいのではないでしょうか。（原 1987a：12）

また、原は「改めて考えさせられたこと」の第四として挙げた「全体の感想」のなかでも、藤田に対して言及している。そして、問題として取り上げるべきなのは「客観報道」ではなく、発表ジャーナリズムであるという藤田の見解に対して、自らの見解を示した。

私の言う発表ジャーナリズムということについては、藤田氏が指摘するように、それは客観報道の問題というよりも、むしろ記者クラブ制度の問題なのではないか、ということなどです。ニュースソースによる情報操作の問題にしても、客観報道の問題点としてより、ジャーナリスト個々の問題意識に帰することかもしれない。（原 1987a：12）

原はこのように、発表ジャーナリズムの問題は「客観報道」というよりもむしろ、記者クラブ制度の問題である可能性について言及した。こうした見解、そしてすでに述べたニュース・ソースの明示に対する見解をみるかぎり、藤田による指摘に対して、原は一定の同意を示していると捉えることができる。

(5) 危機に無自覚なジャーナリズム

原寿雄は「改めて考えさせられたこと」の第四として挙げた「全体の感想」において、ここまでの論争過程を概観して自らの見解を示している。

原はまず、「私は現代のジャーナリズムの問題点を、すべて客観報道というタイトルのもとで取り上げすぎたのではないか、という感じを多少持ちました」(原 1987a : 12) と全体の感想を述べた。そして、論争の契機となった論文で示された「客観報道」を問題とする四つの理由のうち、第一の理由である「ニュースソース側による情報操作を受ける可能性がある」と、第二の理由である「「調査報道」の弱体化をまねいている」の二点を「客観報道」を問題とすべき理由として挙げたことについて、反省を示している。

まず第一の理由である「ニュース・ソース側による情報操作を受ける可能性がある」については、藤田博司への返答の最後で引用した一文に示されているように、発表ジャーナリズムは記者クラブ制度の問題として、情報操作の問題はジャーナリスト個々の問題意識として捉えるべきであったかもしれないとしている。

そして第二の理由である「「調査報道」の弱体化をまねいている」については、次のように述べている。

調査報道の充実強化にしても、編集幹部たちがそれを断行すればいいことで、客観報道の問題と対置させる必要はないんじゃないか、ということも改めて考えさせられました。(原 1987a : 12)

原はこのように述べ、「現代のジャーナリズムの問題点を、すべて客観報道というタイトルのもとで取り上げすぎた」ことに対して、一定の反省を示す。しかしながら、原は続けて次のようにも述べている。

ただ私としては、客観報道原理という美名のもとに、いまのジャーナリズムが抱える諸問題がえぐり出されないままでいるという意識があるものですから、多くの問題を提起してみたわけです。(原 1987a：12)

このとき、原があえて「現代のジャーナリズムの問題点を、すべて客観報道というタイトルのもとで取り上げ」た意図が示唆される。すなわち、「客観報道」という常識にどっぷり浸かりジャーナリズムの危機に対して無自覚なジャーナリズムに対して、自省を促す一種のキャンペーンとしてのニュアンスが、問題提起した原の論文には含まれていたのではないかと考えられるのである。そしてこの総括をもって、本書では『新聞研究』誌上における客観報道論争が終結したと判断する。

(6) 客観報道論争が明らかにしたもの

民主主義社会と言論の自由のために

原による総括を概観したとき、それぞれが論争冒頭で原が述べた「客観報道」を問題とする四つの理由に対応していることがわかる。たとえば、佐藤に対しては四つの理由のうちの第二、「客観報道」は調査報道の弱体化をまねいているが対応している。杉山に対しては四つの理由のうちの第三、「客観報道」は主体性のないジャーナリストを大量創出する要因となるが、藤田には第一、「客観報道」はニュース・ソース側による情報操作を受ける可能性があるがそれぞれ対応している。原は佐藤、杉山、藤田に対して見解を示すと同時に、自分が指摘した「客観報道」を問題とする四つの理由についても、論争を概観した上での自らの見解を再度述べている。

ここで原が自らの見解を述べていないのは、「客観報道」を問題とする四つの理由のうちの第四、「客観報道」が形骸化することによる主観報道復活の可能性である。この第四の理由については、原による総括の部分では触れられていない。

原は、問題提起した論文において主観報道復活の可能性について指摘した際、戦争中の記事が「読者国民と喜怒哀楽を共にしながら戦意高揚の役割を果たしてきた」ことに触れ（原 1986a：36）、主観報道が民主主義の危機を引き起こす危険性に対する危惧を示した。同様の危惧は、座談会の記録では「怖いのは一元的、画一的論調」（原 1987a：19–20）にあたる部分において述べられている。

> 最終的には、新聞を出していることの意味を新聞を出している人たちがどう考えているか、ということになるわけです。新聞発行でもうけようと思っているのなら話は別なんですが、社会啓発だとか、権力の監視だとか、正義を守るとか、それぞれ理念があって出していると思うんです。しかし、そのために一番いい方法は何かがわからないからこそ、言論の自由が民主主義社会で保障されなければいけないわけです。（原 1987a：20）

このように原は、民主主義社会と言論の自由のために、新聞が果たす役割が大きいことを強調する。そして、その助けとなるのは主観報道ではなく「客観報道」であるという認識を示す。原は右記の文章における「一番いい方法」を探すためには「客観報道」が最も適しているとして、次のように述べる。

その方法を探すためには、一つの新聞が自分の立場を持って論壇で主張しても、報道という点では、その社論に反対する側の動きも事実として載せる、そういう原則がもっと確立されなければいけないのではないでしょうか。（原 1987a：20）

こうした原の意見は、一九八〇年代前半の政府の反動政策に対して、お互いの考えを主張しあうだけだった各新聞の報道姿勢に対する批判として受け取ることができる。

民主主義の危機への警鐘

このように、ジャーナリズムの危機、とくに民主主義の危機に対する原の危惧は大きい。原は新聞の報道姿勢について批判した上で、国家主義的な傾向に対する危機感を示している。

やはりこわいのは、一元的、画一的な報道、論調であり、思考、意識です。これが最も民主主義を崩してしまう要因ですね。日本人はファシズムに非常に弱い。新聞が、一定の政治的立場を持つ場合でも、そうすることの社会的な意味を社会が十分認識していることが前提になると思います。社会全体として多様な意見が自由に表明されている前提がなければならない。そういう社会でありたい。（原 1987a：20）

このとき、原が「客観報道」の弊害について問題提起した最も大きなモチベーションは、やはりジャーナリズムの危機、そのなかでも民主主義の危機にあることが再度示唆される。

こうした原の危惧を示す資料としては、原が座談会に出席した一九八七年に著した「秘密保護法の情勢とプレスの特権——中曽根政治へのもう一つの危惧」（『世界』五〇〇号）を挙げることができる。このテクストにおいて、原は民主主義の危機に対するジャーナリズムの無自覚さに対して注意を促した。具体的には、秘密保護法案の修正案に対するジャーナリズムの危機感のなさに対して「私は情勢をあまり楽観視する見方に危惧を感じるとともに、ジャーナリズムの中に根強いプレスの特権意識が、修正案の持つ危険性から眼をそらさせる役割を果たしているように思えてならない」（原 1987c：146）と述べ、民主主義の危機につながるこの問題に対するジャーナリズムの反応の鈍さに対して警鐘を鳴らしている。

ジャーナリズム研究の指針として

「客観報道論争」が明らかにしたのは、実際のところ、「客観報道」の本質的な問題であるとか、その論理的欠陥といったことではない。それらについては、すでに論争以前の段階で、ある程度結論がみえていた。「客観報道」に関する言説は、一九七〇年代にほぼ完成している。語られる定義を構成する「客観性」、スケープゴートとして語られる批判用語としての利便性、そして〈理念〉・〈形式〉・〈目標〉という三つの観点の組み合わせで語られる言説の構造――。これらは「客観報道」を語るにあたり、現在も有効に機能している。

それでもなお、客観報道論争の価値はきわめて高いと筆者は考える。その理由としては、大きく分けて四つ挙げることができる。

第一に、本論争によって「客観報道」の解釈、問題点、そしてその改善策といった、当時のジャーナリズム研究が「客観報道」に対して示していたさまざまな論点を一つにまとめられたことである。従来、ジャーナリズム研究は体系的にまとめられることが少なく、「客観報道」に関しては、ほぼ皆無であったといってよい。そうした状況下において、「客観報道」に関するさまざまな論点を総合的に示した本論争は、その後の「客観報道」に関する研究の発達に大きく寄与した。

第二に、本論争がその後の「客観報道」研究の出発点になったことである。実際、その後の「客観報道」に関する言説において、原論文はもっとも引用されているテクストであるといっても過言ではない。本論争はその後の「客観報道」に関する議論の基本となり、原論文は「客観報道」研究のフォーマット、あるいは久しく望まれていた共通の定義的なものとして解釈されるようになった。その理由としては、原論文がジャーナリズム出身の研究者にとっても、アカデミズム出身の研究者にとっても受け入れ可能なテクストであったことが挙げられる。原は『共同通信』における豊富な経験に依存せず、どちらかといえばアカデミズム的な立場からその主張を展開した。そうした原の姿勢は、どちらの立場の研究者にとっても好ましく、また理解しやすいものであった。したがって、原論文は、日本のジャーナリズム研究における「客観報道」研究の流れを整える舵としての役割を果たしたといえよう。

第三に、「客観報道」に関する意見の交換がなされたことである。本論争は「客観報道」の問題点がその主たるテーマであるが、それ以外の、ジャーナリズム研究における「客観報道」のあり方をも図らずも明らかにした。それは、本論争以前、「客観報道」に関する意見の交換はほとんど行われていなかったという事実である。当時、批判用語と呼ぶことすら可能だった「客観報道」ではあったが、ジャーナリズム研究においてそれに関する意見の交換、体系的な議論の応酬は、事実上なされていなかった。つまり、「客観報道」を批判する言説は数あれど、批判した研究者たちは互いの意見を交わさず、その批判の妥当性を互いに検討することなく、ただ批判を繰り返していたという状況が示唆された。

第四に、「客観報道」に関する言説の内容が、それを語る人間の属性に大きく左右されることが明らかになったことである。第6章で述べることであるが、日本のジャーナリズム研究には、ある不思議な特徴がある。それは、テクストを読むことによって、著者の履歴がかなりの部分で想像可能なことである。また逆に、著者の履歴を知れば、やはりテクストの内容もかなりの部分で想像可能となる。これは、戦後から現在に至るまでのジャーナリズム研究のテクストを読み続けてきた筆者の偽らざる感想である。

「客観報道」を肯定する言説を書くのは誰だろうか。それは現役のジャーナリスト、具体的には新聞記者である。

客観報道論争には、三人の現役の新聞記者が参加していたが、彼らは「客観報道」に対する反省を述べず、かつ基本的に肯定していた。そもそも、「客観報道」は問題というよりは、彼らの報道姿勢を肯定するために語られている。客観報道論争に関わった現役の新聞記者としては、ほかに座談会に参加した当時『産経新聞』東京本社特集部長であった樋口正紀がいるが、彼もまた一貫して「客観報道」を「新聞の土台」（原 1987a：13）として肯定していた。

この論争が行われるまで、現役のジャーナリストによる「客観報道」に関するテクストはほとんどなかった。したがって、現役のジャーナリストの「客観報道」観を理解する上で、本論争は非常に有益である。

一方、「客観報道」を否定する言説を書くのは誰だろうか。それは第2章から第4章までの「客観報道」に関するテクストを振り返ればわかるように、それは現役から退いた元ジャーナリスト、具体的には評論家やジャーナリズム研究者に転身した者である。もちろん、原のように、元ジャーナリストでありながら、今回のような問題提起を行う者もいる。しかし、大勢としてどうかは、現在のジャーナリズム研究の主流が批判研究となっていることからも明らかである。

以上のように、客観報道論争は、そのテーマをめぐる議論のみならず、その論争自身がさまざまなジャーナリズム研究の要素を明らかにし、かつその後のジャーナリズム研究の指針の一つとなった。筆者が本論争を高く評価する所以である。

第6章　「客観報道」と日本のジャーナリズム研究

1　間接的な論争史としての「客観報道」言説史

(1)　客観報道論争を構成した二つの論争

論争とは「ある問題に対して議論が行われる際、参加者が自らの正当性を主張することで他の参加者を説得することを試みること」を意味している。もともと客観報道論争は、原寿雄による「客観報道」の是非や弊害に関する問題提起をその契機としている。その問題提起に対して各論者が意見を寄せたとき、各論者は原の「客観報道」に対する解釈に対して異議を唱え、自らの「客観報道」に関する解釈の正当性を主張した。すなわち、論争の契機となった問題についての意見の交換が、結果として各論者の「客観報道」に関する解釈の相違という、もう一つの問題を提示したのである。

したがって客観報道論争は、「客観報道」の是非や弊害についての直接的な論争と、「客観報道」の解釈についての直接的な論争という、相互に関係し合う二つの論争によって構成されていたと解釈できる（図8参照）。

図8　客観報道論争における論争の構造（直接的論争）

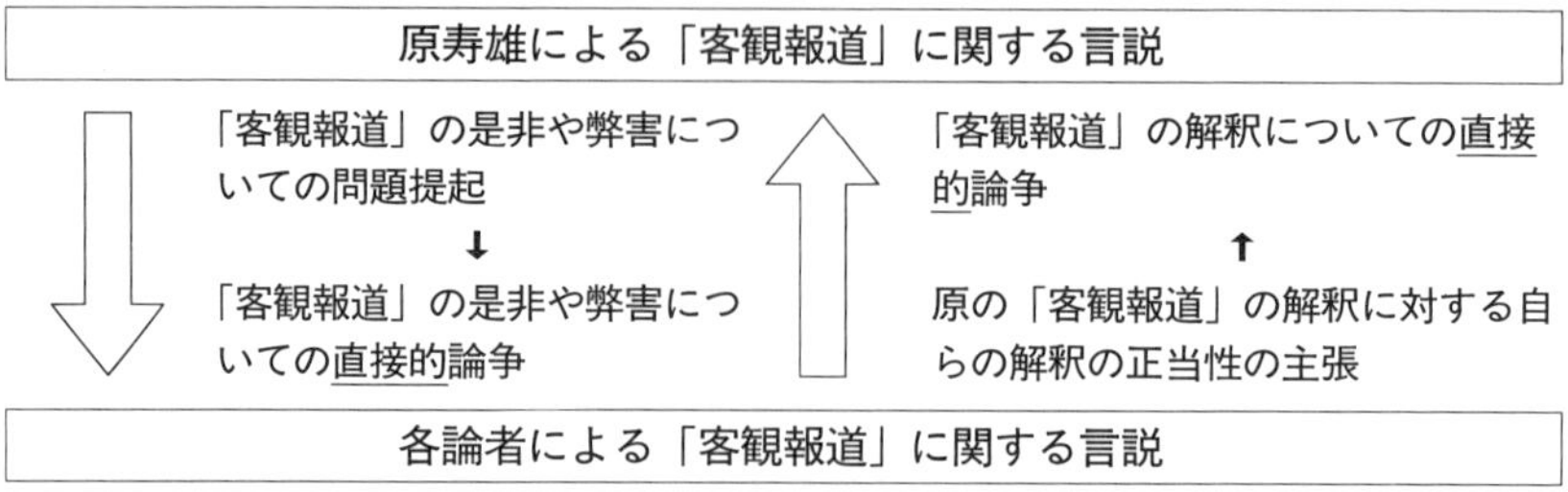

（2）「客観報道」をめぐる間接的な論争

以上のように考えたとき、戦後から現在に至るまでの「客観報道」に関する言説の変容は、とくに批判研究がジャーナリズム研究の主流となった一九六〇年代以降に目を向けるならば、共通する問題、すなわち「客観報道」の是非や弊害という問題に関する間接的な論争として考えられる。間接的とするのは、客観報道論争のように直接的に意見の交換がなされたわけではないからである。

「客観報道」に関する言説の多くは、基本的に他の言説に対して不干渉であり、それぞれが独立して主張する傾向にある。そうした状況は、「客観報道」に関する体系的で生産的な研究の蓄積がなされなかった理由の一つとして考えられるが、共通する問題――「客観報道」――について意見が述べられ続けてきたのも事実である。

また、それらの言説は相互不干渉ではあるものの、多かれ少なかれ、他の言説の影響を受けている。ある問題を論じるのに、その問題に関わる過去、そして現在の他の意見をまったく無視して自らの意見を主張するとは考えにくい。「客観報道」に関する言説が生起したテクストの輪郭とその意味は、それが生起しているジャーナリズム研究において決定されたものであり、したがって他のテクストとの間に「相互テクスト性（intertextuality）」が存在している。

そのように考えたとき、直接的な意見の交換という意味での論争がなされてきたわけではないものの、共通する問題について意見が述べられてきた状況は、間接的

図9　1960年代以降の「客観報道」に関する言説の構造（間接的論争）

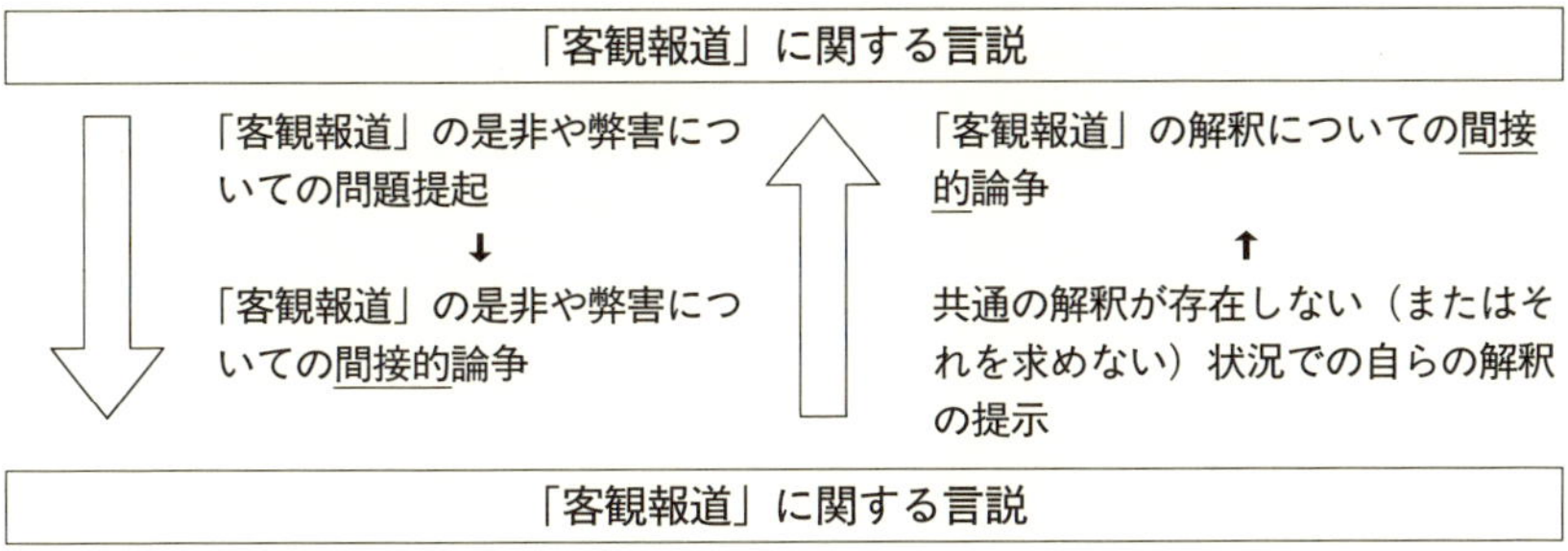

な論争として捉えることが可能となる。そして、結果的に「客観報道」に関する解釈の相違という問題を示唆しているという点で、この間接的な論争は、本書が客観報道論争と呼ぶ論争と基本的に同じ枠組みをもっている（図9参照）。

相互テクスト性という観点から考えたとき、「客観報道」に関する言説の形成過程のテクストもまた、重要な分析対象となる。現在の「客観報道」につながる言説は、すでに述べたように、第二次世界大戦後、GHQの指導のもとで日本のジャーナリズムに導入されたと本書では考える。したがって、「客観報道」に関する言説が形成されたのも、やはり戦後としたわけであるが、その言説の形成が戦争によって生じたジャーナリズム理念の喪失という問題の解決を目的としていたとするならば、その過程もまた一種の間接的な論争としてみなすことができる。

以上のような観点から、日本のジャーナリズム研究における「客観報道」に関する言説は、常に論争のなかにあったと考えることも可能である。そのとき、この論争は、四段階に分けられる。それは、①「客観報道」に関する言説の形成過程における、その解釈をめぐる間接的な論争、②ジャーナリズム批判の観点のもと、「客観報道」に関する間接的な意見の交換としての論争、③本書が客観報道論争と呼ぶ「客観報道」に関する直接的な意見の交換としての論争、④客観報道論争を契機に活発化した「客観報道」研究における、研究対象としての「客観報道」をめぐる間接的な意見の交換としての論争である。

2　客観報道論争以降の「客観報道」研究

客観報道論争以降、この論争を契機として「客観報道」自体を対象とする研究が活発化した。ここでは、そうした「客観報道」研究についてみていこう。

研究を整理するにあたっては、批判研究と理論研究という基準で分類した。また一九八〇年代以降、ジャーナリズムやマス・コミュニケーション関連のテクストに、「客観報道」に関する項目や説明が設けられることが増えた。本来ならばそれらも概観の対象とするべきであるが、そのためにはおびただしい量を扱わざるを得ず、本書の枠をはみ出しかねない。したがって、ここではそれらのテクストにおける「客観報道」に関する項目や説明は、基本的に取り上げていない。「客観報道」を主たるテーマとして取り上げているテクストのみを対象とする。その意味では、ここで試みられる概観は限定的なものである。

（1）　批判研究的な「客観報道」研究

批判研究による「客観報道」への集中的言及

批判研究において、客観報道論争同様に「客観報道」が集中的に取り上げられた例としては、『言語生活』四三四号（一九八八年一月号）の特集「問い直される客観報道」を挙げることができる。この特集は、冒頭に「報道の自由と人権」と題される座談会の記録を掲載している。この座談会には堂本暁子、前沢猛、奥平康弘が出席し、江川清が司会を務めた。この座談会において、前沢に特集の趣旨を問われた『言語生活』編集部は、次のように答えている。

日本で客観報道といわれているのは、客観報道の名に値しないんじゃないかという批判がひとつあると思うんです。……事実とは何かということをいろいろな方面から検証したうえで、「われわれはこれを事実と考える」ということを打ち出すことが、客観報道ではないか、そういったところをもう一回問い直してみるべきではないかということなんです。（堂本ほか 1988：15-16）

編集部のこうした発言が象徴しているように、この特集は「客観報道」に関して基本的に批判的なテクストで構成されている。

この特集を構成しているテクストには、座談会の記録以外に五つの論文がある。順に列記すると、藤竹暁「報道における客観性の落とし穴」、浅野健一「まだ「客観報道」が足りない――警察、天皇、そして新聞社の内部」、大谷昭宏「主観報道は可能か？」、山田宗睦「報道番組戦争の中身――報道の両輪、ドラマとドキュメンタリー」、石井久雄「新聞報道における表現の形式性」となっている。

「客観報道論争」から現在に至るまで、批判研究において「客観報道」研究に集中的に取り組んだ研究は、この『言語生活』の特集に限られる。

政治報道と「客観報道」

「客観報道論争」以降、日本の政治の右傾化はさらに進み、それに対するジャーナリズム研究からの言及も増加した。そうした状況において、政治報道との関わりから「客観報道」を取り上げた研究があらわれるようになった。それらの研究の多くは、「客観報道」が政府寄りに機能しているとの見解を示している。

加藤一夫「「すりかえ」「なしくずし」に無力な客観報道」（一九八七年、『文化評論』三一二号）では、「政府自民党の歴史的暴挙を許した責任の一端が、実は新聞にもある」（加藤 1987：248）として、新聞の「客観報道」が批判されている。加藤は「客観報道」を批判するにあたり、客観報道論争における原寿雄の論文を取り上げ、その主張に対して「同感である」（加藤 1987：249）と賛意を示している。

飯室勝彦は『客観報道の裏側』（一九九九年、現代書館）において、ジャーナリズムが「客観報道という名の権力追随」をしているとしてその姿勢を厳しく批判した。飯室はこれを著した当時、『中日新聞』論説委員兼編集委員を務めていた。そのこともあってか、著作の内容は取材内容と報道内容の落差に注目したものとなっている。

『共同通信』出身で現在フリージャーナリストである魚住昭は、「客観報道の根底にある虚無感」（二〇〇一年、『新聞研究』六〇〇号）にて、飯室同様にジャーナリズム、具体的には新聞ジャーナリズムの権力追随に対して批判の目を向けた。当時国会に上程された個人情報保護法案に危機感をいだきすぐさま反対を表明した雑誌ジャーナリズムと比べ、新聞ジャーナリズムは法案発表を報道するのみでその危険性に対してほとんど言及していないと魚住は指摘し、その「恐ろしいほどの想像力の欠如」を批判している。(1) 後に魚住は、元木昌彦との対談でも日本の新聞の権力追随――「客観報道」の名を借りた「依存報道」――について批判を加えている（元木 2005：109）。

積極的公正・中立主義

渡辺武達は「報道における「積極的公正・中立主義」の提唱」（一九九三年、『マスコミ市民』三〇〇号）において、積極的公正・中立主義を主張した。渡辺は椿発言問題に注目することから、報道における中立と公平とは何かを検討した。

椿発言問題とは、「政治とテレビ」をテーマにして一九九三年九月二一日に開催された第六回民放連放送番組調査会において、テレビ朝日の椿貞良取締役報道局長（当時）が、あたかもテレビ朝日が全社的に自民党政権の崩壊を意図的に画策したかのような文脈で使った「久米・田原内閣」という台詞の録音されたテープが外部に流出し、同年一〇月一三日付の『産経新聞』朝刊によって「非自民政権誕生するよう報道　今夏総選挙　テレビ朝日局長発言　民放連会合」と報じられたことにはじまる一連の問題のことである。

渡辺は、従来のジャーナリズム研究における中立と公平の概念を四つに分類した。それは、「①異なった意見をできるだけ多く並列的に列挙する、いわゆるＮＨＫ的公平。②さまざまな意見の真ん中をとることを中立と考える、いわゆる中道。③権力を悪と考え、忌憚のない権力批判をジャーナリズムの使命とするウオッチドッグ機能による独立。④世論の大勢とその動向を重視し、視聴者・読者のニーズへの対応をすることによる番組制作」（渡辺 1993：16）である。

以上のように分類した上で、渡辺は、「これら四つの中立論では地球的規模の市民中心社会に向かう私たちの社会の今日的状況には対応できないのである」（渡辺 1993：17）と断じた。そこで渡辺がこれまでの中立、公平論をおぎなう第五の考え方として提唱したのが「報道における積極的公正・中立主義」（渡辺 1993：17）である。この考え方は、国際政治学の用語「積極的非同盟中立主義」に由来すると渡辺は説明する。この積極的公正・中立主義について述べるとき、渡辺は「客観報道」についてはふれているわけではないが、その批判する中立と公平の概念は、一般的な「客観報道」の考え方に沿うものである。そのため、とくにここで取り上げた。以後、渡辺は積極的公正・中立主義を前面に押しだして活動を進めている。

人権侵害と「客観報道」

また、一九八〇年代に注目されたメディアの加害者性やジャーナリズムによる人権侵害の問題はその後も注目を集め、「客観報道」は引き続きその主要因の一つとして取り上げられた。

浅野健一『客観報道』（一九九三年、筑摩書房）では、「「客観報道」という名の情報操作」についての言及がなされている。浅野は同書巻末に「エピローグ・真の「客観報道」とは何か?」と題する章を設けたが、そこでは冒頭で客観報道論争における原の問題提起が紹介され、ついで「原氏の見方に敢えて異論を唱えている」（浅野 1993：212）、同論争における藤田博司の主張が紹介されている。藤田の主張は、発表ジャーナリズムの原因は日本独特の記者クラブ制度と日本における客観報道のあり方にあるということ、そして日本の「客観報道」にはニュース・ソースの明示が欠落しているというものであったが、こうした藤田の主張に対し浅野は強い同意を示す。浅野は、その後も原と藤田の論文を同様の文脈で引用している（浅野 1999）。

山口正紀「ニュース価値判断基準の検証」（一九九〇年、法学セミナー増刊『犯罪報道の現在』総合特集シリーズ四五、日本評論社）では、「記者のニュース意識形成」という観点から「客観報道」が検討されている。そこで山口は、「客観報道」を「成立しないことは明らかであり、「客観」とは、せいぜい表現の問題、「私は……」という感想を書かない、という記述上の制限の問題と、「調べによると」の表現で、報道責任を回避するテクニックにすぎないと思われる」（山口 1990：97）と説明している。

当時、山口は『読売新聞』の記者であった。山口は浅野と同じく「人権と報道・連絡会」世話人として活動しており、やはり犯罪報道という観点から「客観報道」について言及している。山口はこの論文以外にも「客観報道」の弊害にまつわる多くの文章を発表しており、それらは山口正紀『ニュースの虚構　メディアの真実』（一九九九年、現代人文社）にまとめられている。

ジェンダーと「客観報道」

「客観報道」研究において「客観報道」の〈不偏性（impartiality）〉、すなわち〈均衡性（balance）／非党派性（non-partisan）〉や〈中立的な表現（neutral presentation）〉が問題となるとき、それは政府寄り、または官公庁寄りの報道の偏りが取り上げられる場合が多い。とくに犯罪報道においては、その報道が警察当局寄りであることが批判されてきた。そうした偏りのなかに、男性寄りの偏りも存在していることを指摘したのが小玉美意子である。小玉は『ジャーナリズムの女性観』（新版、一九九一年、学文社）において、そうした「ジャーナリズムの女性観」の存在を指摘した。小玉は、このジャーナリズムの女性観について、次のように説明している。

人類を分けるのにもいろいろの方法があるが、その中の一つは男女に分けるものである。日本国憲法において、両性は平等であると規定されているが、ジャーナリズムの中では、明らかに男性を基本において、女性をその亜種あるいは変種として見ている例がしばしばあらわれる。それは「メディアの枠組み」、「記事の選択」、「女性の表現方法」のあらゆる分野にわたって存在する。（小玉 1991：27）

そして、ジャーナリズムの活動にはときとして当然のようにジャーナリズムの女性観が反映していることを述べ、そのことに注意を促した。小玉は「客観報道」について、次のように説明する。

記者クラブと権威主義から抜けきれないジャーナリズムにおける客観主義は、右であれ左であれ日本を支配する「情報提供者群」ともよぶべき支配層の思考の偏りをそのまま伝える。そして、そういう情報が生まれるに至った背後の思想もそのまま伝わることになる。情報提供者群のほとんどが男性によって占められ、そして伝え手の記者のほとんどが男性の現状では、男性の主観も客観と見誤られて、「客観報道」の名のもとにニュースとなるであろう。（小玉 1991：12）

このように、「客観報道」もまたジャーナリズムの女性観とは決して無関係ではないことを小玉は強調した。

こうした小玉の主張は、これまでの「客観報道」に関する議論が「客観性」、具体的には〈不偏性〉をその重要なテーマの一つとしながらも、ジェンダーの観点を含んでいなかったことを指摘するものであり、「客観報道」の〈不偏性〉に関する議論に一石を投じたものとして評価できる。

ほかに、報道にあらわれるジェンダーの観点に着目したものとしては、さきの山口正紀による「『記者の主観』で作られる「客観報道」のウソ」（二〇〇三年、『月刊社会教育』五七八号）がある。山口は、女性が男性の視点で描かれて報道されることを、自らの新聞記者経験にもとづいて指摘した。そして、自分は「客観報道」を遵守してきたつもりであったがそれは単なる思い込みに過ぎず、実際には女性に対するさまざまな性差別表現を考慮することなく記事を書いてきたと自省している。その理由として「男性中心社会のメディアで、その価値観を共有して生きてきたからだ」とし、そうした「男性という権力」に無自覚であったことを述べ、権力は関係性のなかで捉えるべきであることを主張した。

そのほかの「客観報道」への批判的視点

そのほか、ジャーナリズム研究者以外による批判研究的な「客観報道」に関するテクストとしては、脇英世「必要なのは中立性・客観性――コンピューター分野を中心に見た新聞報道」（一九九六年、『新聞研究』五四四号）を挙げることができる。東京電気大学教授である脇は、「読者は無知だという大前提」のもとに大新聞のコンピューター報道がなされていると指摘し、報道に「客観性と中立性」が不足していると批判した。

「客観報道」自体が議論のテーマではないものの、そのことばがキーワードとなっているテクストとしては、『日本海新聞』の「鳥取発特報」欄に掲載された署名記事「JR境線を廃止したらどうか」に対する抗議から生じた不買運動についてまとめた白石尚「「客観報道がすべて」の誤解根強く――「鳥取発特報」記事をめぐる不買運動から」（一九九八年、『新聞研究』五五九号）をあげることができる。

一九九七年一〇月七日付『日本海新聞』の「鳥取発特報」欄に署名記事「JR境線を廃止したらどうか」が掲載された。西日本旅客鉄道労働組合（JR西労組）米子地方本部はこの記事を不服として『日本海新聞』に抗議文を送り、一九九七年一〇月二四日から同紙の不買運動を開始した。米子地方本部は一九九七年一二月二五日、「抗議活動に成果があり、境線存続への県民の理解が得られた」として、不買運動終結を宣言した。白石は当時『日本海新聞社』の編集責任者であった。この不買運動に対しては、白石の論文が掲載された号に原寿雄も「「署名記事」への厳しい教訓――不買運動と新聞ジャーナリズム」（一九九八年、『新聞研究』五五九号）と題する論文を寄せている。

また、阪神淡路大震災時の報道を批判した矢野宏「被災者の怒りと〝客観報道〟」（一九九五年、『総合ジャーナリズム研究』一五二号）も、「客観報道」自体が議論のテーマではないものの、そのことばがキーワードとなっているテクストの一つとして挙げることができる。

（2）理論研究的な「客観報道」研究

理論研究による「客観報道」への集中的言及

理論研究において、客観報道論争同様に「客観報道」に集中的に取り組んだ例としては、鶴木眞編『客観報道』（一九九九年、成文堂）を挙げることができる。鶴木は「はじめに」において、同書が「ジャーナリズム批判のなかでは論じ尽くされた感のあるこのテーマをあえて選択し、ジャーナリズム論の転換を促すこと」（鶴木 1999：i-ii）を目的としていることを主張した。その目的に従い、同書にはジャーナリズム史、ジャーナリズム論、マス・コミュニケーション論、コミュニケーション論、情報法、記号論、社会理論、国際政治論といった複数の社会科学的研究分野からの「客観報道」研究が集められている。

同書を構成している論文は九つである。順に列記すると、大井眞二「客観報道の起源を巡って――アメリカ・ジャーナリズム史のコンテクストから」、伊藤高史「日本のジャーナリズムと客観報道――客観報道を巡る議論のレビューと客観報道主義の再評価について」、大石裕「客観報道論再考――マス・コミュニケーション論の観点から」、藤田真文「新聞記事における論評の表明――モダリティ概念によるテクスト分析」、岩田温「社会責任論の観点から見た客観報道――事実の真実性を手掛かりとして」、小林義寛「当事者として語ること――客観報道とリアリティの多元性をめぐって」、鶴木眞「国際ニュースとメディア・フレーム――客観報道はなりたつのか?」、飯塚浩一「英国における政治とジャーナリズム――プレスの規制と放送の公平性」、三野裕之「拡大する情報環境のなかの客観報道――オンライン・ジャーナリズムを中心として」となっている。

なかでも伊藤の論文は、「客観報道」に関する研究史的な研究を試みており、「客観報道」という曖昧な定義を軸としてそれをめぐる言説のレビューをするという困難を引き受けている点で評価に値する。また大石の論文は、「客観報道」の「客観性」の構成要件についての詳細な説明を試みており、これもまた重要である。客観報道論争から現在に至るまで、理論研究において「客観報道」に集中的に取り組んだ研究は、この『客観報道』に限られる。

「客観報道」の定義をめぐる議論

客観報道論争以降、理論研究においては「客観報道」の定義やその「客観性」の解釈の問題に注目した研究が多くあらわれた。

江藤文夫は、「報道における〈主観の介入〉について　報道主体の成立に関する一私論として」(一九八八年、荒井豊ほか『自由・歴史・メディア』日本評論社)において、「主観報道か客観報道かの繰り返された論議は、その主観性・客観性の〝定義〟を経ぬままにおこなわれ、その論議を不毛にした」(江藤 1988a：257)と述べ、ジャーナリズム研究における「客観報道」の定義の曖昧さを指摘した。この指摘は、研究における定義の曖昧さに対する最初の異議申し立てである。また江藤は「ジャーナリズムあるいはジャーナリズムの主体について」（一九九三年、『マス・コミュニケーション研究』四二号）において、「報道の主体の確立と客観報道との関係」（江藤 1993：11）について言及している。

メディア研究者の藤田真文は、「ニュース・テクストにおける客観性とモダリティ」（一九九五年、常盤大学人間科学部紀要『人間科学』第一三巻第一号）において、ニューステクスト（新聞記事、テレビニュースなど）の「客観性（objectivity）」の問題を、その叙述法という側面から考察した。

藤田は考察の前提となるニューステクストの「客観性」を説明するにあたり、「客観性」を構成する二つの原則として事実性原則と没評論原則を日本新聞協会の新聞倫理綱領から抽出してみせた。藤田によれば事実性原則とは「（報道する）事実をまげないこと」であり、新聞倫理綱領の「第二　報道、評論の限界」における「イ　報道の原則は事件の真相を正確忠実に伝えることである」に対応している。そして没評論原則とは「（報道する者の）意見を含まないこと」であり、「新聞倫理綱領」の「第二　報道、評論の限界」における「ロ　ニュースの報道には絶対に記者個人の意見をさしはさんではならない」に対応している。

さきの伊藤高史は、藤田による定義を「客観報道」の定義についての「もっとも適切で、簡潔な説明」（伊藤 1999：40）と評価している。藤田は、新聞倫理綱領という歴史的かつ既存のテクストを提示して「客観報道」の定義に具体性を与えることに成功しており、筆者も伊藤同様、藤田の説明を「客観報道」に関する最も適切で簡潔な説明であると考える。

客観報道論争参加者によるその後の「客観報道」への取り組み

藤田博司は、「事実をどう伝えるか」（一九九四年、『新聞研究』五一二号）において、事実を正確に伝える手段として、客観報道論争における自らの主張、すなわち情報源の明示の実践を強調した。そして藤田は、客観報道論争に参加していたにもかかわらず、この論文において「客観報道」ということばを使うことを躊躇する。その理由について、藤田は次のように述べる。

> さて小論ではいままで「客観報道」という言葉を意識的に使わずにきた。実のところ、右に述べた、事実をできるだけ正確に伝えるさまざまな手だては、いわゆる客観報道を遂行する上で当然守らねばならないルールなのである。敢《あ》えて客観報道という言葉を避けたのは、日本の客観報道の定義や内容についての理解が不明確で、えてして客観報道無用論といった不毛の議論に発展しがちだからである。（藤田 1994：62 ふりがなは原文）

このように、藤田は日本で「客観報道」ということばを用いて論じることは不毛であるとの認識を示す。また、「客観報道の有効性を問い直す議論は、日本でもこれまで何度か繰り返されてきた」（藤田 1994：62）と述べ、そうした例として客観報道論争における原寿雄と杉山光信の論文を挙げるものの、「日本の客観報道批判の弱みは、日本のジャーナリズムにアメリカの場合のような徹底して客観報道を貫こうと試みた実績がないことである」として、存在していない「客観報道」を論じること自体、無意味な行為であるという自らの見解を明らかにした。こうした藤田の見解は、「情報源明示の努力が足りない——日本の新聞の「情報源の扱い」に関する数量的研究から」（一九九九年、『新聞研究』五七一号）でも暗示されている。[2]

藤田と同じく客観報道論争に参加した杉山光信は、「「内部」へ向くジャーナリズム」（一九八九年、『総合ジャーナリズム研究』一三〇号）において、論争を構成した論文と同様の論理で「客観報道」について言及した。ちなみに論争を構成した杉山の論文は、『学問とジャーナリズムの間』（一九八九年、みすず書房）に再録されている。

そして客観報道論争の問題提起者であった原寿雄は、論争の端緒となった論文で示した「客観報道」に対する解釈を基本的には維持したまま、その後著したテクストで「客観報道」を取り上げ続けた。たとえば『新聞記者の処世術』(一九八七年、晩聲社)、『新しいジャーナリストたちへ』(一九九三年、晩聲社)、『ジャーナリズムは変わる』(一九九四年、晩聲社)、『歪んだ鏡』(一九九四年、アドバンテージサーバー)、『ジャーナリズムの思想』(一九九七年、岩波新書)である。ちなみに、論争の端緒となった原の論文は『新聞記者の処世術』に再録されている。

署名記事への視線

以上のように「客観報道」研究が活発化する一方で、「客観報道」の限界に対する認識から、それを補完する報道手法として署名記事のジャーナリズムへの導入を主張するテクストが一九九〇年代半ばからあらわれた。玉木明は『言語としてのニュー・ジャーナリズム』(一九九二年、學藝書林)において、近代ジャーナリズムの中立公平・客観報道という理念が、報道の方法論として無署名性の言語を確立したと述べて、この無署名性の言語がジャーナリズムのさまざまな問題の要因になっていると主張した。

この主張は、続けて刊行された『ニュース報道の言語論』(一九九六年、洋泉社)においてさらに強調されている。同書では「客観報道」の問題点を指摘するにあたり、原論文および藤田論文を引用し、とくに藤田が強調したニュース・ソースの明示を「新しい時代を切り拓くための〈重要な一歩〉」(玉木 1996a : 301)の一つとして認識している。

こうして玉木は、無署名性の言語に対する批判を通じて無署名記事から署名記事への転換が不可欠であるという考えを示した。この考えは、「未知の部分にとどく言葉を——署名入り記事の可能性」(一九九三年、『新聞研究』五〇九号)、「ジャーナリズムと無署名性の地平」(一九九三年、『総合ジャーナリズム研究』一四三号)、「変わり

始めた日本の新聞　住専問題――「報道主体の確立」に向けて」（一九九六年、『総合ジャーナリズム研究』一五六号）等で繰り返し述べられている。ここで「客観報道」は、常に「主観を排し、事実だけを客観的に伝える」報道として、無署名性の言語を生む要因として語られ、それに依存する日本の新聞の欠陥とされている。

小林弘忠は、「客観と主観のはざま――行動報道の条件」（一九九六年、『武蔵野女子大学紀要』三一号）において、「客観報道」は表層報道ないし静観報道であり、そこでは「客観」と「主観」が混在しているために「記事の事実の認定の真偽が不透明になっている」（小林 1996：216）と指摘した。そして、こうした状況を改善するためには「綿密な取材と分析、客観性を基盤とした主張、提言報道」としての深層報道ないし行動報道を実践しなくてはならないとする。静観報道から行動報道への「エネルギッシュな転換」に必要不可欠な条件が記事への署名である。小林は署名制度問題確立こそ、ジャーナリズムを改善する鍵であることを主張した。

そのほかの「客観報道」への理論的視点

そのほか、ジャーナリズム研究者以外による理論研究的な「客観報道」に関するテクストとしては、内山節「「真理」が価値を失った時代に――哲学とジャーナリズムの間」（一九九九年、『新聞研究』五七二号）を挙げることができる。哲学者である内山は、「事実をありのままに報道すること」の実践の不可能に対してジャーナリズムは無自覚であると述べて「客観報道」を批判した。

また、加藤裕治は「新聞報道の誕生――西南戦争をめぐる報道からの考察」（一九九八年、『社会学評論』一九四号）において、「客観的報道言説」が成立する過程について考察した。加藤は本書のように「客観報道」ということばが語られる過程を分析したのではなく、あらかじめ「中立的な視点に基づく事実によって事実を知らせること」を「客観的報道言説」であると仮定して考察を行っている。加藤は明治初期に活躍した二人の新聞記者、成島柳北と福地源一郎の西南戦争をめぐる報道態度と新聞報道言説に着目して、「客観報道言説」が「文学的定型（物語）に基づく言説」を拒絶する地点で可能になったことを指摘する。そして、結論としてそれは実際には不可能であることを主張した。成島柳北と福地源一郎による西南戦争報道に着目することから「客観報道言説」を考察するその手法は独創的で評価できる。しかしながら、本書の観点からはその「客観報道言説」は加藤の主張にそって若干甘く、また都合よく解釈されているようにも思われる。

（3）客観報道論争以降の「客観報道」研究の概観

以上、批判研究と理論研究という分類によって、客観報道論争以降に活発化した「客観報道」研究について概観した。批判研究と理論研究というように便宜上区別したが、当然のことながら両者を架橋するような研究も存在する。そうした研究についてはどのように提示するべきか迷ったが、それが具体的なジャーナリズム現象を取り上げている場合は批判研究に分類することとした。

客観報道論争以降の「客観報道」研究の概観によって明らかになったのは、以下の三点である。

第一に、「客観報道」を署名記事との関わりから論じる研究が増えたことである。こうした研究は、一九九〇年半ばに急増する。その理由としては、一九九五年以降新聞における原則署名記事の動きが活発化したことが挙げられる。その嚆矢となったのは『十勝毎日新聞』であり、一九九五年一〇月より原則署名記事を実施した。ついで全国紙の『毎日新聞』が、一九九六年四月から原則署名記事に移行した。この署名記事の問題は、「客観報道」の問題と密接に関わっている。

『毎日新聞』の原則署名記事への移行に対してコメントを求められた天野勝文は、署名記事のメリットとデメリットについて述べたが、とくに後者についてそれが「客観報道」を妨げる側面を次のように指摘した。「署名記事のデメリットとしては、①事実の報道と記者の解釈・意見との区別があいまいになるおそれがあること、②事実を報道することより論評したがる記者が増えそうなこと、③その結果として、客観報道の原則（日本における一般紙の報道規範として必要だと、私は考えている）が揺らぎかねないこと――などが予想されます」（総合ジャーナリズム研究所 1996：22）。

第二に、前章末でも述べたことであるが、客観報道論争が「客観報道」研究に少なからぬ影響を与えたことである。客観報道論争の第一段階を構成した原寿雄の論文、そして第二段階を構成した藤田博司の論文は、その後の「客観報道」研究において、繰り返し引用されている。とくに原の論文は、「客観報道」研究の嚆矢として取り上げられている。こうした事実は、「客観報道」が客観報道論争を経てジャーナリズム研究の研究対象として認知されたことを示唆している。

第三に、さまざまな研究がなされたにもかかわらず、個人による研究の継続を除いて、「客観報道」に関する研究が体系的、生産的な傾向をみせていないことである。批判研究では『言語生活』四三四号（一九八八年一月号）における特集「問い直される客観報道」、理論研究では鶴木眞編『客観報道』（一九九九年、成文堂）といったように、「客観報道」研究が集中的に行われたことはあったものの、それらとて体系的に行われたわけではない。

原や藤田の論文は確かに数多く引用されているものの、「客観報道」批判の前例として示されているのであって、彼らの見解を体系的に発展させた研究は多くない。そうした例としては、藤田の主張を発展させて「客観報道」批判枠組を構築した浅野健一を挙げることができるが（浅野 1993, 1999）、それ以外にはほとんどみられない。

3 「客観報道」と日本のジャーナリズム研究

(1) 研究を規定する研究者の属性

「客観報道」に関する言説を概観したとき、その言説を語る観点は大きく二種類に分けることができる。それは「客観報道」を経験的に語る言説と、「客観報道」を理論的に語る言説である。そして前者の言説が圧倒的に多く、後者の言説は非常に少ない。これは「客観報道」のみならず、ジャーナリズム研究全般に通じる傾向である。

経験的に語る言説

「客観報道」を経験的に語る言説は、当然のことながら、ジャーナリズムを経験した人間によって語られる。したがって、その語り部となるのはまず現役のジャーナリストである。

ジャーナリストということばを用いるとき、それをどの範囲まで含むかという問題があるが、ここではとくにマスメディアに勤務するジャーナリストに限定する。「客観報道」を経験的に語るためには、マスメディアでジャーナリストとして勤務していた経験が必要である。そのとき考えられる職場としてのマスメディアとしては、新聞社、通信社、出版社(雑誌)、テレビ局を挙げることができる。職業としてフリージャーナリストを加えることもできるが、彼らもまたマスメディア出身である場合が多い。

多くの場合、それなりの地位についた人間が「客観報道」に関する言説を語る。一般の記者が「客観報道」について自らの見解を示すような場はほとんど存在しないし、彼らも基本的にそうした見解を示そうとはしない。

彼らは自らの肩書きで「客観報道」について語ることが、場合によっては自らが所属するマスメディアの見解となってしまう危険性を知っている。したがって、「客観報道」に関する言説を示すことができるのは、マスメディアのなかでも自らの発言に責任をもつ地位にある人間ということになる。

しかしながら、そのテクストの数は多くない。現役のジャーナリストにとって主要な仕事は取材であり、編集であり、報道することだからである。

他方、マスメディアに勤務していなくともジャーナリスト同様に経験的に語れる人間が存在する。それは以前マスメディアに勤務していたものの、現在は退職した元ジャーナリストである。彼らは退職後、フリージャーナリストや評論家として活動する際、「客観報道」を経験的に語る。また退職後、大学で研究者として活動する元のジャーナリストもいる。彼らはジャーナリズム出身の研究者として、「客観報道」について経験的に語る。現役のジャーナリストにしろ、元ジャーナリストであるにしろ、そこで経験的に語る際に必要なのが、マスメディアでジャーナリストをしている、またはしていた経歴である。そうした経歴は、彼らが経験に基づいて「客観報道」を語るとき、その有形無形の背景として存在する。

出身先としては、いわゆる三大紙(『朝日新聞』、『読売新聞』、『毎日新聞』)が多くを占める。三大紙に次ぐのは『共同通信』である。たとえば本書が取り上げたジャーナリズム研究者のなかでは、新井直之や浅野健一は同社の出身であり(浅野は現在同志社大学教授)、「客観報道論争」で中心的な役割を果たした原寿雄も同社出身である(現在ジャーナリズム評論家、大学講師)。また、同論争においてニュースソースの明示を強調した藤田博司は、論争参加時点では同社のアメリカ支局長であったが、その後、上智大学教授に転身した。

日本のジャーナリズム研究を概観してきたことによる私見ではあるが、「客観報道」に着目するジャーナリズム出身の研究者には、『共同通信』出身の研究者が多いように思われる。新聞社ではなく通信社出身であることが、そのことに何らかの影響を与えているのだろうか。

肯定的な論調と批判的な論調

「客観報道」を経験的に語る言説は、肯定的な論調と批判的な論調に分けることができる。肯定的な論調は、経験的に語る言説においては少数派である。それは現役のジャーナリストによって語られる傾向にある。本書で取り上げた「客観報道」に対して肯定的なテクストは客観報道論争第二段階を構成した佐藤茂、小田原敦、藤田博司による論文であったが、彼らはいずれも当時、現役のジャーナリストであった。彼らにとって、「客観報道」はジャーナリストが拠るべき重要な原則として認識されている。

現役のジャーナリストであっても、客観報道に対して批判的な見解をみせる人間もいる。しかしそうした人間は、三大紙以外のマスメディアに所属している傾向にある。そうした例としては、さきに取り上げた浅野健一『客観報道』（一九九三年、筑摩書房）、飯室勝彦『客観報道の裏側』（一九九九年、現代書館）がある。それぞれの著作が刊行されたとき、浅野は『共同通信』の外信部の記者であり、飯室は『東京新聞』論説委員兼編集委員であった。

他方、多数派となるのは批判的な論調である。それは元ジャーナリストによって語られる傾向にある。本書で確認されたテクスト、とくに一九六〇年代以降のテクストにおいて、元ジャーナリストによる「客観報道」に関する言説は、そのほとんどが批判的な論調を帯びている。その論調は二つに分けることができる。一つは、ジャーナリズムが「客観報道」を実践できていないことに対する批判である。これは「客観報道」自体に対しては肯定的な見解であるといえる。そしてもう一つは、「客観報道」が実践不可能な理念であり原則であるとする批判である。これは「客観報道」自体を否定する見解である。

これら二つの批判は、「客観報道」に対する解釈が肯定と否定で対立しているのだが、実際には同時に語られることが多い。そしてその矛盾は、この二つの批判の後に語られる「客観報道」を目標の報道として実践すべしという主張によって解決が試みられる。

理論的に語る言説

一方、「客観報道」を理論的に語る言説は、多くの場合ジャーナリズムを経験していない人間によって語られる。ジャーナリズムを経験せずにそれを理論的に語ろうとするとき、それが可能な人間は、大学や研究所といったアカデミズム出身の研究者に限られる。またジャーナリズム研究者以外の社会科学的分野、人文科学的分野の研究者も、ときに理論的に語ることを試みる。

「客観報道」を理論的に語る言説の主な論点となるのは、まず認識論的な問題である。すなわち「客観報道」の「客観性」についての解釈をめぐる議論である。ほかには、ジャーナリズムの構造や報道現象といった、ジャーナリズムを外部から観察する視点から「客観報道」が語られる場合も多い。経験的に語る言説が、ジャーナリズムの内部を志向する傾向にあるのとは対照的である。

研究者の属性が規定する批判研究と理論研究

本書は「客観報道」を経験的に語る言説の多数派、「客観報道」を批判的に語る言説を生み出す研究を批判研究と呼んできた。そして「客観報道」を理論的に語る言説を生み出す研究を理論研究と呼んできた。このとき、「客観報道」に関する言説の傾向とそれを語る人間の属性は、ある仮説を導く。それは、ジャーナリズム研究における批判研究と理論研究は、研究者の研究関心もさることながら、研究者の属性にも影響されて、それぞれの研究領域が規定される側面をもっているのではないかという仮説である。

この仮説が示すのは、ジャーナリズム出身の研究者のジャーナリズム研究における優位性である。なぜなら、アカデミズム出身者が経験的に「客観報道」、もしくはジャーナリズムについて語ることは不可能だが、ジャーナリズム出身者が理論的に「客観報道」、もしくはジャーナリズムについて語ることは可能だからである。その意味では、ジャーナリズム研究の門戸は（当然のことながら）、ジャーナリズム出身者により広く開かれている。

たとえば客観報道論争において中心的な役割を果たした原寿雄の言説は、経験に裏打ちされた論理的整合性をもっており、その主張には説得力がある。そして、その研究が『共同通信』におけるジャーナリストとしての経験なしで成立したかどうかは疑問である。

そうした優位性について、花田達朗は、ジャーナリズム研究でも新聞学の分野に限定して、かつ「私見である」と断った上で「新聞を研究する研究者の主力はそのほとんどが新聞界の住人だった経歴をもつといってよい。新聞界の実態をわが身で経験したことが新聞を研究するための前提条件になっているかのように見える」（花田 1998：36–37）と指摘している。

（2）「客観報道」の聖性

聖性を帯びる「客観報道」

すでに述べたように、現役のジャーナリストが「客観報道」について語るとき、その言説は肯定的な論調を帯びる傾向にある。その例として、さきに客観報道論争第二段階を構成した佐藤茂、小田原敦、藤田博司の各論文を挙げた。ほかに本書が概観した「客観報道」に対して肯定的な見解を示した事例としては、客観報道論争第三段階を構成した座談会に現役のジャーナリストとして参加した、当時『産経新聞』東京本社特集部長であった樋口正紀の発言を挙げることができる。

樋口は「「客観報道というのは、新聞百年の歴史のスタートからの土台です。さまざまな事実、現象に独断と偏見を抱かない、不偏不党という基本姿勢は変わっていませんし、これからの新聞づくりを考えるうえでもこれが土台になると思います」と述べ、「客観報道」を強く肯定した（原 1987a：13）。彼が出席した座談会のテーマが「「客観報道」の問題点は何か」であったことを考えれば、樋口の肯定は、そのことば以上に強調されているといえる。このように、現役のジャーナリストの「客観報道」に関する言説では、多くの場合、「客観報道」は聖性を帯びる傾向にある。

否定される「客観報道」の聖性

一方、ジャーナリスト出身の研究者が「客観報道」について語るとき、その言説は批判的な論調を帯びる傾向にあることもすでに述べた。そのことは、本書が分析してきた言説の概観からも明らかである。

そこでは、①「客観報道」はジャーナリズムの〈理念〉である、②「客観報道」は現実には形骸化した〈形式〉として実践されている、③形骸化した「客観報道」を改善して〈目標〉として再認識する必要がある、という三段階で「客観報道」は語られていた。

そこでとくに強調されたのは、〈形式〉として実践されている「客観報道」に対する批判であった。その批判は、ジャーナリズムの〈理念〉として自明視されている「客観報道」に対する問題提起というかたちをとってなされていた。このように、ジャーナリスト出身の研究者は、現実の「客観報道」を聖性を失ったものとして解釈する傾向にある。

以上のように概観したとき、現役のジャーナリストとジャーナリズム出身の研究者の間の「客観報道」をめぐる立場は、一見相反しているようにも思える。しかしながら、実際には彼らは共通の立場から「客観報道」を肯定し、または批判している。それは「ジャーナリズム」に対して聖性を付与する立場である。

ジャーナリズムの聖性の固持

現役のジャーナリストは、「客観報道」を肯定することによってジャーナリズムに聖性を付与する。他方、ジャーナリズム出身の研究者は「客観報道」を批判することによって同じくジャーナリズムに聖性を付与する。

ジャーナリズム出身の研究者が批判しているのは、「客観報道」をその理念ないし原則とすることによってあるべき姿から逸脱した現実のジャーナリズムである。そして、あるべきジャーナリズムの実践は、「客観報道」によって妨げられていると彼らは批判する。このように、ジャーナリズム出身の研究者にとって、「客観報道」はジャーナリズムの聖性を維持するためのスケープゴートとして機能する。

スケープゴートとしての「客観報道」は、ジャーナリズムの理念ないし原則とされることによって、ジャーナリズムのあらゆる問題の要因となる。原寿雄が客観報道論争を総括するにあたり、「私は現代のジャーナリズムの問題点を、すべて客観報道というタイトルのもとで取り上げすぎたのではないか、という感じを多少持ちました」(原 1987a：12) という感想を述べたのは、「客観報道」をスケープゴートとして用いていたことに対する気づきのあらわれであったと推測できる。

したがって、「客観報道」を肯定する現役のジャーナリストも、「客観報道」を批判するジャーナリズム出身の研究者も、そのアイデンティティは基本的に同じであり、ジャーナリズムの聖性を固持する立場である。

対して、アカデミズム出身の研究者は、「客観報道」をジャーナリズムの経験にもとづいて語る資格をもたない代わりに、ジャーナリズムの聖性に対するこだわりももたない。無論、それは「客観報道」の聖性に対しても同様である。その結果、アカデミズム出身の研究者によるジャーナリズム研究は、場合によってはジャーナリストやジャーナリズム出身の研究者から不快感をもって遇されることもある。このジャーナリズムに対する聖性の固持とこだわりのなさとの間に引かれた線は、日本におけるジャーナリズム研究を区分する境界線を示唆する。

（3）批判研究と理論研究の「客観報道」に対する観点

批判研究による「客観報道」の定義

ジャーナリズム出身の研究者による「客観報道」に関する言説の特徴は、その定義についての具体的な説明が少ないことである。たとえば、浅野健一『客観報道』（一九九三年、筑摩書房）は、タイトルが示すように「客観報道」に注目した著作である。しかしながら、その冒頭で示される「客観報道」の定義は、「およそ報道に携わる者は、厳正で中立的な立場に立ち、事実に基づいた客観的な報道を行うべきである」（浅野 1993：4）と述べられているに過ぎない[3]。同様に「客観報道」をタイトルに含むテクストとして、飯室勝彦『客観報道の裏側』（一九九九年、現代書館）があるが、そこで示される「客観報道」の定義もまた、「起きたことを主観を交えず客観的に伝えることを客観報道といっている」（飯室 1999：12）程度の説明となっている。江藤文夫や伊藤高史は、このように「客観報道」が十分な説明を与えられないまま語られている状況に対して、批判を加えている（江藤 1988a，伊藤 1999）。

定義に対する具体的な説明が少ない理由としては、その目的はあくまでジャーナリズム批判であって、「客観報道」自体ではないことがまず考えられる。そして、ジャーナリズムを経験することで培った自らの考え方や知識を、当然のものとしてみなしていることも、その理由として考えられる。「客観報道」は、彼らにとって既知の用語、または常識として認識されている。そして、ジャーナリズムの現場につながることばであり、それを語るためのことばでもある。すなわち、ジャーナリズム出身の研究者は、「客観報道」を「現場言語」として語っているのである。

理論研究による「客観報道」の定義

他方、アカデミズム出身の研究者による「客観報道」に関する言説は、その多くが定義をいかに厳密化するかに労力が払われている。その際、とくに注目されるのが「客観報道」の「客観性」である。たとえば、本書が「客観報道」に関する理論的な研究の嚆矢とみなす高橋正則の論文は、その全体が「客観報道」を構成する「客観性」の条件についての考察である（高橋 1982）。客観報道論争を構成した杉山光信の論文もまた、その主目的は「客観報道」の「客観性」に関する考察であった（杉山 1986）。「客観性」以外に注目した研究としては、新聞倫理綱領から「客観報道」の定義の具体的条件を引き出した藤田真文の論文があるが、これもまた定義の厳密化を試みたテクストの一つとして理解できるだろう（藤田 1995）。

このように、アカデミズム出身の研究者は、「客観報道」の定義について詳細に言及する。このことは、裏を返せばそれだけ「客観報道」の「客観性」という認識論的問題が、検討する価値のある研究対象として捉えられていることを示唆している。「客観報道」は、それ自体が研究対象として認識されている。すなわち、アカデミズム出身の研究者は、「客観報道」を「研究言語」として語っているのである。

以上のように考えたとき、「客観報道」が現場言語と研究言語のいずれで語られているかは、その研究の性格を規定しているといえる。

（4） 現場言語と研究言語

このように現場言語と研究言語という観点で「客観報道」をみたとき、同じテーマについて議論しているようでありながら、実は別の次元で議論をしているという状況が生じているということが示唆される。ここで、現場言語と研究言語についてもう少し詳細に検討してみよう。

経験知としての現場言語

現場言語は、経験知として解釈できる。経験知たる現場言語は、ジャーナリズムの現場の人びとの共通の前提となるべく理解しやすい説明がなされる傾向にある。また経験知たる現場言語は、それが社会規範（social norm）と同様にジャーナリズムの現場において機能しているために、ある意味で伝統的な概念装置であるともいえる。

ピーター・L・バーガーならば、これを「信憑性構造（plausibility structure）」という概念で説明するかもしれない。現象学的社会学の代表的存在である彼は、私たちが日常生活のさまざまな仕組みを正確に「知っている」のではなく、漠然と「信じている」だけであることを指摘し、日常生活の自明性におおわれた常識的知識といったものは、本質的に宗教的な構造をもっていると主張して、それを信憑性構造と呼んだ。これは人びとが共通に思い込んでしまうことでその現実が自明なものとして正当化され、その結果人びとの疑問を封じ込めてしまう働きのことである。当たり前と思える日常生活の現実の本質は一種の約束事の世界であるという考えである（Berger 1967＝1979）。

また、ロラン・バルトならばこれを神話作用という概念で説明するかもしれない。哲学者であり記号論の第一人者である彼は、神話について、それは一般に無文字社会の世界観を語り継ぐ非合理な現象として考えられがちであるけれども、それが社会にまとまりを与えるのと同じように、原始宗教とは無縁な現代社会においてもさまざまな神話的構造が日常生活の秩序を密かに支えていると述べている（Barthes 1957＝1967）。

社会規範は社会の伝統的な価値に基づくルールであり、その存在が個々人の行為を拘束することによって社会秩序を安定させ、結果的に人びとに利益をもたらす。もし社会規範が存在していなかったら、行為のモデルがなくなり、人びとは途方に暮れてしまう。「客観報道」はジャーナリズムの現場でまさにそうした社会規範的な役割を担っている。したがって、それは基本的に伝統的な概念装置である。このように伝統的な概念装置のメリットは大きいが、デメリットも存在する。それが人びとの意識に深く根ざしているゆえに、変更することが困難であるということである。したがって、ときとして時代の変化に対応できず、問題の要因となることもある。

形式知としての研究言語

対して研究言語は、形式知として解釈できる。形式知たる研究言語は、ジャーナリズムの現場の人びとの共通の前提となることを必ずしも目指していない。あくまでその目的は、研究言語を用いた社会に対する新しい解釈、新しい思考に基づいた改革的な概念装置の構築にある。したがって、伝統的な概念装置とは逆に、いかに新しい価値を示すことができるかが目的となる。したがって、研究言語の説明には厳密な条件付けがなされる。

それは、従来存在しなかった形式知を説明するための改革的な概念装置を構築する準備なのである。現場言語とは異なり、背景となる伝統的な価値が存在しないため、その準備は念入りに行われる必要がある。改革的な概念装置のメリットは、伝統的価値に拘束されないということである。デメリットは、その背景となる価値や条件を自ら構築しなければならないことであり、また人びとの理解を得るまでに時間がかかることである。

現場言語もしくは研究言語としての「客観報道」

以上のような見解を前提として、現場言語もしくは研究言語としての「客観報道」について改めて考えてみよう。

現場言語としての「客観報道」は、問題点が明らかになり、それが批判されても、位置づけは基本的には変化しない。したがって、「客観報道」に対する批判もまた、そうした伝統的な概念装置に拘束されている。そのことは、現場言語を語るジャーナリズム出身の研究者が、長年にわたって同じような「客観報道」に関する批判言説を繰り返してきたことからも明らかである。

一方、研究言語としての「客観報道」は、改革的な概念装置である。具体的には「客観報道」の「客観性」に新しい解釈を示すことによって、またはその定義の条件を明示することによって改革的な概念装置を構築する。その過程で厳密な条件づけがなされ、それまでの伝統的な概念装置の綻びを指摘し、それを補う可能性をもっている。研究言語たる「客観報道」は、現場言語たる「客観報道」に対して、有効な示唆を与える可能性をもっているのである。

本来、現場言語と研究言語の関係は、ジャーナリズムが社会に流布する「客観報道」に関する言説に、ジャーナリズム研究がどれだけ影響を及ぼすことができるかという関係である。ジャーナリズムとアカデミズムが互いの相互向上をはかることを目的とした、相互監視に基づく緊張に満ちた協同関係である。

しかしながら、実際にジャーナリズムの現場言語たる「客観報道」に、ジャーナリズム研究の研究言語たる「客観報道」が影響を及ぼすことはこれまでほとんどなかった。その理由は、ジャーナリズムがジャーナリズム研究に対して無関心であることのほかに、ジャーナリズム研究においても現場言語たる「客観報道」が共通のことばとなっている状況がある。

一九八〇年代以降、ジャーナリズムの危機とともに「客観報道」はその危機の要因の一つとして注目され、研究対象とされてきた。そのような状況において、ジャーナリズム研究のことばが現場言語となっている事実は、ジャーナリズム研究がジャーナリズムとの間の相互関係を喪失していること、そして改革的な概念装置を提供する努力を怠ってきたことを示唆している。そのことは同時に、ジャーナリズム研究の存在意義の喪失をも示唆している。

ジャーナリズムとアカデミズム

このジャーナリズムとアカデミズムの関係について、戸坂潤はこの両者は本来「全く相反した二つの態度」

(戸坂 1934＝1966：149) であり、その反対・対立の関係は「必然的なものとして説明出来る」と指摘した。戸坂はこの両者の関係について、次のように説明する。

> 両者は、本源的な歴史的社会的存在の発展形式から来る必然的な二つの動力と二つの制動機とを意味する。蓋《けだ》し存在はその自己発展によってその発展の促進者と共に却ってその発展の妨碍者《ぼうがいしゃ》をも産出する。アカデミーとジャーナリズムは、両者同時に、存在の運動のかかる促進者であると同時に、妨碍者であるのである。(戸坂 1934＝1966：150 ふりがなは筆者による補足)

ジャーナリズムとアカデミズムがそれぞれの妨害者となる理由について、戸坂はまずジャーナリズムについて次のように説明する。

> ジャーナリズムは歴史的社会の本質、その運動、に於ける一つの必然的な役割を持った現象である。夫はこの歴史的社会的存在の発展形式に忠実であることを一時も忘れない。……だがそれが本源的な歴史的社会的の動きにあまりに忠実であろうとする余り、この忠実さが却って直接的な従って又外部的なものとなり、その結果ジャーナリズムはこの存在を原理的に指導する独立の力を失って了《しま》う。かくてジャーナリズムは日和見的な無定見に見えて来るのである。(戸坂 1934＝1966：149 傍点は原文、ふりがなは筆者による補足)

そして戸坂は、こうした「日和見的な無定見」に堕したジャーナリズムをアカデミズムは指導することを試みるとして次のように述べる。

アカデミーは恰《あたか》も之に反して、この歴史的社会の運動を却って独自に指導しようと企てる。実際そうすべきでないならばこの存在の運動は盲目的なものになるわけだろう。だがそれは独自の原理と節操とを守る余り、却って、この歴史的社会の運動を促進する代わりに之の障碍となる。そこでは運動が固定され惰性に落される。かくてアカデミーは固陋《ころう》な自己満足的なものと見えて来るのである。（戸坂 1934＝1966：149-150 ふりがなは筆者による補足）

戸坂はこのように述べ、かくしてジャーナリズムとアカデミズムはともに「一種の自己満足的な停滞物」（戸坂 1934＝1966：152）になると述べる。

花田達朗は、戸坂が示した考察を取り上げて、「今日の状況はさらにその徹底された姿といえよう」（花田 1998：37）と指摘した。そして、現在のアカデミズムとジャーナリズムの関係について次のような見解を示した。

自己満足的な停滞物になったジャーナリズムにスリリングな魅力を感じ、批評の対象として関心を払うのは難しいし、また自己満足的な停滞物となったアカデミズムには対象の停滞を打ち破って、対象との緊張関係を打ち立てるのを期待するのも難しいだろう。疎遠になり、不干渉を決め込んだ兄弟のようなものである。（花田 1998：37）

本書における研究言語と現場言語の関係に対する考察は、花田による、ジャーナリズムおよびジャーナリズム研究が「自己満足的な停滞物」と化しているとする見解と一致する。

問題報道が注目された一九八〇年代以降も、ジャーナリズムは変わらず問題報道を繰り返してきた。しかし、現在は当時のようにジャーナリズム研究がそうした問題に真正面から取り組む機会は明らかに減少しているといえるだろう。私見ではあるが、いかに問題解決を訴えても、現状を分析しても、ジャーナリズムは変わらないことに対する一種の諦念のようなものが、ジャーナリズム研究の側にあるように感じられる。

ジャーナリズム研究もまた、同じような批判研究を繰り返し続けたことにより、その立場を相対的に低下させてきたといえるだろう。取り上げる報道事例が異なるだけで、同じような論旨展開と結論へ至るそれらの研究は、ジャーナリズムの側にとってもはや批判ではありえない。それは子どもに対する母親の愚痴に似て、子どもからすれば「いつもの」お小言であり、耳をふさいで聞き流せばよいだけのことである。

（5）自己言及的パラドックスとジャーナリズム研究

以上、「客観報道」をめぐる言説を分析してきた。ジャーナリズム研究における「客観報道」への認識は、一九八〇年代の客観報道論争を通じて深まってきたが、研究者の属性や、それにともなう二つの言語という相違が依然として存在している。本書も、そういう点では、アカデミズムの立場からなされた理論研究の一つであることは免れていない。

しかし、批判研究と理論研究を詳細に分析してきた地点から、そしてアカデミズム、理論研究の立場から、ジャーナリズム出身の研究者のジャーナリズム研究における優位性に対して、社会科学的な観点から問題点を指摘しておきたい。それは自己言及的パラドックスの問題である。

自己言及的パラドックス

自己言及的パラドックスとは、なんらかの形で社会的事象を研究・調査・思考していこうとするとき、どうしても避けられない問題の一つであり、有名な「クレタ人のパラドックス」として知られる難問である。

「クレタ人のパラドックス」とは、古代ギリシアの哲学者が考え出したパラドックスである。あるとき、クレタ人の予言者が「クレタ人は嘘つきだ」といった。彼は本当のことをいっているのか、それとも嘘をついているのか。彼が本当のことをいっているとすれば、彼自身クレタ人であることから、彼のいっていることは嘘だということになる。逆に、彼が嘘をいっているとすれば、彼は本当のことをいったことになってしまう。このパラドックスは自分が自分について語るときに必ず生じる厄介な問題である。

野村一夫は、社会学的観点から自己言及的パラドックスについて次のような四つの論点を提示した（野村 1998：20–26）。

（1）対象である社会が、意識をもった人間から構成されている。
（2）対象である社会に、観察主体がすでにふくまれてしまっている。
（3）研究自体が、対象である社会を変えてしまう可能性がある。
（4）人はみな醒めている分だけ社会学者である。

ここで重要なのは（2）である。野村はこれを「研究主体・観察主体におけるトリック」（野村 1998：22）であると指摘する。一般的に、自然科学では研究対象と観察主体は別々の存在である。しかし、社会科学の場合「両者はかんたんに一致してしまう」場合が多い。これは、単に研究する側も研究される側もともに人間であるということだけではない。野村は次のように述べる。

そもそも社会について客観的にみたり考えたりすることはむずかしい。ふつう、人は自分の経験や立場から社会をみることになれていて、なかなかその制約から自由になれない。自分の立場・位置・キャリアなどによって「社会」はさまざまなヴァリエーションをもって立ちあらわれる。貧しいくらしをしてきた人と金持ちの社会像はあきらかに異なるし、同じ貧しさでも、かつてリッチで今は落ちぶれてしまった人と、ずっと昔から一貫してプアだった人とはちがうイメージをもつだろう。若者と中年と老年でもちがうし、当然男性と女性ではちがうはずだ。このように社会という現象は、なににもまして客観的に測定・観察・調査・思考することがむずかしい。（野村 1998：22）

野村はこのように述べ、社会科学的な研究においては自己言及的パラドックスが必然的に存在することを指摘した。それに対処する方法として野村が強調するのが、日常生活の「自明性（taken-for-granted）」を疑うことである。自明性とは、「ひとりひとりの人間も、また社会の中に集団で生活する多数の人間も、その多くの時間を自明の世界ですごしている。これは社会的経験を生む基本的諸構造が、あまり問題にされることなく、みたところまったく自然であたりまえの生活条件として見逃されているということ」である（Berger and Berger 1975＝1979：25-26）。野村はこれを「異邦人の眼で見る」（野村 1998：44）ということばで表現した。

異邦人ないしよそ者は共同体・集団・社会の中心的価値観をもたないため、しばしば常識・クリーシェ・ステレオタイプに対抗する視点を提供する。よそ者は本質的に、人びとがあたりまえとみなしているほとんどすべてのことに疑問符をつけざるをえない存在なのだ。その結果、異邦人は自明性におおわれた日常生活から、そのもともともっていた原理的な意味を人びとに気づかせる力をもつ。（野村 1998：44）

こうした野村の主張を是とするならば、ジャーナリズム出身の研究者に求められるのは、ジャーナリストだった自分をあえてカッコでくくり、常識となっている知識や考え方、そして価値観を徹底的に疑ってみることである。「カッコでくくる」というのは「絶対的なものとみなさないで相対化すること」(野村 1998：42)であり、「疑ってみる」とは「反対することではなく、それがどのようなプロセスから立ち上がってくるかを理論的に考察すること」(野村 1998：42)である。しかしながら、ジャーナリズム出身の研究者の多くは、そうした方法を採用することをよしとしない。その理由としては、二つ考えられる。

疑われない自明性

第一に、ジャーナリズム出身の研究者の研究が、ジャーナリズムの現場で培われた価値観を前提として行われることである。その場合、理論的な分析よりも問題提起が優先されることが多い。そして、ジャーナリストが事件を取材し、編集し、報道する感覚で研究が行われる傾向にある。ジャーナリズム出身の研究者は、ジャーナリズムを経験することで培った自らの自明性を疑っていない。

第二に、ジャーナリズム出身の研究者が、社会科学的な研究を志向しないことである。新井直之は「研究者、評論家などのジャーナリズム論は現場のジャーナリストの心理に触れることがほとんどない」(有山ほか 1986：224)と指摘した。また、メディア研究者の水越伸は、メディアの現場には「アカデミズムに対する拒否反応のようなもの」(水越 1996：217)があると述べ、「現場にとってアカデミズムというのはわけの分からない、うさんくさい存在なのかもしれません」と述べている。

こうして自己言及的パラドックスの問題は、ジャーナリズム研究において問題として取り上げられることはほとんどない。経験は「カッコでくくる」、「疑ってみる」ものではなく、逆にジャーナリズムを研究する前提として扱われる。逆に、批判研究が日本のジャーナリズム研究の主流となっている現在、自己言及的パラドックスの影響を受けるジャーナリズム出身の研究者は、それを武器とすることに成功しているといえる。

傍流としての理論研究とその可能性

一方、ジャーナリズムの現場での経験をもちえないために自己言及的パラドックスの影響が少ないアカデミズム出身の研究者は、経験が重視される批判研究中心のジャーナリズム研究において、逆に経験がないことがプラスに作用することも考えられる。先述のように、ジャーナリズムを「異邦人の眼で見る」ことがある程度可能であるからである。しかしながら、実際には傍流に甘んじている。

柴山哲也が指摘するように、「日本の大学がリードしたアカデミズムは、ジャーナリズムを蔑視する傾向が強かった」(柴山 2004:i) ことも事実だろう。おそらく、ジャーナリズムの現場からは、そうした意見が大半を占めると思われる[4]。

しかしながら、アカデミズム側に属する筆者からすれば、ジャーナリズム出身であることがジャーナリズム研究に取り組む資格であるような研究の現状こそ、アカデミズムにおいてジャーナリズム研究が発展しなかった大きな理由であるように思われる。柴山は「旧帝国大学を中心とする官学によって担われてきた日本のアカデミズムは、民間事業体にすぎない新聞社や出版社が担うジャーナリズム活動に対してまともな研究対象とするという動機は希薄だった」と述べるが、戦前ならともかく、現在のように新聞やテレビといったマスメディアが発達し、ジャーナリズムが確固たる地位を築いている現状において、ジャーナリズムが研究者にとって魅力的な研究対象でないはずがない。

けれども、ジャーナリズム研究に取り組むには、マスメディアにおけるジャーナリズム経験という資格が重視される。そして、資格のない研究者に対して、ジャーナリズム研究は決して居心地のよい場所ではない。たとえば、日本マス・コミュニケーション学会で、ジャーナリズムや新聞がテーマとなっている場所に出席してみるとよい。資格をもたない人が発表もしくは発言をしたとき、資格をもつ人が、資格のあるなしで評価を下すさまをみることができるだろう。また、研究ではなく経験によって研究者となっている人をみることができるだろう。

それを批判するつもりはない。それが日本のジャーナリズム研究の現状であるのだから。しかし、そうした現状を知ることにより、若手研究者のなかにはジャーナリズムや新聞を研究するモチベーションを失い、それを研究テーマとして選択することを避ける傾向が生じたことは事実である。

こうしたジャーナリズム研究の状況に対して、とくにアカデミズム出身の研究者からは悲観的な見解が示されてきた。たとえば、花田達朗は、ジャーナリズム研究、とくに新聞研究をめぐる状況について、次のように説明する。

> 新聞を研究する研究者の主力はそのほとんどが新聞界の住人だった経歴をもつといってよい。新聞界の実態をわが身で経験したことが新聞を研究するための前提条件になっているかのように見える。そこでは新聞の研究はそのような人々にまかされてしまい、他の研究者の関心を呼ばないという結果を招いているのではないか。まして学界のなかの若い研究者にとっては縁遠いテーマとなってしまうのではないか。(花田 1998：36-37)

また、水越伸も「少なくとも私の狭い視野の範囲では、ジャーナリズム論をやろうとしている若手研究者、大学院生というのは極めて稀な存在に思われます」(水越 1996：218) と述べ、「学問的なジャーナリズム研究の停滞」に対する懸念を示している。

こうした現状には、アカデミズム出身の研究者にも原因がある。ジャーナリズムの現場の状況を調査し、それを実証的に研究しようとする試みを今までほとんど実践してこなかったからである。水越はそうした研究者の態度について、「ジャーナリズムとアカデミズムの連関性を少しでも回復していかなければならない」(水越 1996：216) と述べた上で、次のように指摘している。

研究者にも大きな問題があります。……送り手の研究はとても難しいというのは事実です。誰でもできるというものではなく、ある職人芸的な資質を秘めたエスノグラファーでなければ、つとまりません。しかし調査の難しさだけがこれらの研究の展開を妨げていたとは言えないでしょう。むしろ地道なフィールドワークを嫌い、あるいは軽視し、より学問的であるという名目のもとで、たとえば受容過程研究にばかり傾斜していった日本のマス・コミュニケーション研究にも問題があったはずです。（水越 1996：217）

水越のこの指摘は、アカデミズム出身の研究者もまた、ジャーナリズム研究におけるアカデミズムの自明性を疑ってみる必要があるのだということだろう。この指摘はまた、その自明性が結果的にジャーナリズム出身の研究者による研究を日本のジャーナリズム研究の主流とした一因であることを示唆している。

確かに、理論研究はアカデミズム出身の研究者にとってその前提となる研究である。しかし、それにこだわるだけでは、ジャーナリズム出身の研究者による批判研究と同様に、限界がある。先述の花田は、「当たり前と見える、その自明性を掘り崩さなければ、自己満足的な停滞物の域から脱することはできない。対象をよくわかっていると見なす自明性、慣れ親しんだ研究者の視座の自明性、分業のように定着した対象と研究者の関係の自明性に疑いをはさみ、どこに裂け目が走っているのか、どこにねじれが盛りあがっているのか、目を凝らす必要がある」（花田 1998：39）と述べ、「居心地のよい役割分担からはずれて、居心地の悪い関係が始まる」ことが必要であるとの見解を示した。

ジャーナリズム研究の将来に向けて

以上述べたように、ジャーナリズム研究はいま、その内部に存在する自明性を自ら再認識することが求められている。その作業は、理論研究と批判研究の間に相互に補完し合う関係を構築し、やがてジャーナリズム研究を止揚することだろう。そして、とくに理論研究は、その有効性を今後さらに発揮していくと考える。

私見ではあるが、情報社会化の進展と、メディアの多様化にともなう批判研究の衰退は、ジャーナリズムとジャーナリズム研究の間に、新たな緊張関係を生みだしつつある。テレビや新聞は主要なメディアの一つであるが以前ほど絶対的なメディアではなく、それに代わりインターネットをはじめとする新しいメディアがジャーナリズムの媒体として機能しはじめた。ジャーナリズム研究においてもそれらを研究対象とするには、もはやマスメディアにおけるジャーナリズム経験のみでは不十分であり、批判研究を行うにしても、理論研究の視野は必要条件となりつつある。

加えて、山本明や新井直之が待望した「ジャーナリズム論の理論化」（新井 1981）の作業は、近年になって少しずつではあるがその歩みを進めつつある。そうした例としては、天野勝文ほか編『岐路に立つ日本のジャーナリズム――再構築の視座を求めて』（一九九六年、日本評論社）や、柴山哲也編『日本のジャーナリズムとは何か――情報革命下で漂流する第四の権力』（二〇〇四年、ミネルヴァ書房）、大石裕『ジャーナリズムとメディア言説』（二〇〇五年、勁草書房）などを挙げることができる。さきに理論研究による「客観報道」への集中的言及として挙げた鶴木眞編『客観報道』（一九九九年、成文堂）も、そうした取り組みの一つとみなすことができるだろう。ジャーナリズム研究は、今まさに再生の時期を迎えつつあるのではないだろうか。無論、本書もその一端を担うことを希望している。

註

第1章

（1） ここで早川は、長谷川如是閑を「環境論的ジャーナリズム論」の系譜の研究者として取り上げているが、大石裕は「長谷川の新聞論の有するイデオロギー性を高く評価」することから、長谷川を「イデオロギー的ジャーナリズム論」の系譜として理解すべきと主張している（大石 2005：62）。

（2） 日本新聞学会の設立は、日本新聞協会が「新聞週間」を開催したことに由来している。新聞週間とは、もともとアメリカで一九三〇年代からはじまった新聞の重要性・必要性を知らせる運動が、一九四〇年の各州新聞協会事務局長会議を契機に全国的な運動へと発展して広まったもののことをいう。一九四八年、日本新聞協会はＧＨＱのインボデン少佐の示唆により、アメリカにならって新聞週間を開催することとなった。その時、日本新聞協会は、週間中の行事の一環として講演会を開いた。そして一九四九年の第二回新聞週間に、東京大学講堂で「新聞学術講演会」が開催され、新聞研究者のほか、現役の新聞関係者による研究発表が行われた。「その夜、協会のあっせんで講演のため集まった講師が研究所に残り、新聞学会組織の問題を協議した。その結果、協会と私が学会を発足させる機運を作ることを依頼された」（小野 1971：296）。一九五〇年、第三回新聞週間での学術講演会終了後、新聞研究に関心がある研究者や新聞関係者を招いて懇親会が開かれ、そこで会則が決められた。そして一九五一年六月一六日、日本新聞学会が創立された。その設立総会および発会式は朝日新聞社講堂にて開かれた。初代会長を務めたのは、当時東京大学新聞研究所の所長であった小野秀雄であった。学会設立には、新聞社等のマスメディアからの多大な賛助があった。「一般会員の会費でこうした事業の賄えるはずもなく、大部分が、本会の事業を援助するために賛助会員となった新聞社、放送局、広告会社などの会費収入と、総会または研究発表会を引き受けた大学、または、大学と新聞社共同の寄附によって賄われているのである」（小野 1971：299）。この日本新聞学会創立には、「日本新聞協会と深い因縁があった」（小野 1971：295）。

（3） 柴山哲也は、『朝日新聞』大阪本社、東京本社学芸部、『朝日ジャーナル』編集部を経て、現在は京都女子大学教授を務めている（二〇〇五年現在）。

（4） 日本で最初の大学におけるジャーナリズム研究機関である新聞研究室は、一九二九年一一月一日、東京帝国大学文学部に設置された。そして一九四九年四月二六日、発展解消して新聞研究所となった。新聞研究所は一九九二年に社会情報研究所に改組、さらに二〇〇四年に大学院情報学環・学際情報学府と合併した。

（5）新聞研究室の中心的な存在であった小野ではあったが、正規の講師として採用されるまでには時間を要した。彼が文学部の正規の講師となったのは、彼が嘱託となってから約一〇年後、一九三五年三月三一日のことであった。

（6）『新聞研究』は、日本新聞協会によって一九四七年に創刊された。「新聞報道を中心に、ジャーナリズム、マスコミュニケーション、マスメディアに関するさまざまな問題を取り上げ、論究する専門誌」である（日本新聞協会のホームページの紹介から）。毎月一日発行の月刊誌。日本新聞協会のホームページのURLはhttp://www.pressnet.or.jp/。

（7）この座談会に出席したのは、問題提起者の原寿雄、作家の本田靖春、『毎日新聞』東京本社編集局次長兼編集委員室長の岩見隆夫、『サンケイ新聞』東京本社特集部長の樋口正紀であった。司会は東洋大学教授の広瀬英彦であった。佐藤茂、杉山光信、小田原敦、藤田博司は出席していない。詳しくは第5章4「客観報道論争の終結」を参照のこと。

（8）「ニュース鏡像説」とは、ニュースと社会的出来事は一対一の対応関係にあるとみなすような考え方のことをいう。「ニュースとできごとは鏡に映るリンゴ（鏡像）と鏡の前にあるリンゴ（事実）の関係に等しいとみなしていることである」（玉木 1996a：14）。

（9）たとえば、「自らの主観を排して客観的に報道すること」という記述は、「報道する主体」の「客観性」としての〈没主観性（non-subjectrity）〉が解釈できるし、「新聞記事からできるだけ主観を除く」といった記述からは、「報道する内容」の「客観性」としての〈没主観性〉が解釈できる。

（10）知識社会学とは、理念や観念、思想などを含む広い意味での知識と社会との関連、とくに知識の社会的規定性を問題とする社会学のことを指す。この場合の知識には、理念や観念、思想だけではなく、常識や偏見もふくまれる。

（11）テクスト（text）は、その語源をラテン語の「織り物」に由来することばとされる。構造主義以降の用法では「言葉によって語られたもの」全般を指し、さらに解釈学的社会学の潮流では、狭義の言語によらずとも「語られたもの」あるいは「生きられたもの」を指して使われるようになった。したがってテクストは、文字で記録された文献や文書のみではなく、通信販売のカタログやインターネット上に公開された日記、そして映画や音楽や放送番組なども指し示すことばとして現在用いられている（山口 2002：620）。こうした広義の言語によって織りなされた、自己充足的な輪郭をもつ社会的現象（あるいは作品）をテクストとして解釈する場合、言説もまたテクストと理解されることになる。しかしながら、本書では混乱を避けるため、テクストと言説を区別する。具体的には、テクストは「文字で記録された文献や文書（ドキュメント）」という意味で解釈されている。

第2章

（1）判決において裁判所は、社会を批判する者は自らが批判されることも甘んじて受けなければならならず、それは社の内外を問わない、と繰り返し強調した（岡山地判一九六三・一二・一〇労民集一四巻六号一四六六頁、広島高岡山支判一九六八・五・三一労民集一九巻三号七五五頁、岡山地判一九七〇・六・一〇労民集二一巻三号八〇五頁）。この判決は「広い意味で「編集権」観念に対する疑問として位置づけることができる」（立山 1998：64-65）ものであり、「「経営権」の無制限の拡大に対するひとつの枠を示す判例として注目」（石村 1998：228）されるものである。

（2）二〇〇〇年一二月、「戦争と女性への暴力」日本ネットワーク（VAWW-NETジャパン・松井やより代表）等が日本軍慰安婦制度の責任者処罰を求めて東京で民間法廷「女性国際戦犯法廷」を開いた。NHKは「法廷」を取材し、その内容はETV2001シリーズ「戦争をどう裁くか」第二回「問われる戦時性暴力」にて放送された。

その後、取材協力関係者は本番組の内容に対し、当初企画された内容とまったく異なる形で放送されたとNHKに抗議した。番組改変に関しては、右翼団体や自民党の政治家からの外圧に屈したのではないかとの疑惑が報道されたが、NHKは「制作過程については編集権の問題であり答えられない」（『朝日新聞』二〇〇一年三月二日付朝刊）として、編集権を盾として番組改変の過程を明らかにせず、抗議に対する具体的な返答を行わなかった。VAWW-NETジャパンは、同年七月二四日にNHK等を相手取り東京地裁に提訴した。この問題におけるNHKの編集権について、裁判所がどのような判断を下すのか注目された。

二〇〇四年三月二四日、東京地裁は「番組内容は、当初の企画と相当乖離しており、取材される側の信頼を侵害した」と認定、しかし、番組を改変したNHKに責任はなく、改変は「編集の自由」の範囲内との判決を下した。また、判決は最終段階で制作から降りたプロダクションに対して「原告に一〇〇万円を支払う」ことを命じた。

この問題は、二〇〇五年一月一三日、NHK番組制作局教育番組センターの長井暁チーフ・プロデューサーが内部告発の記者会見をしたことによってあらためて脚光を浴び、やがてこの問題の取材を進めた朝日新聞と、その報道内容に反発するNHKの対立へと変化した。

（3）サンフランシスコ講和条約は、前文と本文七章二七カ条からなっている。順に、第一章平和、第二章領域、第三章安全、第四章政治及び経済条項、第五章請求権及び財産、第六章紛争の解決、第七章最終条項となっている。この講和条約では、政治及び経済条項で日本に特別の義務あるいは責任が課せられず、賠償についても日本の弁済能力が不十分なことを認めて、役務賠償や連合諸国による在外資産の管理や処分を明記したものの、連合諸国は条約にとくに定めがないかぎり賠償請求権を放棄すると規定されていた。そのため、日本にとって寛大な条約と評された。また、領土に関しては沖縄などの諸島をアメリカの信託統治下に置くと定めた半面、千島列島や南樺太が帰属する国を明記せず、平和会議で吉田茂日本側全権は歯舞・色丹両島を日本固有の領土と主張した。

（4）アメリカ軍の日本国内およびその周辺に駐留、配備することを認める駐軍協定ともいうべき性格の条約で、条約の失効にはアメリカの認定が必要とされた。駐留アメリカ軍の出動は極東における平和と安全の維持、日本政府の要請に応じて日本の内乱および騒擾の鎮圧、日本に対する外部からの武力攻撃を阻止して日本の安全に寄与することを定め、またアメリカの事前の同意がなければ日本に第三国への基地・駐留・通過などの軍事的権利を与えないことを定めた。しかし、アメリカ側は外国に対して軍事防衛義務を負うときには自助と相互援助に基づかなくてはならないという一九四八年六月のバンデンバーグ決議により、自衛力のない日本と双務的取り決めはできないとした。そのため、条約そのものは暫定的取り決めとなり、アメリカ駐留軍は日本の防衛の義務を負わないという片務的な性格となった。したがって、条約運用の過程でアメリカ側は日本の自衛力増強を繰り返し要求した。日本の自衛力の増強に伴い、一九五八年一〇月から岸信介内閣の藤山愛一郎外相とアメリカのダレス国務長官との間で条約改定交渉が進められた。

（5）プレス・コードは全部で一〇カ条からなる。全文は以下の通りである。

「日本ノ新聞準則ニ関スル覚書」（Memorandum concerning Press Code for Japan）

一、ニュースハ厳格ニ真実ニ符合スルモノタルベシ。
二、直接又ハ間接公安ニ害スル惧アル事項ヲ印刷スルコトヲ得ズ。
三、連合国ニ対スル虚偽又ハ破壊的批評ハ行ハザルベシ。
四、連合国占領軍ニ対スル破壊的批評及ビ軍隊ノ不信若ハ憤激ヲ招ク惧アル何事モ為サザルベシ。
五、連行国軍隊ノ動静ニ関シテハ公式ニ発表セラレタルモノ以外ハ発表又ハ論議セザルベシ。
六、ニュースノ筋（news stories）ハ事実ニ即シ編輯上ノ意見（editorial opinion）ハ完全ニ之ヲ避クベシ。

七、ニュースノ筋ハ宣伝的意図ヲ以テ着色スルコトヲ得ズ。
八、ニュースノ筋ハ宣伝的意図ヲ強調又ハ拡大スル目的ヲ以テ微細ノ点ヲ過度ニ強調スルコトヲ得ズ。
九、ニュースノ筋ハ関係事実又ハ細目ヲ省略スルコトヲ得ズ。
一〇、新聞ノ編輯ニ於テニュースノ筋ハ宣伝的意図ヲ設定若ハ展開スル目的ヲ以テ或ルニュースヲ不当ニ誇張スルコトヲ得ズ。

(6)「倫理規範」は、一九二二年に全米新聞編集者協会によって定められた。ちなみに、全米新聞編集者協会が設立されたのは一九二二年のことである。そして一九七五年、この「ジャーナリズムの規範」の内容を一部改訂して、その名前を「全米新聞編集者協会原理表明」にあらためた。アメリカ・ジャーナリズムにおけるその他の倫理規定としては、一九二六年に職業ジャーナリスト協会(SPJ=Society of Professional Journalists、一九〇九年設立)が全米新聞編集者協会の「倫理規範」をそのまま借用して倫理規定とした「職業ジャーナリスト協会倫理綱領」がある。この倫理綱領は、その後さらに一九八四年、一九八七年、一九九六年に修正が加えられている。

(7) ほかに同様の経験を語ったものとして、小林信司による次の文章を挙げることができる。「新聞は「客観報道の原則」にしたがって、事実は事実として忠実に伝え、意見があったら論説なり署名入りで述べたらよい、と戦後日本の新聞指導にあたったGHQの新聞課長インボデン少佐というのが、口をきわめて力説した」(小林 1971:138)。小林は元『毎日新聞』大阪本社編集局長であり、この文章は一九七一年に著された『新聞の行動原理』(毎日新聞社)に収録されている。

(8) 日本新聞協会は、「民主的平和国家」の実現を目指して、「新聞に課せられた使命」を達成するために、一九四六年七月二三日(一九五五年五月一五日補正)に自主倫理基準として「新聞倫理綱領」を制定した。この綱領の目的は、新聞が「高い倫理水準を保ち、職業の権威を高め、その機能を完全に発揮」することであった。そして、「本綱領を貫く精神、すなわち自由、責任、公正、気品などは、ただ記者の言動を律する基準となるばかりではなく、新聞に関係する従業者全体に対しても、ひとしく推奨さるべきもの」であることが宣言された。綱領の本文には、①新聞の自由、②報道、評論の限界、③評論の態度、④公正、⑤寛容、⑥指導・責任・誇り、⑦品格の各項目が説明されている。そして、それらすべてにおいて、「業界を世界水準に高めることを期待する」ことが強調されている。そして一九九〇年代後半、日本新聞協会はこの新聞倫理綱領がテレビやインターネットの発達した現在のメディア状況には相応しくないとして、一九九九年に新聞倫理綱領検討委員会を設置し、二〇〇〇年六月二一日、新たな新聞倫理綱領を制定した。詳しくは日本新聞協会のホームページを参照のこと（URL は第1章 註（6）に既述）。

（9）『ジャパン・ヘラルド（Japan Herald）』は、一八六一年一〇月二一日（一八六一年一〇月二三日付）から横浜で土曜日発行の週刊紙として創刊された。発行者はアルバート・W・ハンサードである。ハンサードは、日本で最初の英字紙『The Nagasaki Shipping List and Advertiser』を一八六一年五月一五日（一八六一年六月二二日付）から長崎で創刊した。この英字紙は、週二回刊で水曜日・土曜日発行の商業新聞だった。だがハンサードは、この新聞を一八六一年八月二七日（一八六一年一〇月一日付第二八号）で終刊させ、あらためて『ジャパン・ヘラルド』を創刊した。当時、神奈川、長崎、函館の三港が開港されていたが、江戸に近い横浜に外人が移転しつつあったので、主として経済上の理由で移転したものと思われる。

（10）『日新真事誌』は、左院御用の機関紙として重視された。けれども一八七三（明治六）年には井上馨と渋沢栄一の財政意見書をスクープし、また翌一八七四（明治七）年には民撰議院設立建白書をいち早く報道するなど、「左院御用を捨て、独自のジャーナリズム活動を展開するようになった」（山本 1983：9）。そのため政府は、ブラックを左院顧問に任命し、新聞から手を引かせた。そして一八七五（明治八）年六月、新聞紙条例を改正して、外国人が新聞の社主となることを禁じた。その結果、『日新真事誌』は同年廃刊となった。

（11）『現代新聞批判』は、『大阪朝日新聞』出身のジャーナリストである太田梶太主宰のジャーナリズム批判のメディアである。タブロイド版一二ページ、月二回刊行の小型新聞であり、一九三三年から一九四三年にかけて現代新聞批判社から発行された。軍部や言論統制に迎合する新聞のあり方や、新聞人への殺傷事件や舌禍事件等について批判を行い、体制に抵抗した数少ないジャーナリズムの一つとされる。本紙は一九九五年、門奈直樹の監修のもと、不二出版から全七巻別冊一巻の構成で復刻された（別冊には門奈直樹による解説、総目次、索引が掲載されている）。

（12）一九三七年七月七日、日本軍の一部と中国軍が北京郊外、蘆溝橋で衝突した。いわゆる「蘆溝橋事件」である。衝突後、双方の話し合いで一時協定が成立した。しかし四日後の同年七月一一日、日本政府と軍は中国本土に二個師団を派遣した。そして同年七月二八日、日本軍は華北で総攻撃を開始、その後八年間にわたる日中戦争へと突入した。政府は七月一一日の時点ではこの事件を「北支事変」と呼ぶと公表していた。しかし、その後戦線が拡大したため「支那事変」と呼び名を変えた。

（13）菊竹淳（一八八〇—一九三七）号は六皷。『福岡日日新聞』の主筆兼編集長として、一九三二年の五・一五事件に際して「首相凶手に斃る」、「敢て国民の覚悟を促す」といった軍部の暴力と政治介入を厳しく批判する社説を七回にわたって掲載した。軍部から激しい圧力と脅しがあったがそれに屈さなかった。議会政治の擁護を主張したことで知られる。

(14) 桐生悠々(一八七三―一九四一)『信濃毎日新聞』の主筆として、一九二八年に「関東防空大演習を嗤ふ」という社説で軍部を批判した。その後軍部の圧力と不買運動によって『信濃毎日新聞』を追われる。以後、ミニコミ誌『他山の石』を主宰して孤軍奮闘した。再三の発禁処分を受けたが、それに最後まで抗い、筆を折らなかった。

(15) 桐生悠々の『他山の石』、矢内原忠夫の『嘉信』、正木ひろしの『近きより』等。これらミニコミ誌については、当事者自身が少部数発行による影響力の少なさが存続の理由であると認めていた。警察もその影響力の少なさから存続を黙認していたとされる(山本 1969b:68-69)。いずれにしろミニコミ誌による批判では、社会的影響力はほとんどなかった。しかし彼らの抵抗は、その思想に裏付けられた態度であり、信念を貫いたジャーナリストとして記憶されるべきである。

(16) 中野正剛自身は日本の軍国主義化に反対していたわけではなく、逆にファシズムに傾倒していた。彼は日独伊三国同盟を支持し、一九三七年から一九三八年かけてイタリア、ドイツ両国を訪問、ムッソリーニやアドルフ・ヒトラーと会見までしている。中野は議会政治を否定し、政党解消を主張していたが、東条英機首相による独裁に対しては異議を唱え、一九四二年には大政翼賛会を脱会している。中野が「戦時宰相論」を著したのはその翌年である。

(17) たとえば、宮居康太郎『日本新聞会の解説』(一九四二年、情報新聞社)には次のような一節がみられる。「ああ今ぞ世紀の脚光浴びた日本新聞会こそ、待望久しき私設新聞省である。個々の力では最早や如何ともなし難い超非常時業界をギュッと索引して活を入れ、個人主義、自由主義的な旧秩序の根源を断ち、そして、全体を愛し国家を最優先する体制に帰一するのである」(宮居 1942:1)。

(18) たとえば、本多喜久夫の著書『デマ』(一九四三年、愛亞書房)には次のような一節がみられる。「一億人の精神が国体の精神なのだ。国体を信じることは、自己の精神を信じることだ。父祖の血を信じることだ。ひいては己の血を信じることだ。そしてこれが皇神の道にそのまま通ずることだ。この道こそ「みたみわれ」たる、われわれの生命の原理であり、この道に生きることが悠久につながる日本の「己」の生き方なのだ。これは知ることではない、信じることだ」(本多 1943:280)。

(19) 戸坂潤は一九三八年、治安維持法により検挙され、敗戦直前の一九四五年八月九日、長野刑務所で獄死した。

(20) 戦後一貫して積極的にアメリカのマス・コミュニケーション研究を紹介してきた清水であったが、GHQによる民主化運動への弾圧、サンフランシスコ講和条約および日米安全保障条約の締結の過程を目にして、アメリカおよびアメリカに由来するマス・コミュニケーションに対する批判を強めていく。そして「正直なところ私がマス・コミュニケーションに対して本当に腹を立てるようになったのは、昭和二四年以降の、講和問題の論議の過程を通してである。それまではマス・コミュニケーションの忠実な味方であったと云ってよい」（清水 1953：265）と述べるに至る。その後、清水は次第に右傾化していく。

（21）ここであげたテクストのほとんどは、ジャーナリズムの媒体として新聞を暗黙の前提としている。こうしたジャーナリズム研究者のジャーナリズム観について、和田洋一は次のように説明している。「日本の新聞研究者は「新聞」を英訳するときにはまず Journalism を思い浮かべ、Journalism を邦訳するときにはます「新聞」を思い浮かべる習慣が二〇世紀のはじめからできてしまった」（和田 1985：94）。

（22）後に小野は、当時の状況について、欧米の新聞に関する記述は、ＧＨＱによる検閲によってそのほとんどが削除されたため、『新聞原論』ではやむなく欧米の新聞に関する記述を削ったと述べている（小野 1971：256）。事実、小野は『新聞原論』において「「客観的事実新聞」という理想……」（小野 1947：176）という記述を『新聞学』からの引用として記載しているが、その元になった原稿と思われる『新聞学（上）』（一九三八年、内閣情報部）では「アングロサクソン系の諸国で宣伝される「客観的事実新聞」という理想……」（内閣情報部 1938：62 傍点は筆者）という記述となっており、「アングロサクソン」云々といった表現は削除されている。

（23）『新聞原論』で引用される『新聞学』は、「伯林大学ドビファット教授著『新聞学』第一巻」と説明されている（小野 1947：176 小野はドビファットと表記しているが、本書ではドヴィファットと表記）。ドヴィファットの『新聞学』は、ゲッシェン文庫の一〇三九号、一〇四〇号として、上下二巻の新聞学教科書として一九三一年に初版が刊行された。『新聞原論』には『新聞学』の独語タイトルが記載されていないため推測となるが、小野が『新聞原論』にて「要点を引用」したのはヒトラーが政権を得た後、大学の新聞学課程が国家資格科目として正式認定されたことを受けて書き改められた一九三七年の改訂版（第二版）、Dovifat, Emil *Zeitungswissenschaft I.*, Leipzig, 1937 のことを指していると思われる。

ちなみに、ゲッシェン文庫の『新聞学』は、一九三一年から一九六七年にかけて第五版まで刊行された。戦前から戦後までに版を重ねたこともあり、その内容は版によってかなりの違いをみせる。したがって、小野が参考にした『新聞学』が第何版であるかといったことは、『新聞原論』の内容を理解するために実は重要な問題である。

筆者が同書を一九三七年度版と推測する理由は、内閣情報部の情報宣伝研究資料第五集として存在する『新聞学（上）』（一九三八年、内閣情報部）の存在である。『新聞学（上）』は、その冒頭に「本集は事務上参考となすためベルリン大学教授エミル・ドヴィファット博士著『新聞学第一巻』（一九三七年）を翻訳せるものなり」と明記されている。この『新聞学（上）』は、その翻訳者が明記されていない。しかし、その内容や構成は、小野の『新聞原論』に共通する部分が多い。また、小野は戦中、内閣情報部に協力した経歴があり、また彼自身、当時「私以外に新聞研究者がいなかった」（小野 1971：262）と後に述懐していることを考慮すれば、同書の翻訳において小野が果たした役割が大きなものであったであろうことが推測できる。

実際、内閣情報部訳としては上巻のみ刊行された『新聞学』ではあるが、「原書の下巻に相当する巻も小野秀雄を中心に東京帝国大学文学部新聞研究室訳『新聞学第二巻』（一）（二）（三）として同時期に翻訳されている」（佐藤 1994：153）。津金澤聡廣とともに『内閣情報部情報宣伝研究資料』全八巻の編集にたずさわり、『新聞学（上）』の解題を担当した佐藤卓己は、この『新聞学第二巻』の翻訳において小野が主たる役割を果たした事実をもって、「当時情報部嘱託であった小野が本書〔『新聞学（上）』〕の訳出にも関係していたことはほぼ確実である」（佐藤 1994：153 〔 〕内は筆者による補足）と述べている。

したがって、『新聞原論』で引用される「伯林大学ドビファット教授著『新聞学』第一巻」は、一九三七年度版の上巻、内閣情報部の情報宣伝研究資料第五集として存在する『新聞学（上）』を指していることがほぼ推測できる。

（24） 小野秀雄は「要点を引用」（小野 1947：176）した一節について、『新聞学』第一巻における引用先を明記していない。それを確認すべく Dovifat, Emil *Zeitungswissenschaft I.*, Leipzig, 1937 を概観すると、小野が引用した記述の内容から、それが同書第二部の「新聞における報道」、第一章「報道の本質」、第三節「主観的影響（Die subjektibe Beeinflussung）」であることが示唆される（Dovifat 1937：24–27）。

（25） なお毎日新聞社編『新聞』には複数の著者が存在し、本書で引用した言説は、第三章「新聞の本質」で、内野茂樹によって執筆されている。しかし、毎日新聞社編『新聞』は全章をもって一つのまとまりを構成している。そのため本書では、引用した言説は内野のテクストに生起したものとしてではなく、毎日新聞社編『新聞』というテクストにおいて生起したものとみなした。了承されたい。

（26） なお、本書で引用されている言説は、千葉雄次郎編『新聞』の「第四話　新聞を利用するもの」における「その二　新聞と世論」を担当した荒瀬豊によって執筆されている（『新聞』は「章」ではなく「話」という構成になっている）。しかし、千葉編『新聞』の各話は全話をもって一つのまとまりを構成している。そのため、毎日新聞社編『新聞』と同様に本書では、引用した言説は荒瀬のテクストに生起したものとしてではなく、千葉雄次郎編『新聞』というテクストにおいて生起したものとみなした。

第3章

（1）正式名称は「日本国とアメリカ合衆国との間の相互協力及び安全保障条約」。一九五一年九月八日に調印された同名条約の改定条約である。一九六〇年一月一九日に調印され、六月一九日に成立、六月二三日に発効した。日本国首相の岸信介とアメリカ合衆国大統領のアイゼンハワーがワシントンで調印した。改定条約は、外部からの武力攻撃に対して日本を防衛する義務をアメリカが負うことを明記し、また日本はこれに対して日本の施政権下にある領域内でアメリカ軍が武力攻撃を受けた場合にそれを防衛する義務を負うことを定めた。それによって駐軍協定ではなく相互の援助条約という性格になった。したがって、前条約の内乱および騒擾の鎮圧条項は削除され、条約存続期間を一〇年とし、経済面での協力が新たに規定された。また、アメリカ軍の配置や装備の変更、日本を基地とする戦闘作戦行動などについては事前協議することとした。

（2）乱闘のなかで死亡したのは、東京大学文学部国史学科の学生・樺美智子であった。

（3）第一次インドシナ戦争後、ベトナムの独立と南北統一をめぐって戦われた戦争。一九六〇年にはじまり、一九七五年に終結した。ベトナム戦争は通称であり、正式には「第二次インドシナ戦争」と呼ぶ。ベトナムが共産主義の手に落ちると世界中が共産主義に支配されるというい わゆる「ドミノ理論」を展開したアメリカが、一九六〇年代はじめから軍事介入を強めたことによりはじまった。表面的には南ベトナムと北ベトナム間の武力闘争であったが、実質的には南ベトナムを支援するアメリカと北ベトナムを支援するソ連および中国との代理戦争であった。戦争は約一〇年にわたり明確な決着がつかないまま続き、一九七三年にアメリカは撤退した。そして一九七五年四月三〇日、南ベトナム側（サイゴン政府）が無条件降伏することにより終結した。一九七六年、南北統一が実現し、ベトナム社会主義共和国が成立した。

（4）その背景として、日本がアメリカの同盟国であるという理由のほかに、日本における共産主義浸透に対する恐れ、そして当時の日本経済の高度成長がアメリカ軍への物資の供給によって支えられていたこと等が考えられる。

（5）第一回調査は一九四一年に行われた。しかし、これは現在の調査とは異なるものであり、現在の調査につながるのは第二回調査以降である。第二回調査は一九六〇年に行われ、その後五年ごとに調査が行われてきた。その調査法は、第二、三回の調査（一九六〇年、一九六五年）は訪問面接法であり、第四回（一九七〇年）以降は留置調査である。第八回調査（一九九〇年）までは調査対象者の自由記述を回収後にコーディングし直していた。第九回調査（一九九五年）ではあらかじめ回答選択肢を与える方法に変更されたが、これと並行して、従来の方法と同じ調査法による調査も時系列比較のために残された。第一〇回調査（二〇〇〇年）以降は、あらかじめ回答選択肢を与える方法だけで調査が行われた。回答方式は、一五分を単位とした時間割表を用意しておいてどの時間帯にどんな行動をしていたかを書き込んでもらうというものである。一五分の途中で行動が変わった場合は、それぞれの行動の時間の長さに比例した確率でどちらかに割り振られる。並行してふたつの行動を行っていた場合には、重複してカウントされる。

（6）一〇歳以上の人びとが一九六〇年にラジオを聴く時間は、一日平均一時間半から二時間、テレビを見る時間は一時間前後だった。それが一九六五年になると、ラジオを聴く時間は一日平均三〇分前後に激減し、テレビを見る時間は三時間前後に急増した。つまりラジオとテレビの位置が逆転し、テレビがマスメディアのトップを占めるようになったのである。このことは今日まで変わることがない（新井 1996：504）。

（7）一九八五年一〇月、経営の再建に成功し、新旧両社は合併した。

（8）同報告は後にあらためて論文として『新聞学評論』に掲載された。川中康弘、ロバート・C・ドレスマン、相場均「昭和三五年六月の新聞紙面の分析――六・一五事件を中心として」（一九六二年、『新聞学評論』第一二号）。

（9）ただし安保闘争から六年後の一九六六年、『毎日新聞』の江口勝彦が春季研究発表会にて「安保闘争・日韓批准における新聞報道」と題する報告を行っている。

（10）司会者は内野茂樹（早稲田大学）、報告者は江尻進（日本新聞協会）、佐藤功（成蹊大学）、鶴見和子（評論家）。

（11）司会者は中井駿二（関西大学）、報告者は内川芳美（東京大学）、和田洋一（同志社大学）、日高六郎（東京大学）。討論会での司会者は宮城健一（明治大学）、生田正輝（慶応大学）、岩倉誠一（早稲田大学）、討論者は鶴見俊輔（評論家）、平井隆太郎（立教大学）、加藤三之雄（関西大学）、塩原勉（関西学院大学）。

（12）司会者は山本明（同志社大学）、津金澤聰廣（関西学院大学）、報告者は岡満男（毎日新聞）、藤竹暁（ＮＨＫ）、山田宗睦（桃山学院大学）、討論者は掛川トミ子（津田塾大学）、清水英夫（青山学院大学）、滝沢正樹（関東学院大学）、林進

（千葉大学）であった。

（13）岡田は「イデオロギーとしての客観報道主義」（一九七八年、『成城文藝』）において、ジャーナリズム批判を展開しているものの、日本のジャーナリズムについては一言も触れていない。取り上げられる報道事例も、すべて海外のものである。

（14）ほかに同様の主張として、島崎憲一による既出の文章を挙げることができる（第2章2―（1）「戦後に導入された「客観報道」および（3）「「客観報道」の定着」参照）。

そのころ、GHQ民間情報教育局新聞課長インボデン少佐を中心として、日本のジャーナリストを再教育するためのゼミナールが頻繁に催された。わたしも、このような会合にしばしば駆り出された。そして「ニュースは客観的でなくてはならない。主観を混入させてはならない」ことを、くりかえし強調されたのである。しかし、指示された「プレス・コード」にしても、制定された「新聞綱領」にしても、当時既に十年以上も新聞づくりにたずさわってきたものたちには、およそ理解し難い抽象語句が多く、ことに、主観の混入しないニュースが果たしてありうるかに懐疑し、あるいは真実を何によって証明しうるかに昏迷せざるをえなかった。（島崎 1968：ii-iii）

島崎は『朝日新聞』の元記者であり、この文章は一九六八年に刊行された『現代新聞の原理』（弘文堂）に収録されている。

（15）戦後しばらくの間、日本人のアメリカ像は圧倒的な肯定像であった。「一九六〇年代前半までの日本論は、欧米＝「養父」一族を極度に理想化し、美化し、日本にはこれがないとかこんなに劣っているとかの欠如論や自罰論が風靡した」（竹内 2005：264）。しかし一九六〇年代後半以降、日本論は大きく転換し、それまでの否定要素は肯定要素へと変化した。それにともない、アメリカ像は否定像へと移行していった。その理由について竹内洋は、敗戦による実父（戦前日本）に対する憎悪と不信は戦後の養父（アメリカ）に対する圧倒的な肯定へとつながったが、高度経済成長による自信の回復は養父からの子離れの意志を生み、それはやがて肯定的日本論といった日本回帰の風潮と、安保闘争などの反米ナショナリズム（養父離れ）へと結実したと指摘した。こうした流れは、「客観報道」に対する見解の変化に対応している。

第4章

（1）一九九八年度のデータによれば、全地上波民放（コミュニティ放送を除く）の営業収入合計のうち約九三パーセントが広告収入であり、残りは番組販売収入とイベントなどの事業活動からの収入である（藤竹編 2000：117）。

（2）破産管財人が回収できたのは被害総額の一〇・五パーセントに過ぎなかった。この事件では元幹部五人が詐欺罪に問われ、一九八九年三月、懲役一〇～一三年の実刑判決が確定した。なお、この事件において破産管財人を務めたのは、弁護士の中坊公平であった。

（3）この事件に立ち会った報道陣の証言について紹介したものとして、森潤「そのとき、報道陣は何を考え行動したか――惨劇報道「証言」にみる批判・反論・自戒」（一九八六年、『マス・メディアの現在』法学セミナー増刊総合特集シリーズ三五、日本評論社）がある。

（4）この事件に立ち会った番組関係者の証言として、当時リポーターをしていたばばこういちによる『テレビはこれでよいのか――元「アフタヌーンショー」リポーターの主張』（一九八五年、岩波ブックレット五二）がある。

（5）ティモシー・クラウスが『バスの青年たち』（The Boys on the BUS）にて最初に使ったことばとされる。予備選挙から本選挙までの一年近くの間、大統領選挙キャンペーンを取材する記者たちは同じ候補者に同行し、その動静を追い、報道する。彼らは長い時間、同じバス、同じ飛行機に乗って取材を続ける。その結果、記者たちの間には連帯感に似たものが生まれ、同じような思考、同じような判断、同じような報道をするようになる。一九七二年の大統領選挙キャンペーンを取材したクラウスは、そうした現象を「パック・ジャーナリズム（pack journalism）」と呼び、そうしたジャーナリズムが生む画一性と、その判断の偏りを指摘した（Crouse 1986）。

（6）こうした国家主義的な政策を「反動」と捉えるか否かは見解が別れるところである。「反動」と捉えることに異論を唱える意見の例としては『西日本新聞』の記者、編集委員、論説委員等の経験をもつ山下國誥による次の一文を挙げることができる。

日本のジャーナリズムの本流は、戦後一貫して、そして世界の冷戦構造が崩れ去ったいまもなお、現実改良のイデオロギーに対しては「反動」のマイナスの価値観でこれを染め上げて批判し、自らは常に安穏な場所に身を置いて、時代に対するジャーナリズム独自の現実的な対応と提言の努力を怠ってきたように思う。この「ジャーナリズムの常識」が、戦後の一時期は別として、ジャーナリズムと民意との乖離を生み、その乖離を時代を経るにつれて大きくしていき、これが革新勢力の思想的な退廃を育て、価値観の多様化時代に沿ったジャーナリズムの多様な開花を妨げてきたのではないか。（山下 1996：250-251）

ちなみに本書では、日本のジャーナリズムは戦前・戦中の反省の結果、再生したと認識する立場から、一九八〇年代の国家主義的な政策を反動と判断し、そのように記述している。

（7） 核兵器を「つくらず・もたず・もちこまず」という原則。一九六七年一二月一一日の衆議院予算委員会における当時の佐藤栄作首相の答弁が最初である。法的な拘束力はない。この非核三原則を佐藤内閣が掲げた理由としては、安保条約の改定反対運動の再燃を恐れたからであると考えられている。すなわち、安保条約の運用がその目的である。佐藤内閣は安保条約の更改を行わず、また廃棄通告をせず毎年一年間の自動延長で条約の存続をはかることとした。それにしたがい、安保条約は一九七〇年六月二三日から自動延長された。

（8） 一九七六年、三木武夫を首班とする内閣は、防衛費増大の際限を決めるために「年次防方式」をやめ、「基盤的防衛力構想」に基づく「防衛計画の大綱」を決めた。そして大綱の「財政的歯止め」として、「防衛費はＧＮＰの一パーセント以内」とする枠が閣議決定された。

（9） 正式名称は「閣僚の靖国神社参拝問題に関する懇談会」。通称「靖国懇」。一九八四年、中曽根首相によって藤波孝生官房長官の私的な諮問機関というかたちで結成された。一九八五年八月九日、中曽根首相はこの懇親会から「大方の国民感情や遺族の心情」をくんで公式参拝を是とする報告書を出させて、自らの公式参拝の論拠とした。

（10） 中曽根首相の靖国神社公式参拝に対しては、アジア各国からの批判が相次いだ。とくに中国は痛烈に反発した。その理由は、靖国神社には東条英機以下Ａ級戦犯が合祀されていたからであった。中国では学生の反日デモが各地で起きた。一九八五年九月二〇日、中国外務省は「公式参拝はわが国民感情を傷つけた」という談話を発表し、同年一〇月の日中外相定期協議でも日本の軍国主義化に対する懸念を表明した。こうした批判を受けて、中曽根首相は同年一〇月の靖国神社例大祭への公式参拝を取り止めた。

（11） 正式名称は「国家機密に関するスパイ行為等の防止に関する法律案」（後に「防衛機密を外国に通報する行為等の防止に関する法律案」に変更）。通称「国家機密法案」または「スパイ防止法案」。当時、石原慎太郎、衛藤征士郎、小渕恵三、亀井静香、小泉純一郎、高村正彦、平沼赳夫、森喜朗等の自民党国会議員が同案の賛成者に名を連ねていた。

(12) しかしながら一九九九年八月一二日、国家機密法案の延長線上にある「通信傍受法」、いわゆる盗聴法が組織的犯罪対策法のなかの一つとして成立した。また、二〇〇三年六月五日には、有事法制関連三法案が与党三党（自民党、公明党、保守党）、民主党、自由党による賛成多数で可決され、同年六月六日に成立した。有事法制関連三法案とは、「武力攻撃事態におけるわが国の平和と独立ならびに国及び国民の安全保障に関する法律案」、「安全保障会議設置法の一部を改正する法律案」、「自衛隊法及び防衛庁の職員の給与等に関する法律の一部を改正する法律案」のことを指す。

また、二〇〇一年から二〇〇二年にかけて、「個人情報保護法案」、「青少年有害社会環境対策基本法案」、「人権擁護法案」のいわゆるメディア規制三法案に注目が集まった。このうち施行されたのは「個人情報保護法案」（二〇〇三年五月二三日に成立、二〇〇五年四月一日に全面施行）のみであり、「青少年有害社会環境対策基本法案」は二〇〇二年春までに、「人権擁護法案」は二〇〇五年にそれぞれ法案提出が見送られた。しかし、政府はいまだそれらの法案の修正を継続しており、その成立に意欲をみせている（二〇〇六年一月現在）。

これら一連の法案は国民の基本的人権、自由権の危機であり、またジャーナリズムの危機でもあった。しかしながら、ジャーナリズムがそれら一連の法案に対して有効に対応してきた、または国民に対してその危険性を十分に問題提起してきたとはいいがたい。

(13) 原寿雄と中野収による日本のジャーナリズムについての特別報告は、それぞれ原寿雄「新聞ジャーナリズムの現在」、中野収「ジャーナリズムの衰退——観客化とスキャンダリズム」として『新聞学評論』第三五号（一九八六年）に掲載されている。

(14) パネル討論「新聞の現在：課題と対応（1）」では「報道と人権」がテーマとなった。パネラーは林伸郎（立教大学）、石村善治（福岡大学）、森浩一（毎日新聞社）、原寿雄（共同通信社）、司会者は伊藤慎一（文教大学）、林利隆（日本新聞協会）であった。そしてパネル討論「新聞の現在：課題と対応（2）」では「現代状況とジャーナリズム」がテーマとなった。パネラーは田宮武（関西大学）、中野収（法政大学）、門馬晋（読売新聞社）、中郡英男（東京新聞）、司会者は津金澤聰廣（関西学院大学）、林建彦（東海大学）であった。なお、このシンポジウムの内容は『新聞学評論』第三五号（一九八六年）に掲載されている。

(15) 司会者は荒瀬豊（東京大学）、岡満男（同志社大学）、報告者は有山輝雄（成城大学）、掛川トミ子（関西大学）、桂敬一

（日本新聞協会研究所）、討論者は江藤文夫（成蹊大学）、山本武利（一橋大学）であった。なお、このワークショップの内容は『新聞学評論』第三五号（一九八六年）に掲載されている。

（16）司会者は江藤文夫（成蹊大学）、北村日出夫（同志社大学）、報告者は秦正流（朝日新聞社）、掛川トミ子（関西大学）、杉山光信（東京大学）、討論者は塚本三夫（東京女子大学）、神島二郎（立教大学）であった。なお、このシンポジウムの内容は『新聞学評論』第三六号（一九八七年）に掲載されている。

（17）司会者は斉藤文夫（九州大学）、春原昭彦（上智大学）、報告者は天野勝文（筑波大学）、木村栄文（RKB毎日放送）、清水英夫（青山学院大学）、討論者は高橋文利（毎日新聞社）、松尾博文（立命館大学）、山本清貴（東京放送）であった。なお、このシンポジウムの内容は『新聞学評論』第三七号（一九八八年）に掲載されている。

（18）中野はこうした主張をより強調したかたちで、『「スキャンダル」の記号論』（一九八七年、講談社現代新書）を著している。

（19）司会者は清水英夫（青山学院大学）、討論者は服部孝章（立教大学）であった。

（20）詳しくは、第4章3―（4）「浅野健一『犯罪報道の犯罪』」を参照のこと。

（21）浅野によれば、「匿名報道主義」は、日弁連が『人権と報道』（一九七六年、日本評論社）で被疑者の匿名報道原則を提唱したことをベースに、スウェーデンの報道倫理綱領を参考として提起された考えである。

（22）購読している新聞を押し付けられている状況について、高橋は「日本の新聞購読は宅配制によって成り立っている。しかもこの宅配制は、かなり強引な「押し売り」という圧力によって維持されている面が少なくない、したがって人々の自由な選択によって購読紙が決定され、維持されているという状態は完全ではない」（高橋 1982：4）と述べている。

第5章

（1）「原（1987a）」は、具体的には原寿雄・本田靖春・岩見隆夫・樋口正紀（発言者）・広瀬英彦（司会）「座談会「客観報道」の問題点は何か」（一九八七年、『新聞研究』四三一号）のことを指している。「原（1987a）」と表記するにあたり、二つ前提事項がある。第一に、この座談会の記録での発言者の名前は、それが収録された『新聞研究』誌上では、本田靖春・原寿雄・岩見隆夫・樋口正紀の順で記載されている。しかし、本書では便宜上、原の名前を先頭とした。第二に、これは座談会の記録であるから、その引用は「原・本田・岩見・樋口（1987）」または「原ほか（1987）」と表記されなくてはならない。しかし本書で引用するのは基本的に原の発言のみであり、したがって便宜上「原（1987a）」と表記することとした。1987a となるのは、同年に原は『新聞記者の処世術』（晩聲社）を刊行しており、そちらを 1987b とするからである。以上、了承されたい。

（2） 本田靖春を作家と記しているのは、座談会の記録でそのように肩書きが記されていることによる。筆者の見解では本田はジャーナリストと記されるべきであるが、ここでは原典の表記に従った。本田は一九五五年から一九七一年まで『読売新聞』の記者であった経歴をもち、『読売新聞』を退社後、その経験を活かして精力的に活動した。その代表的なテクストとしては『不当逮捕』（一九八三年、講談社）、『警察回り』（一九八六年、新潮社）等がある。そして二〇〇一年一二月から二〇〇二年九月にかけて、自薦ノンフィクション集『本田靖春集』全五巻が旬報社より刊行されている。

（3） 「とみられる」、「といわれる」といった文体に関する研究としては、金戸嘉七による「「と見られている」考」（一九六二年、『新聞学研究』八号）を挙げることができる。金戸は新聞でよく見られる「と見られている」といった表現が使われる理由について歴史的な検討を行った。そして、記者の曖昧な推論を示すその表現が「読者の観測の方向」を導く危険性を指摘している。

（4） 伊藤正巳による解釈は、田中香苗・中川順・森脇幸次・伊藤正巳（発言者）・前川静夫（司会）「座談会　社会変動下における客観報道」（一九六八年、『新聞研究』二〇九号）に掲載されている。

（5） 無論、ここで原が強調する「客観報道」は、「干からびた客観報道」や「エセ客観報道」ではなく、原論文の「四　結び――新しい客観報道を目指して」で強調されているニュー・オブジェクティブ・リポーティングのことを指している（原 1986a：38）。

（6） 原以外に、「客観報道」の弊害に対する改善策を示した研究者としては、浅野健一と渡辺武達を挙げることができる。浅野は「客観報道」の弊害を正すべく匿名報道主義を主張し（浅野 1984＝1987）、渡辺は積極的公正・中立主義を主張した（渡辺 1993）。しかしながら、これらの主張は改善策というよりはむしろ「客観報道」の代案、もしくは「客観報道」を実践するための精神的背景として捉えるべきであろう。

第6章

（1） 個人情報保護法は、個人情報の取り扱いに関連する法律である。二〇〇一年三月二七日に閣議決定され、二〇〇三年五月二三日に成立、二〇〇五年四月一日から施行された。この法律は、いわゆる言論の自由を制限する可能性をもっていることから、施行された現在でも、さまざまな分野からの批判にさらされている。

（2）「情報源明示の努力が足りない──日本の新聞の「情報源の扱い」に関する数量的研究から」（一九九九年、『新聞研究』五七一号）は、その名の示すように新聞における情報源明示に関する論文である。そして、客観報道論争における藤田の論文では、情報源明示は「客観報道」の必須条件として繰り返し語られていた（藤田 1987）。したがって、この一九九九年の論文においても、当然「客観報道」は語られると思われるが、実際には一語も語られていない。うがった見方かもしれないが、藤田は意識的に「客観報道」ということばを使うことを避けたようにも思える。

（3）浅野は同書巻末に「エピローグ・真の「客観報道」とは何か?」と題する章を設け、他のジャーナリズム研究者の「客観報道」に関する解釈を紹介している。

（4）たとえば、ここでアカデミズムにおけるジャーナリズムの蔑視を指摘した柴山哲也は、『朝日新聞』の出身である。

あとがき

本書の存在は、何より筆者の研究者としての不器用さに起因している。筆者が「客観報道」ということばに取り組みはじめたのは、修士課程の大学院生の頃であった。大学の学部生の時代からジャーナリズムとそれに関わる問題に興味を抱いていた筆者は、大学院に進学後、ジャーナリズムを主たる研究テーマにすることに決め、まずその理念と原則について理解を深めようとした。そして、本書が対象として取り上げたテクストの多くと同じく、「客観報道」という観点から理解を深めることを試みた。しかしながら、そこで手にしたジャーナリズム研究の先行研究をいくら読んでも、「客観報道」についてどうしても納得がいく理解を得ることができなかった。研究のほとんどはジャーナリズム批判に終始するものばかりで、満足できるものは少なかった。

いま思えば、研究のスタート地点においてつまずいていた。理解が得られないのは自分が未熟だからだ、もう少し時間をかけて「客観報道」について検討しよう、そしてある程度納得のいく理解ができたら次の段階へ移ろう……。当時、そのように気楽に考えた筆者であったが、その取り組みが一五年後の現在まで続くとは思いもしなかった。無論、その時間のすべてが研究へと費やされたわけではなく、紆余曲折、転倒を繰り返した道程がそれだけの時間を必要とした。それでも、どうにかここまでたどり着けたことにほっとしている。

確かにスタート地点でつまずいた筆者であったが、そのつまずきによって研究への関心が増したことも事実であった。その意味では、自分の不器用さに感謝しないでもない。そして本書をまとめることができたいま、個人的には、ようやくジャーナリズム研究者の端くれに加わることができたような気持ちである。

全体を読み直してみると、あらためて「客観報道」ということばの不思議な魅力を感じざるを得ない。ジャーナリズムの理念であり原則であると同時に、弊害であり足枷である。それはある意味で、ジャーナリズムという困難の責任を背負ったことばなのかもしれない。称賛されることによって、批判されることによって、それはジャーナリズムを考える契機を私たちに与える。誰にでも称賛できるし、批判できる。また、誰も完全に肯定することはできないし、同様に否定することもできない。そして、そうしたことばに研究者として関わってしまったことは不幸であるといえるし、幸福であるともいえる。いや、幾分かは幸福であるといえるだろう。少なくとも、いまだにジャーナリズムを研究対象として捉えることができるのは、このことばの魅力のおかげである。

本書の至らざる点、批判されるべき点は、いずれ今後、価値の多様化が進行する現代社会における「客観報道」の本質的な意味に対してアプローチしていく際の課題としたい。本書はそのために欠かせない準備であった。

本書の内容は、二〇〇四年に武蔵大学大学院人文科学研究科に提出した博士学位論文「「客観報道論争」と戦後日本ジャーナリズム研究――「客観報道」はどのようにして語られてきたか」に、加筆修正を加えたものである。

学位論文を査読していただいた武蔵大学の小玉美意子先生、白水繁彦先生、小川正恭先生、そして立教大学の門奈直樹先生には、何度も丁寧で的確なご助言とご指導、そしてご批判をいただいた。この場を借りて深く御礼を申し上げたい。とりわけ小玉先生には、筆者がまだ大学院生であった頃から、やがて学位論文の構想、執筆に至るまでのすべての段階において、懇切丁寧なご指導とご助言をいただいた。遅々として筆が進まぬ筆者に最後までつきあっていただいたことに、心から感謝申し上げる。白水先生には、予備審査論文の段階から厳しいが適切なご批判を頂戴した。その厳しさが、学位論文の精度を上げたことには疑いの余地がない。門奈先生には論文審査を引き受けていただいただけではなく、本書でも何度も著書を引用させていただいた。これまで文献を通じてお会いするのみだった先生に、実際にご助言と示唆をいただく機会を得たことは望外の喜びであった。ジャーナリズム研究者の端くれとして、門奈先生との距離をどれだけ縮めることができるかが、今後の自分の目標である。小川先生には体裁がなかなか整わない学位論文に対し、適切で具体的なコメントとご指導をいただき、その的確なご指摘によって、何度も助けていただいた。ここにあらためて諸先生方に深く感謝の意を示したい。

また、一人一人ここでお名前をあげることはできないが、これまでの研究生活のなかで直接に、あるいは間接に出会った人びととの切磋琢磨を抜きにして、本書は決して成立し得なかった。これらすべての方々に感謝を捧げたい。

新泉社の竹内将彦氏にも厚く御礼申し上げる。編集作業の過程で細かな点まで配慮し、アドバイスしていただいた。竹内氏のご尽力がなければ、本書がこのようなかたちで出版されることはなかっただろう。

最後に、私を温かく、ときに厳しく見守ってくれた父・礼司、そして母・文子に感謝の気持ちを伝えたい。

二〇〇六年一月

中　正樹

事項索引

サ行

タ行

ナ行

ハ行

マ行

ヤ行

ラ行

ワ行

人名索引

ア行

カ行

サ行

タ行

ナ行

ハ行

マ行

ヤ行

ラ行

ワ行

参考文献

ア行

青木照夫　1972「客観報道とセンセーショナリズム」『新聞研究』No. 247。

赤尾光史　1998「ジャーナリズム論の批判的検証に向けて」『新聞研究』No. 563。

赤川学　1999『セクシュアリティの歴史社会学』勁草書房。

浅野健一　1984『犯罪報道の犯罪』学陽書房。

浅野健一　1985『犯罪報道は変えられる』日本評論社。

浅野健一　1988「まだ「客観報道」が足りない――警察、天皇、そして新聞社の内部」『言語生活』No. 434。

浅野健一　1993『客観報道』筑摩書房。

浅野健一　1999a「客観報道」渡辺武達・山口功二編『メディア用語を学ぶ人のために』世界思想社。

浅野健一　1999b「匿名報道主義・匿名報道原則」渡辺武達・山口功二編『メディア用語を学ぶ人のために』世界思想社。

浅野史郎　1998「単純な事実の開示が世の中変える」『新聞研究』No. 561。

天野勝文　1988「されど新聞――ジャーナリズムの岩盤　いま傲慢さのツケを「報道被害者」から突きつけられて」『総合ジャーナリズム研究』No. 125。

天野勝文　1989「ジャーナリズムを考える」川島保良・天野勝文・前田利郎・阿部汎克『マス・メディアへの視点』地人書館。

天野勝文・松岡由綺雄・村上孝止編　1994『現場からみたマスコミ学――新聞・テレビ・出版の構造』学文社。

天野勝文・桂敬一・林利隆・藤岡伸一郎・渡辺修編　1996『岐路に立つ日本のジャーナリズム――再構築の視座を求めて』日本評論社。

天野勝文・松岡新兒・植田康夫編　2004『新現代マスコミ論のポイント』学文社。

新井直之　1972『新聞戦後史』栗田出版会。

新井直之　1979『ジャーナリズム』東洋経済新報社。

新井直之　1981「ジャーナリズム論」『新聞学評論』第30号。

新井直之　1983「現代ジャーナリズムの変容」内川芳美・新井直之編『日本のジャーナリズム』有斐閣。

新井直之　1989a「戦後における新聞規制とメディア批判の変遷」『新聞学評論』第38号。

新井直之　1989b『メディアの昭和史』岩波ブックレット　No. 130。

新井直之　1996「マスコミ」渡辺修編『現代日本社会論　戦後史から現在を読む30章』旬報社。
荒瀬豊　1985「ジャーナリズム論のために」『新聞学評論』第34号。
有山輝雄・掛川トミ子・桂敬一（報告）江藤文夫・山本武利（問題提起）荒瀬豊・岡満男（司会）　1986「一九八五年秋季研究発表会ワークショップＡ　ジャーナリズムとは何か」『新聞学評論』第35号。
有山輝雄　1996『占領期メディア史研究——自由と統制・1945年』柏書房。
安藤英治　1971『マックス・ウェーバー研究——エートス問題としての方法論研究』未来社。
飯塚浩一　1999「英国における政治とジャーナリズム——プレスの規制と放送の公平性」鶴木眞編『客観報道』成文堂。
飯室勝彦　1999『客観報道の裏側』現代書館。
石井久雄　1988「新聞における表現の形式性」『言語生活』No. 434。
石川善治編　1971『問われた報道の自由』法律文化社。
石村善治　1998「マス・メディアと言論の自由」石村善治編『現代マスコミ法入門』［新版］法律文化社。
石村善治編　1998『現代マスコミ法入門』［新版］法律文化社。
伊大知昭嗣　1981『報道論入門』教育史料出版会。
伊藤高史　1999「日本のジャーナリズムと客観報道——客観報道を巡る議論のレビューと客観報道主義の再評価について」鶴木眞編『客観報道』成文堂。
伊藤牧夫　1971「現代の「ニュース」と記者の主体性」『新聞研究』No. 236。
伊藤正徳　1943『新聞五十年史』鱒書房。
稲垣武　1997『悪魔祓いの現在史』文藝春秋。
稲葉三千男　1987『マスコミの総合理論』創風社。
稲葉三千男・新井直之編　1988『新聞学』［新版］日本評論社。
井上吉次郎　1965「ジャーナリズムからマスコミへ」『新聞学研究』No. 15。
井上輝子　1990「ジャーナリズムと人権」門奈直樹・井上輝子・林利隆「八〇年代の議論の方向と広がり」『新聞学評論』第39号。
今津孝次郎　1997「『教育言説』とは」今津孝次郎・樋田大二郎編『教育言説をどう読むか』新曜社。
今津孝次郎・樋田大二郎編　1997『教育言説をどう読むか』新曜社。
岩倉誠一　1997「マス・コミュニケーション研究における変化と持続」『マス・コミュニケーション研究』第50号。
岩倉誠一　1999「日本の新聞学研究」渡辺武達・山口功二編『メディア用語を学ぶ人のために』世界思想社。
岩瀬達哉　1998『新聞が面白くない理由』講談社。

岩田温　1999「社会責任論の観点から見た客観報道——事実の真実性を手掛かりとして」鶴木眞編『客観報道』成文堂。
岩見隆夫・加藤周一・山本肇・青木彰・原寿雄・山本明（討論者）内川芳美（司会）　1987「紙上シンポジウム——今日のジャーナリズム状況とその課題」『新聞学評論』第36号。
伊豫田康弘・上滝徹也・田村穣生・野田慶人・八木信忠・煤孫勇夫　1996『テレビ史ハンドブック』自由国民社。
Westerstahl, J 1983 “Objective News Reporting: General Promises,” *Communication Research*, Vol. 10, No. 3.
上前淳一郎　1977「支店長はなぜ死んだか」『文藝春秋』1977年１月号。
植山光朗　1999「客観報道の原点に帰れ」『部落』No. 651。
魚住昭　2001「客観報道の根底にある虚無感——雑誌が滅びる社会に新聞の自由はない」『新聞研究』No. 600。
内川芳美　1954「近代新聞史研究方法論序説」『東京大学新聞研究所紀要』第３巻。
内川芳美　1967『新聞史話』社会思想社。
内川芳美　1983「戦後ジャーナリズムの出発」内川芳美・新井直之編『日本のジャーナリズム』有斐閣。
内川芳美・新井直之編　1983『日本のジャーナリズム』有斐閣。
内川芳美　1988「歴史の証言者としてのジャーナリズム」『総合ジャーナリズム研究』No. 125。
内田隆三　2002「言説」北川高嗣ほか編『情報学辞典』弘文堂。
内山節　1999「「真理」が価値を失った時代に——哲学とジャーナリズムの間」『新聞研究』No. 572。
江尻進・佐藤功・鶴見和子（報告者）内野茂樹（司会）　1961「シンポジウム——新聞の自由について」『新聞学評論』第11号。
江藤文夫　1988a「報道における〈主観の介入〉について——報道主体の成立に関する一私論として」荒井豊ほか編『自由・歴史・メディア』日本評論社。
江藤文夫　1988b「ジャーナリズムあるいはジャーナリズムの主体について」『総合ジャーナリズム研究』No. 124。
江藤文夫　1993「報道の主体または報道のことばについて」『マス・コミュニケーション研究』第42号。
江原由美子　1993「自明性」森岡清美・塩原勉・本間康平編『新社会学辞典』有斐閣。
扇谷正造　1957『現代のマスコミ』春陽堂。
扇谷正造　1966『新聞の上手な読み方』秋田書店。
扇谷正造・本多顕彰・山本健吉・宮柊二監修　1979『世界の名文引用事典』自由国

民社。
大井眞二　1999「客観報道の起源を巡って――アメリカ・ジャーナリズム史のコンテクストから」鶴木眞編『客観報道』成文堂。
大石裕　1998『コミュニケーション研究――社会の中のメディア』慶應義塾大学出版会。
大石裕　1999「客観報道論再考――マス・コミュニケーション論の観点から」鶴木眞編『客観報道』成文堂。
大石裕・岩田温・藤田真文　2000『現代ニュース論』有斐閣アルマ。
大石裕　2000「作られるニュース」大石裕・岩田温・藤田真文『現代ニュース論』有斐閣アルマ。
大石裕　2005『ジャーナリズムとメディア言説』勁草書房。
大谷昭宏　1988「主観報道は可能か？」『言語生活』No. 434。
岡満男　1969『近代日本新聞小史』［改訂版］ミネルヴァ書房。
岡満男・藤竹暁・山本明（報告）北村日出夫・津金澤聰廣（司会）　1970「ジャーナリズム論の再検討」『新聞学評論』第19号。
岡田直之　1978「イデオロギーとしての客観報道主義」『成城文藝』第86号。
岡田直之　1979「マスコミ研究史ノート――大衆社会論的マスコミ論と実証主義的マスコミ研究」『新聞学評論』第26号。
岡田直之　1984「マス・コミュニケーション研究の展開と現況――マス・メディアの効果・影響をめぐって」『放送学研究』第34号。
岡田直之　1992『マスコミ研究の視座と課題』東京大学出版会。
小倉重雄・瀬木博道　1993「情報をめぐるニュース・ソースと報道の関係」『新聞研究』No. 499。
奥平康弘・前沢猛・堂本暁子　1988「座談会　報道の自由と人権」『言語生活』No. 434。
小田原敦　1987「密着すれど癒着せず――「政治の客観報道」主義の限界と効用」『新聞研究』No. 427。
小野秀雄　1922『日本新聞発達史』大阪毎日新聞社。
小野秀雄　1947『新聞原論』東京堂。
小野秀雄　1971『新聞研究五十年』毎日新聞社。

カ行

桂敬一　1992『明治・大正のジャーナリズム』岩波ブックレット　シリーズ日本近代史　No. 15。
桂敬一　1995『日本の情報化とジャーナリズム』日本評論社。
桂敬一編　1997『新聞　転機に立つ新聞ジャーナリズムのゆくえ』21世紀のマスコ

ミ01　大月書店。
加藤和夫　1987「「すりかえ」「なしくずし」に無力な客観報道」『文化評論』No. 312。
加藤秀俊・前田愛　1980『明治メディア考』中央公論社。
加藤裕治　1998「新聞報道の誕生——西南戦争をめぐる報道からの考察」『社会学評論』194号。
金子喜三　1976『新聞学研究』芦書房。
金戸嘉七　1961「報道の真実性についての一考察」『新聞学評論』第11号。
金戸嘉七　1962「「と見られている」考」『新聞学研究』No. 8。
金光奎　1994「日本のマスコミの致命的欠陥」『前衛』650。
亀井淳　1987『写真週刊誌の犯罪』高文研。
川上和久　1997『メディアの進化と権力』NTT 出版。
川島保良・天野勝文・前田利郎・阿部汎克　1989『マス・メディアへの視点』地人書館。
川中康弘・ドレスマン，ロバート．C.・相場均　1962「昭和35年 6 月の新聞紙面の報告——6・15事件を中心として」『新聞学評論』第12号。
神田文人　1983『昭和の歴史⑧　占領と民主主義』小学館。
Kitsuse, J. I & Spector, M 1977 *Constructing Social Problems*, Cummings Publishing Company.＝1990　村上直之・中河伸俊・鮎川潤・森俊太訳『社会問題の構築』マルジュ社。
久野収　1959「客観論」『新聞研究』No. 98。
黒田清　1985『新聞記者の現場』講談社現代新書。
Crouse, T 1986 *The Boys on the Bus,* Ballantine Books; Reissue edition.
小池信行ほか　1956「客観報道のむずかしさ」『新聞研究』No. 54。
香内三郎　1959「報道の客観性を歴史的にみる」『新聞研究』No. 98。
香内三郎　1969「大正後期の「無産階級」新聞論」『新聞学評論』第18号。
児島宋吉　1959「形式より内容の追求へ」『新聞研究』No. 98。
小玉美意子　1991『ジャーナリズムの女性観』［新版］学文社。
後藤充　1994「紙面内容からみた新聞の特質」天野勝文・松岡由綺雄・村上孝止編『現場からみたマスコミ学—新聞・テレビ・出版の構造』学文社。
小林信司　1965「マス・メディアの中立性」『新聞学研究』No. 14。
小林信司　1970『新聞の行動原理』毎日新聞社。
小林弘忠　1996「客観と主観のはざま——行動報道の条件」『武蔵野女子大学紀要』第31号。
小林義寛　1999「当事者として語ること——客観報道とリアリティの多元性をめぐって」鶴木眞編『客観報道』成文堂。

小山栄三　1935『新聞学』三省堂。
小山栄三　1946『新聞学要綱』同文館。
小山栄三　1953『新聞社会学』有斐閣。
小山栄三　1955『新聞学入門』同文館。
小山栄三　1969『新聞学原理』同文館。

サ行

斉藤貴男　2001「「客観報道」では届かないメッセージ」『論座』2001年 4 月号。
酒井信二　1973「“客観報道”の問題」『世紀』1973年 6 月号。
佐々木隆　1999『メディアと権力』中央公論新社。
佐藤茂　1986「弊害除去は記者の努力から――グリコ・森永事件の体験を通じて」『新聞研究』No. 425。
佐藤卓己　1994「『新聞学（上）』解題」津金澤聡廣・佐藤卓己編『内閣情報部情報宣伝研究資料』柏書房　第 3 巻。
佐藤毅　1969「戦後のジャーナリズム論」『新聞学評論』第18号。
佐藤毅　1987a「戦後日本のマスコミ論の展開」『社会学評論』150号。
佐藤毅　1987b「マスコミ研究における経験学派と批判学派」『一橋論叢』第95巻 4 号。
佐藤毅　1995『日本のメディアと社会心理』新曜社。
サンケイ・マーケティング編　1977『現代新聞記者気質』サンケイ・マーケティング。
柴垣和夫　1983『昭和の歴史⑨　講和から高度成長へ』小学館。
柴田鉄治　1997「戦後五〇年から二一世紀へ――新聞はいま」桂敬一編『新聞　転機に立つ新聞ジャーナリズムのゆくえ』21世紀のマスコミ01　大月書店。
柴山哲也　1997『日本型メディア・システムの崩壊』柏書房。
柴山哲也編　2004『日本のジャーナリズムとは何か――情報革命下で漂流する第四の権力』ミネルヴァ書房。
島崎憲一　1968『現代新聞の原理』弘文堂。
清水幾太郎　1947『流言蜚語』岩波書店。
清水幾太郎　1949『ジャーナリズム』岩波新書。
清水幾太郎　1951『社会心理学』岩波書店。
清水幾太郎　1953「マス・コミュニケーション」『日本資本主義講座』第 3 巻　岩波書店。
清水英夫・森恭三・江尻進（パネラー）殿木圭一（司会）　1973「パネル討論――新聞の自由と責任」『新聞学評論』第22号。
Schramm, Wilbur 1957 *Responsibility in Mass Communication*, Harper &

Brothers.＝1959年　崎山正毅『マス・コミュニケーションと社会的責任』日本放送出版協会。
白石尚　1998「「客観報道がすべて」の誤解根強く――「鳥取発特報」記事をめぐる不買運動から」『新聞研究』No. 559。
新藤健一　1986「映像神話の解体を…」『総合ジャーナリズム研究』No. 115。
杉村楚人冠　1915＝1970『最近新聞紙学　〈付〉本所から』同文館。
杉村楚人冠　1938『楚人冠全集』13巻　日本評論社。
杉浦栄三　1970「新聞ジャーナリズムの課題――意見機能を中心として」『総合ジャーナリズム研究』No. 51。
杉山光信　1986「価値前提と客観性――二つの例からの考察」『新聞研究』No. 425。
杉山光信　1989a「「内部」に向くジャーナリズム」『総合ジャーナリズム研究』No. 130。
杉山光信　1989b『学問とジャーナリズムの間』みすず書房。
鈴木健二　1995『戦争と新聞』毎日新聞社。
鈴木健二　1997『ナショナリズムとメディア』岩波書店。
鈴木秀三郎　1959『新聞の起源』[新版］ぺりかん社。
Steed, Henry Wickham 1938 *The Press*, Penguin Books.＝1998　浅井泰範訳『理想の新聞』みすず書房。
総合ジャーナリズム研究所　1964「発刊のことば」『総合ジャーナリズム研究』No. 1。
総合ジャーナリズム研究所　1981「資料　学会と“実際界”の道程を定点観測する――日本新聞学会・三十年の研究 PART2」『総合ジャーナリズム研究』No. 98。
総合ジャーナリズム研究所　1982「資料　シンポジウムは斯く語れり――日本新聞学会・三十年の研究 PART2」『総合ジャーナリズム研究』No. 99。
総合ジャーナリズム研究所　1996「署名入りで変わること、変わらないこと」『総合ジャーナリズム研究』No. 157。

タ行

平英美・中河伸俊　2000『構築主義の社会学――論争と議論のエスノグラフィー』世界思想社。
高橋正則　1982『自由な新聞の報道原理――客観報道と主観報道の問題」『駒沢大学法学部研究紀要』第39・40号。
竹内洋　2005『丸山眞男の時代』中公新書。
田島泰彦・右崎正博・服部孝章編　1998『現代メディアと法』三省堂。
Tuchman, Gate 1978 *Making News*, The Free Press.＝1991　鶴木眞・櫻内篤子訳

『ニュース社会学』三嶺書房。
立山紘毅　1998「「編集権」とジャーナリストの権利」田島泰彦・右崎正博・服部孝章編『現代メディアと法』三省堂。
田中香苗・中川順・森脇幸次・伊藤正巳（発言者）前川静夫（司会）　1968「座談会　社会変動下における客観報道」『新聞研究』No. 209。
玉木明　1992a『言語としてのニュー・ジャーナリズム』学藝書林。
玉木明　1992b「既知の物語を繰り返すニュースの言葉」『朝日ジャーナル』1992年5月22日号。
玉木明　1993a「未知の部分にとどく言葉を——署名入り記事の可能性」『新聞研究』No. 509。
玉木明　1993b「ジャーナリズムと無署名性の地平」『総合ジャーナリズム研究』No. 143。
玉木明　1996a『ニュース報道の言語論』洋泉社。
玉木明　1996b「変わり始めた日本の新聞　住専問題——「報道主体の確立」へ向けて」『総合ジャーナリズム研究』No. 156。
玉木明　1999「現場至上主義の盲点—記者にとって「現場」とは何か」『新聞研究』No. 570。
田村武・中野収・門馬晋・中野英男（パネラー）津金澤聰廣・林建彦（司会）　1986「一九八五年春季研究発表会パネル討論　新聞の現在・課題と対応(2)　現行状況とジャーナリズム」『新聞学評論』第35号。
田村紀雄・林利隆編　1993『ジャーナリズムを学ぶ人のために』世界思想社。
田村紀雄・林利隆・大井眞二編　2004『現代ジャーナリズムを学ぶ人のために』世界思想社。
千葉雄次郎編　1955『新聞』有斐閣。
千葉雄次郎　1972『知る権利』東京大学出版会。
土屋清　1949『新聞』アテネ文庫61　弘文堂。
津金澤聡廣・佐藤卓己編　1994『内閣情報部情報宣伝研究資料』第3巻　柏書房。
鶴木眞　1999「国際ニュースとメディア・フレーム——客観報道はなりたつのか？」鶴木眞編『客観報道』成文堂。
鶴木眞編　1999『客観報道』成文堂。
堂本暁子・前沢猛・奥平康弘（発言者）江川清（司会）　1988「座談会　報道の自由と人権」『言語生活』No. 434。
時野谷浩　1983「欧米におけるマス・コミュニケーションの機能研究史」『新聞学評論』第32号。
時野谷浩　1984「一九七〇年代以降の日本におけるマス・コミュニケーションの理論的・実証的研究史——利用満足研究を中心として」『新聞学評論』第

33号。
戸坂潤　1934＝1966「アカデミーとジャーナリズム」『戸坂潤全集』第3巻　勁草書房。
殿木圭一　1972「取材・報道の法とモラル」『総合ジャーナリズム研究』No. 60。
Dovifat, Emil 1937 *Zeitungswissenschaft I*., Leipzig.＝1938　内閣情報部訳『新聞学（上）』内閣情報部情報宣伝研究資料第5集。
鳥越俊太郎　1993「「真実」と日本人」『総合ジャーナリズム研究』No. 144。

ナ行
中正樹　1997「戦略的な方法としての客観報道主義」『現代社会理論研究』第7号。
中正樹　2000「ジャーナリズムの理念型」『ソシオロジスト』第1巻第2号。
中正樹　2000「客観報道の定義に関する多様性の検討――定義モデル化の試みから」『年報社会学論集』第13号。
中正樹　2003「用語としての「客観報道」の成立」『ソシオロジスト』第1巻第5号。
中正樹　2005「「自己言及的パラドックス」と日本ジャーナリズム研究」濱口晴彦監修・海野和之編『社会学が拓く人間科学の地平』五絃社。
中河伸俊　1999『社会問題の社会学――構築主義的アプローチの新展開』世界思想社。
中川満利　1985「マス・メディアはどこへ行く」『総合ジャーナリズム研究』No. 113。
中島繁　1972「“高松塚”報道批判を解体する」『総合ジャーナリズム研究』No. 61。
中野収　1986「ジャーナリズムの衰退――観客化とスキャンダリズム」『新聞学評論』第35号。
中野収　1987『「スキャンダル」の記号論』講談社現代新書。
日本新聞協会編　1952『新聞の自由』岩波書店。
日本新聞協会編　1956『新聞の責任』岩波書店。
日本新聞連盟編　1979『新聞大観』日本新聞連盟。
日本放送協会編　2001『20世紀放送史（上）』日本放送出版協会。
日本マス・コミュニケーション学会　2001『日本マス・コミュニケーション学会50年史』三嶺書房。
野村一夫　1987「社会学的反省の理論としてのジャーナリズム論」『新聞学評論』第36号。
野村一夫　1998『社会学感覚』［増補版］文化書房博文社。

ハ行

Berger, Peter L and Luckmann Thomas 1967［1966］*The Social Construction of Reality―A Treatise in the Sociology of Knowledge*, Anchor Books edition［Doubleday］.＝1977　山口節郎訳『日常世界の構成――アイデンティティと社会の弁証法』新曜社。

Berger, Peter L 1967 *The Sacred Canopy: Elements of a Sociological Theory of Religion*, Doubleday＝1979　薗田稔訳『聖なる天蓋――神聖世界の社会学』新曜社。

Berger, Peter L and Berger, Brigitte 1975 *Sociology―A Biographical Approach*, Basic Books Inc.＝1979　安江孝司・鎌田彰仁・樋口祐子訳『バーガー社会学』学習研究社。

橋本正邦　1991「ジャーナリズムの倫理と自由――APME 倫理綱領をてがかりに」『新聞研究』No. 476。

長谷川如是閑　1929＝1990「現代の新聞と新聞記者」『改造』第11巻３号（『長谷川如是閑集』第六巻　岩波書店所収）。

長谷川如是閑　1930＝1990「ブルジョア・ジャーナリズム論」『綜合ジャーナリズム講座』第１巻　内外社（『長谷川如是閑集』第六巻　岩波書店所収）。

長谷川如是閑　1947『新聞論』政治教育協会。

長谷川如是閑　1954『新聞』朝日新聞社。

ばばこういち　1985『テレビはこれでよいのか――元「アフタヌーンショー」リポーターの主張』岩波ブックレット No. 52。

花田達朗　1998「新聞を「学」とすることの困難と希望」『新聞研究』No. 558。

浜田純一　1993『情報法』有斐閣。

早川善治郎　1969「マス・コミュニケーション論とジャーナリズム論」『新聞学評論』第18号。

早川善治郎　1972「戦後の研究の特色」『新聞学評論』第21号。

早川善治郎　1978『マスコミを学ぶ人のために』世界思想社。

早川善治郎　1996『メディア・コミュニケーション研究序説』ハーベスト社。

林三郎　1978『新聞とは何か』PHP 研究所。

原寿雄　1979「発表ジャーナリズム時代への抵抗」『新聞研究』No. 341。

原寿雄・秦正流（発言者）安江良介（司会）　1985「座談会　揺らぐ新聞ジャーナリズム」『世界』第481号。

原寿雄　1986a「「客観報道」を問い直す―その弊害と主観性復活の危険」『新聞研究』No. 423。

原寿雄　1986b「新聞ジャーナリズムの現在」『新聞学評論』第35号。

原寿雄・本田靖春・岩見隆夫・樋口正紀（発言者）広瀬英彦（司会）　1987a「座

談会 「客観報道」の問題点は何か」『新聞研究』No. 431　※第5章註(1)参照のこと。
原寿雄　1987b『新聞記者の処世術』晩聲社。
原寿雄　1987c「秘密保護法の情勢とプレスの特権――中曽根政治へのもう一つの危惧」『世界』第500号。
原寿雄　1990『それでも君はジャーナリストになるか』晩聲社。
原寿雄　1992『新しいジャーナリストたちへ』晩聲社。
原寿雄　1993「社説廃止論――署名論説による自由闊達な主張の時代へ（上)」『マスコミ市民』No. 301。
原寿雄　1994a「社説廃止論――署名論説による自由闊達な主張の時代へ（下)」『マスコミ市民』No. 302。
原寿雄　1994b『ジャーナリズムは変わる』晩聲社。
原寿雄　1994c『歪んだ鏡』アドバンテージサーバー。
原寿雄　1997『ジャーナリズムの思想』岩波新書。
原寿雄　1998「「署名記事」への厳しい教訓――不買運動と新聞ジャーナリズム」『新聞研究』No. 559。
Barthes, Roland 1957 *Mythologies*, Editions du Seuil.＝1967　篠沢秀夫訳『神話作用』現代思潮社。
春原昭彦　1969「新聞人のジャーナリズム論」『新聞学評論』第18号。
春原昭彦　1983「戦争とジャーナリズム」内川芳美・新井直之編『日本のジャーナリズム――大衆の心をつかんだか』有斐閣。
春原昭彦　1987『日本新聞通史』［四訂版］新泉社。
比嘉要　2000「選挙と客観報道」『琉球大学法文学部　人間科学』第5号
広岡知男　1984「折々の回想――新聞記者のひとこと第11回　新聞と読者の信用」『総合ジャーナリズム研究』No. 109。
廣瀬英彦　2005「戦後日本におけるジャーナリズム論の展開」廣瀬英彦・岡田直之編著　2005『現代メディア社会の諸相』学文社。
廣瀬英彦・岡田直之編著　2005『現代メディア社会の諸相』学文社。
Foucaut, Michel 1969 *L'Archeologie du Savoir*, Gallimard.＝1981　中村雄二郎訳『知の考古学』河出書房新社。
Foucaut, Michel 1971 *L'ordre du Discours*, Gallimard.＝1981　中村雄二郎訳『言語表現の秩序』［改訂版］河出書房新社。
ブラックマン，サミュエル. G.　1970「現代の新聞はどうあるべきか」『総合ジャーナリズム研究』No. 50。
Hemanus, Pertti 1976 *Objectivity in News Transmission*, Journal of Communication, Vol. 26, No. 4.

本多喜久夫　1943『デマ』愛亞書房。
藤田博司　1987「まず情報源明示の努力を」『新聞研究』No. 429。
藤田博司　1991『アメリカのジャーナリズム』岩波新書。
藤田博司　1994「事実をどう伝えるか」『新聞研究』No. 512。
藤田博司　1999「情報源明示の努力が足りない――日本の新聞の「情報源の扱い」に関する数量的研究から」『新聞研究』No. 571。
藤田博司　2002「客観主義報道」北川高嗣ほか編『情報学辞典』弘文堂。
藤田真文　1995「ニュース・テクストにおける客観性とモダリティ」常盤大学人間科学部紀要『人間科学』第13巻第1号。
藤田真文　2002「間テクスト性」北川高嗣ほか編『情報学辞典』弘文堂。
藤田真文　1999「新聞記事における論評の表明――モダリティ概念によるテクスト分析」鶴木眞編『客観報道』成文堂。
藤竹暁　1988「報道における客観性の落とし穴」『言語生活』No. 434。
藤竹暁編　2000『図説　日本のマスメディア』NHK ブックス。
藤原彰　1989『大系　日本の歴史⑮』小学館。
藤原勘治　1923『新聞紙と社会文化の建設』下出書店。
法学セミナー増刊　1986a『マス・メディアの現在』[総合特集シリーズ35] 日本評論社。
法学セミナー増刊　1986b『資料集　人権と犯罪報道』日本評論社。
法学セミナー増刊　1988『人権と報道を考える』[総合特集シリーズ39] 日本評論社。
法学セミナー増刊　1990『犯罪報道の現在』[総合特集シリーズ45] 日本評論社。
Baudrillard, Jean 1972 *Pour Une Critique de L'Economie Politique du Signe*, Gallimard.＝1982　今村仁司・宇波彰・桜井哲夫訳『記号の経済学批判』、法政大学出版会。

マ行
毎日新聞社編　1954『新聞』毎日新聞社。
前沢猛　1985『マスコミ報道の責任』三省堂。
MaQuail, Denis 1983 *Mass Communication Theary*, Sage Publications.＝1985　竹内郁郎・三上俊治・竹下俊郎・水野博介訳『マス・コミュニケーションの理論』新曜社。
MaQuail, Denis 1994 *Mass Communication Theary* [3rd ed], Sage Publications.
松岡英夫　1969「現代社会と新聞報道」『新聞研究』No. 219。
松田浩・メディア総合研究所　1994『戦後史にみるテレビ放送中止事件』岩波ブックレット No. 357。

松本君平　1899『新聞学』博文館。
水越伸　1996「ジャーナリズム論を我が事として引き受けるために」天野勝文・桂敬一・林利隆・藤岡伸一郎・渡辺修編『岐路に立つ日本のジャーナリズム——再構築の視座を求めて』日本評論社。
三野裕之　1999「拡大する情報環境のなかの客観報道——オンライン・ジャーナリズムを中心として」鶴木眞編『客観報道』成文堂。
Mills, C. Wright 1959 *The Sociological Imagination*, Oxford University Press.＝1965　鈴木広訳『社会学的想像力』紀伊國屋書店。
宮居康太郎　1942『日本新聞会の解説』情報新聞社。
元木昌彦・魚住昭　2005「「客観報道主義」は建前にすぎず当局依存報道で荒廃したマスコミ——元木昌彦のメディアを考える旅㊽」『EL NEOS』2005年 4 月号。
本橋春紀　1999「客観報道とは何かを問う二つの事件——ダイオキシン報道と警察官への報道腕章貸与事件」『法学セミナー』No. 532。
森潤　1986「そのとき、報道陣は何を考え行動したか——惨劇報道「証言」にみる批判・反論・自戒」法学セミナー増刊『マス・メディアの現在』[総合特集シリーズ35] 日本評論社。
門奈直樹　1982「「現代新聞批判」とその周辺」『総合ジャーナリズム研究』No. 100。
門奈直樹　1990「政治ジャーナリズム批判の展開過程」門奈直樹・井上輝子・林利隆「八〇年代の議論の方向と広がり」『新聞学評論』第39号。
門奈直樹・井上輝子・林利隆　1990「八〇年代の議論の方向と広がり」『新聞学評論』第39号。
門奈直樹　1993a「客観報道主義」森岡清美・塩原勉・本間康平編『新社会学辞典』有斐閣。
門奈直樹　1993b『ジャーナリズムの現在』日本評論社。
門奈直樹監修　1995『現代新聞批判』[複製版] 全 7 巻・別冊 1　不二出版　※第 2 章註⑾参照のこと。
門奈直樹　2001『ジャーナリズムの科学』有斐閣選書。

ヤ行

山下國誥　1996『日本型ジャーナリズム——構造分析と体質改善の模索』九州大学出版会。
山田宗睦　1988「報道番組戦争の中身——報道の両輪、ドラマとドキュメンタリー」『言語生活』No. 434。
山田實　1975a「戦後日本におけるマス・コミュニケーション研究の動向（上）」

『総合ジャーナリズム研究』No. 72。
山田實　1975b「戦後日本におけるマス・コミュニケーション研究の動向（下）」『総合ジャーナリズム研究』No. 74。
山田實　1987「マスコミ研究の流れと「全国マスコミ関係講座」」『総合ジャーナリズム研究』No. 121。
山口節郎　1994「自明性」見田宗介・栗原彬・田中義久編『社会学事典』弘文堂。
山口正紀　1990「ニュース価値判断基準の検証——「市民のための新聞づくり」に向けてIII」法学セミナー増刊『犯罪報道の現在』［総合特集シリーズ45］日本評論社。
山口正紀　1999『ニュースの虚構——メディアの真実』現代人文社。
山口正紀　2003「「記者の主観」で作られる「客観報道」のウソ」『月刊社会教育』2003年12月号。
山本明　1962「イデオロギーとジャーナリズム」『人文学』第61号。
山本明　1969a「「ジャーナリズム論の再検討」特集にあたって」『新聞学評論』第18号。
山本明　1969b「日本ジャーナリズム論史の一デッサン」『新聞学評論』第18号。
山本明　1986「「ジャーナリズムの危機」とは何か」『総合ジャーナリズム研究』No. 115。
山本武利　1978『新聞と民衆——日本型新聞の形成過程』紀伊国屋書店。
山本武利　1981『近代日本の新聞読者層』法政大学出版会。
山本武利　1983「政論ジャーナリズムの時代」内川芳美・新井直之編『日本のジャーナリズム』有斐閣。
山本武利　1996『占領期メディア分析』法政大学出版会。
山本武利　2000『新聞記者の誕生——日本のメディアを作った人びと』新曜社。
山本文雄　1995『日本マス・コミュニケーション史』［増補］東海大学出版会。
矢野宏　1995「被災者の怒りと“客観報道”」『総合ジャーナリズム研究』No. 152。
吉見俊哉　2002「新聞学」北川高嗣ほか編『情報学辞典』弘文堂。
読売新聞社調査研究本部編　2002『実践ジャーナリズム読本——新聞づくりの現場から』中央公論新社。

ラ行

笠信太郎ほか　1954『新聞の読み方に関する十二章』中央公論社。
蠟山政道　1968「客観報道の構造と機能」『新聞研究』No. 209。

ワ行

和田洋一　1969「明治・大正期のジャーナリズム論」『新聞学評論』第18号。

和田洋一　1985「ジャーナリズムとはなにか」『新聞学評論』第34号。
脇英世　1996「必要なのは中立性・客観性」『新聞研究』No. 544。
渡辺修編　1996『現代日本社会論――戦後史から現在を読む30章』旬報社。
渡辺恒雄　1984「新聞は何に挑戦すべきか」『THIS IS』1984年5月号。
渡辺武達　1993「報道における「積極的公正・中立主義」の提唱」『マスコミ市民』No. 300。
渡辺武達　1995『メディア・トリックの社会学――テレビは「真実」を伝えているか』世界思想社。
渡辺武達　1997『メディア・リテラシー』ダイヤモンド社。
渡辺武達　2001『テレビ――「やらせ」と「情報操作」』三省堂。

著者紹介

中　正樹（なか・まさき）

1971年　茨城県に生まれる。
1997年　早稲田大学大学院人間科学研究科修士課程修了。
2000年　武蔵大学大学院人文科学研究科博士後期課程単位取得退学。
2004年　博士（社会学）［武蔵大学］取得。
現　在　千里金蘭大学人間社会学部講師
専　攻　ジャーナリズム論・メディア論
共　著　『テレビニュース・インタビュー調査報告書――ブラジル・イギリス・アメリカ・日本』（国際テレビニュース研究会、2005年）
論　文　「雑誌における女性被害者の分析――事例研究：「東京電力女性社員殺人事件」を「学習院男子学生殺人事件」と比較する」（小玉美意子・黄允一との共著、『ソシオロジスト』第1巻第1号、1999年）、「客観報道の定義に関する多様性の検討――定義モデル化の試みから」（『年報社会学論集』第13号、2000年）、「ITの日常化：デジタルデバイドとは何か？」（木戸功・圓岡偉男編『社会学的まなざし』新泉社、2002年）、「高齢者と新しいメディア――そのイメージと現実」（渋谷望・空閑厚樹編『エイジングと公共性』コロナ社、2002年）、「用語としての「客観報道」の成立」（『ソシオロジスト』第5巻第1号、2003年）、「「自己言及的パラドックス」と日本のジャーナリズム研究」（濱口晴彦監修・海野和之編『社会学が拓く人間科学の地平』五絃社、2005年）ほか。
E-mail　m-naka@kinran.ac.jp

「客観報道」とは何か
――戦後ジャーナリズム研究と客観報道論争

2006年4月15日　第1版第1刷発行

著　者＝中　正樹
発　行＝株式会社 新 泉 社
東京都文京区本郷2-5-12
振替・00170-4-160936番　TEL03(3815)1662／FAX03(3815)1422
印刷／創栄図書印刷　製本／榎本製本

ISBN4-7877-0601-2　C1036